A LELEPLEZETT VATIKÁN

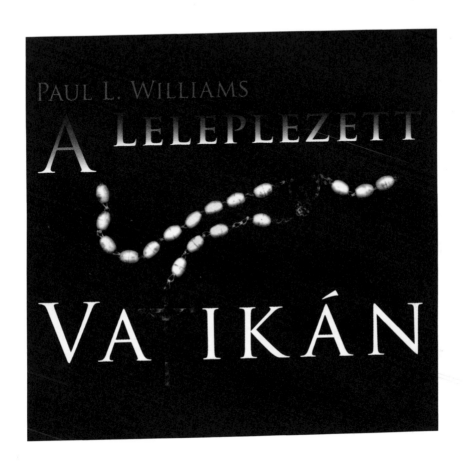

PAUL L. WILLIAMS

A LELEPLEZETT

VATIKÁN

Prometheus Books

Paul L. Williams: The Vatican Exposed

© Prometheus Books, 2003

Fordította: Steve N. Berczes

Printed in E. U.

Prometheus Books

2004

ISBN 1-591002-0654

Tartalom

Ha valaki másképpen tanít, és nem követi a mi Urunk, Jézus Krisztus egészséges beszédeit és a kegyesség szerint való tudományt, az felfuvalkodott, aki semmit sem ért, hanem vitatkozásokban és szóharcokban szenved, amelyekből származik irigység, viszálykodás, káromlások, rosszakaratú gyanúsítások, megbomlott elméjű és az igazságtól megfosztott embereknek hiábavaló torzsalkodásai, akik az istenfélelmet nyerészkedésnek tekintik. Azoktól, akik ilyenek, eltávozzál. De valóban nagy nyereség az istenfélelem, megelégedéssel. Mert semmit sem hoztunk a világra, világos, hogy ki sem vihetünk semmit, de ha van élelmünk és ruházatunk, elégedjünk meg vele. Akik pedig meg akarnak gazdagodni, kísértésbe meg tőrbe és sok esztelen és káros kívánságba esnek, melyek az embereket veszedelembe és romlásba merítik. Mert minden rossznak gyökere a pénz szerelme, amely után sóvárogván némelyek eltévelyedtek a hittől, és magukat átszegezték sok fájdalommal.

Pál Timótheushoz írt 1. levele, 6:3—10

KOLDUSBÓL KIRÁLYFI

Mikor pedig látta Jézus a sokaságot, felment a hegyre. És amint leült, hozzá mentek a tanítványai, ő pedig így tanította őket: „Boldogok a lelki szegények, mert övék a mennyek országa. Boldogok, akik sírnak, mert ők megvigasztaltatnak. Boldogok a szelídek, mert ők örökségül bírják a földet. Boldogok, akik éhezik és szomjazzák az igazságot, mert ők megelégíttetnek. Boldogok az irgalmasok, mert ők irgalmasságot nyernek. Boldogok, akiknek szívük tiszta, mert ők az Istent meglátják. Boldogok a békességre igyekezők, mert ők az Isten fiainak mondatnak. Boldogok, akik háborúságot szenvednek az igazságért, mert övék a mennyek országa. Boldogok vagytok, ha szidalmaznak és háborgatnak titeket és minden gonosz hazugságot mondanak ellenetek énértem. Örüljetek és örvendezzetek, mert a ti jutalmatok bőséges a mennyekben, mert így háborgatták a prófétákat is, akik előttetek voltak.”

Máté evangéliuma, 5:1—12

C sodával felérő események láncolata vette kezdetét Kr. u. 312. október 28-án. Miltiadest, a hatvankét éves, alacsony, szegényes ruházatú férfit két centúrió szólította elő rejtekhelyéről, Róma Tiberisen túli kerületének egy sikátorában megbúvó kis házból. Az idős férfi, a keresztények mozgalmának vezetője biztos volt benne, hogy tömlöcbe hurcolják. Bár már egy esztendeje érvényben volt a türelmi rendelet, amely lehetővé tette, hogy a birodalom keresztényei felvállalják hitüket és újjáépítsék lerombolt istentiszteleti helyeiket, Miltiadesben elevenen élt a nagy üldöztetés emléke, azoknak a hosszú évtizedeknek az emléke, amikor hitét a birodalom még *religio illicitá*nak ítélte. Lelki szemei előtt azonnal végigfutott, ahogy követőivel együtt ítélőszék elé állítják, elítélik, majd pedig nyilvánosan kivégzik, hogy Róma népe világosan megértse, milyen sorsra jutnak azok, akik megvetik a Róma isteneinek való áldozatbemutatást.

Miltiades, aki a piactéren kereste kenyerét, Róma püspöke volt. Elődjének, Róma első püspökének a hagyomány Péter apostolt tartja, akit maga Jézus választott ki arra, hogy egyházát, Isten országának látható, földi hordozóját megalapítsa. „Te Péter vagy – szóltak Jézus szavai –, és ezen a kősziklán *(petra)* építem fel az egyházamat, és a pokol kapui sem aratnak diadalt fölötte" (Máté evangéliuma, 16:18).

Péter az egyházi hagyomány szerint Rómában, a birodalom központjában alapított keresztény közösséget. A főapostolt i. sz. 68-ban, Néró császársága idején keresztre feszítették, hivatalában pedig Linus követte, aki szintén vértanúhalált halt, majd Anacletus, egy görög rabszolga következett, aki nevének jelentése szerint „feddhetetlen" volt. Az Africa provinciából származó Miltiades személyében már a harminckettedik római püspök volt hivatalban. Elődei közül alig akadt, aki ágyban, párnák közt halt volna meg. Némelyiküket vadállatok elé vetették, másokat az utak mentén akasztottak fel, megint másokat máglyára kötöztek, hogy a nyilvános játékokat és látványosságokat emberi fáklyák fénye ragyogja be.

Az ütött-kopott köntösű, hajlott korú Miltiades hüvelykjével keresztet rajzolt a homlokára, és egy imát morzsolt szét a fogai között, hogy a kellő pillanatban legyen elegendő bátorsága a vértanúság koronáját kiérdemelni. A szikrázó napsütésben követte a két századost, mígnem megpillantotta a katonák százainak gyűrűjében álló Nagy Konstantint.

A tekintélyt parancsoló termetű, közel két méter magas császár bikanyakán nyugvó, szögletes feje – fakó arcába ágyazott kék szemeivel – kimagaslott a körülötte kavargó sokaságból, a sártól és vértől mocskos katonák és lovaik tömegéből. Konstantin azon az októberi reggelen a Milvius-hídnál legyőzte riválisát, a Rómát kezében tartó Maxentiust, és bevonulhatott a nyugati birodalom fővárosába.

Győzelmét Konstantin egy látomásnak tulajdonította, amely a csatát megelőzően jelent meg előtte. Víziójában az ég felhői közül két görög betű, a *khi* és a *ró* ligatúrája tört fel, miközben ezeket a szavakat hallotta: *In hoc signo vinces* („E jelben győzni fogsz"). Mikor pedig az égi jel értelmét kutatta, katonái tudatták vele, hogy a két betű *Christus*, a keresztények istenének monogramja és jelvénye.

Miután vetélytársa seregének maradványait felmorzsolta, Konstantin úgy határozott, hogy a keresztények istenét saját, és birodalma egyedüli istenévé teszi. Így Konstantin – ahelyett, hogy láncra verette volna – megölelte az öreg püspököt, és egy pogány főpap bíbortalárját terítette a vállaira. Miltiades értetlenül nézett körül. Két világ ütközött össze benne egymással: a *Caesar* világa, melynek roppant gazdagságától, hatalmától és hivalkodó pompájától őrizkednie kellett, és *Christus* világa, a szegénység, szolgálat, üldöztetés és önmegtagadás világa. A kővé meredt Miltiades csak némán, tétován bólintott, amikor az uralkodó harsányan szónokolt előtte egy hatalmas égi jelről, amely mostantól katonái pajzsát díszítette. Az öregember egy szót sem szólt, mert a császár víziójában, úgy tűnt, Jézus Krisztus, az Írások szenvedő szolgája Sol, a római napisten módján jelent meg.

Konstantin kisvártatva már azt tudakolta tőle, merrefelé lettek elföldelve Péter, az első keresztény elöljáró csontjai. Miltiades egy Rómán kívüli temetőhöz vezette a császárt és a nyomában menetelő hatalmas római légiót. Konstantin térdre esett a kicsiny kőlap, *tropeum* előtt, és megesküdött, hogy nagy bazilikát emel majd a hely tiszteletére. Miltiades ismét csak pislogott a döbbenettől. A *basilica* nem keresztényi istentiszteleti hely volt: ellenkezőleg, e pogány épületekben a császárok szobrai részesültek istennek kijáró imádásban. A keresztény bazilika puszta gondolata is olyan képtelenül hatott, mint a négyszögesített kör. Az egész világ, úgy tűnt, tótágast állt. Konstantin az idős püspököt ezután a Laterán-dombhoz vezette. „Mától – jelentette ki – e hely lesz Miltiadesnek és az áldott emlékű Péter apostol követőinek otthona." A császár által a római egyháznak adományozott lateráni palota a püspök lakhelye lett, később pedig a római egyház adminisztratív központja. A palota szomszédságába megépített bazilika Róma központi templomává vált.

Az évszázad végére a birodalom hivatalos államvallásává lett keresztény hit jelentős átalakuláson ment át. A papság szertartásain a római állami tisztviselők *stolá*ját és más ruhadarabjait öltötte magára, számos jellegzetes vonását pedig egyenesen a birodalom pogány kultuszaitól kölcsönözte. A szinkretizmus folyamata egyre inkább áthatotta és a maga képére formálta át azt az ideált, amelyet a korábbi keresztények szent és apostoli hitnek tartottak. A pogány megtérők, akik magukkal hozták a többistenhithez kötődő szokásaikat, a keresztény vértanúkban és hithősökben félisteneket láttak, akiket vallási tiszteletben kezdtek részesíteni. Az egybeolvadás akkor vált teljessé, amikor a keresztény szentek naptára átvette a római *fasti* – az istenek tiszteletének ünnepnapjait előíró jegyzék – helyét. A pogányoknak oly kedves ősi istenségeket keresztény szentek ruhájába öltöztetve imádták tovább; így lett a havasokban tisztelt Dea Victoria Szent Viktória, Castor és Pollux, a csillaggá vált ikerpár története pedig Szent Kozma és Damján legendáiban született újjá. Voltak keresztények, akik felismerték, hogy a hit megromlott, és panaszukat a főpap és a bíborosi kollégium elé terjesztették. „A pogányokból lett keresztények – sérelmezte a torinói Szent Claudius – nem hagyták el bálványaikat, csak átnevezték őket." Az ilyen panaszok azonban már nem tudták visszafordítani a birodalmi rendeletek által intézményesített változásokat.

A szegény apostolok egyháza ezzel egyidejűleg minden képzeletet felülmúló gazdagságra tett szert. Jómódú arisztokrata férfiak és asszonyok, akik a pogány kultuszokat elhagyva keresztényekké lettek, bőkezűen jótékonykodtak a római egyház javára. Adományaikon felül a birodalmi főváros püspöke a császároktól tekintélyes földbirtokokat is kapott. A 6. század végére az egyház Róma és Nápoly környékén, valamint Calabriában és Szicíliában szerzett javaival hatalmas gazdagságot halmozott föl; az utóbbi két tartomány évente több mint 35 ezer aranyforintot juttatott el Szent Péter székéhez, a Szentszékhez. 764-re I. Pál pápa – aki a világias csengésű *dux plebes* („népvezér") címet is felvette –, hatalmi körzetét a *pars nostra Romanorum,* „római területrészünk" névvel jelölte meg követői előtt.

A római egyház világi hatalmát Kis Pippin 756. évi adománya nagymértékben megnövelte. A *Patricus Romanus* („Róma atyja") titulusért és a Karoling Királyság trónjára való felkenetéséért cserébe a frankok királya a Szentszéknek juttatta a longobárdoktól elhódított itáliai területeket. II. István pápa tulajdonába ezzel roppant földbirtokok jutottak. Ezek egyike, amely ravennai székhellyel mintegy 12 ezer négyzetkilométert tett ki, jórészt a mai Romagna vidékének felel meg, míg egy másik terület, amely ettől délre 10 ezer négyzetkilométeren át egész Közép-Itálián végighúzódott, nagyjából a későbbi Marche tartományt fedte le.

Azáltal, hogy egy „puccsista" trónfoglaló elismeréséért a mai Olasz-ország területének egy jelentős hányadát kapta cserébe, az egy-házfő az emberi történelem egyik legelőnyösebb ingatlanügyletét ütötte nyélbe.

Róma pompával övezett és szolgahaddal körülvett püspökei – akiket a középkorban kezdtek *papának,* vagyis „atyának" szólíta-ni – egyes időszakokban leginkább az ókori keleti istenkirálysá-gokra emlékeztető hatalmi külsőségeket vettek fel. Az egyházi ál-lam azonban felszámolásra került, amikor az újonnan egységesült Olasz Királyság csapatai betörtek a városba. A világi hatalmát el-veszített pápaság és az olasz állam hat évtizedes konfliktusa vette ezzel kezdetét.

1

MUSSOLINI ADOMÁNYLEVELE

*Az ördög egy igen magas hegyre vitte őt, és megmutat-
ta neki a világ minden országát és azok dicsőségét, és
azt mondta: „Mindezeket neked adom, ha leborulsz, és
imádsz engem." De Jézus így felelt neki: „Távozz tő-
lem, Sátán, mert meg van írva: Az Urat, a te Istene-
det imádd, és csak neki szolgálj."*

Máté evangéliuma, 4:8—10

A római katolikus egyház központja a teljes összeomlás szé-
lén állt 1929. újév napján. A pápa a lateráni palota foglya
volt, noha rendszeresen megjelent „börtöne" erkélyén, hogy ösz-
szegyűlt hívei seregére áldását adja. A vatikáni épületegyüttest ki-
szolgáló világi személyzetet pedig házvezetők, kertészek és svájci
gárdisták legszükségesebb, maroknyi csoportjára szűkítették le.

A lateráni palota a végletekig elhanyagolt képet festett. A fel-
ső szintek mennyezetén hasadékok tátongtak, ezért padlójukat a
padlástérben rajzó galambok ezreinek ürüléke borította. Az előre-

gedett vezetékek miatt rendszeresen elektromos tüzek keletkeztek a pincében, konyhában, fogadótermekben, az étkezőkben, de még a pápai hálóteremben is.

Az egyházfő hallhatta a falakba rágott üregeikben osonó patkányok neszelését. A kártevők a vatikáni épületegyüttes más építményeit is elözönlötték, köztük a Szent Péter-bazilikát,[1] ahol a pimasz kis rágcsálók a mellékoltárokban üvegkoporsóba zárva nyugvó néhai pápák porhüvelyét is kikezdték már.

A patkányok miatt már nem volt biztonságos a szentelt ostyát a *Quarant' Ore* – az oltáriszentség felmutatását megelőző negyven órán át tartó folyamatos imádság – idejére az oltárnál elzárva tartani. Hogy Krisztus megszentelt teste kártevők prédája legyen – ennek még a gondolata is rettenetes volt. Az ostya, amikor felmutatásra került és harangzúgás, valamint tömjénfüst kíséretében megszentelték (a pap ekkor kiejtett szavait – *Hoc est corpus meum* – a protestánsok a latin mise iránti gúnyból „hókuszpókusszá" torzították), a megfeszített Megváltó valóságos testévé és vérévé változott. Minden része a teljességet hordozta, minden darabkája a szentáldozás közössége volt. A puszta gondolattól, hogy egy-egy nemtörődöm pap netalán néhány szentostyát az oltárterítőn felejtett, a pápa önkéntelenül is felkiáltott: „*Ratti!*"

A pápai lakosztály ajtaja feltárult, és egy svájci gárdista feje bukkant fel az ajtónyílásban: „Szentatyám, jól érzi magát?" A pápa egy türelmetlen kézlegyintéssel utasította ki testőrét. A XIII. Leó (1878–1903) által a kúriai kapcsolattartásra vonatkozóan bevezetett szabályok értelmében a pápának nem volt szabad alantas szolgákkal – még a svájci gárda tagjaival sem – szóba elegyednie.

Patkányok a lateráni palotában és a Szent Péter-bazilikában! Arra ugyanis nem volt elegendő pénz, hogy felfogadjanak valakit, aki kiirtsa őket. Mint ahogy arra sem tellett, hogy a felbecsülhetetlen értékű festményeket és falikárpitokat megvédjék a penésztől. Nem volt elég pénz a helyreállítási munkákat megfizetni, még az eldugult szennyvízcsatornák kitisztítását sem. Nem futotta új fűtésrendszerre sem, pedig erre igencsak szükség lett volna, hogy a vatikáni mindennapokhoz legalább a minimális komfortot biztosítani tudják. Nem volt elég pénz tisztítószerekre, még kevésbé karbantartó személyzetre vagy szobalányokra. A törött mennyezeti lámpák, roskadt bútorok és molyrágta sötétítőfüggönyök cseréje is régóta váratott már magára.

Ratti olaszul „patkányokat" jelent, de történetesen a pápa vezetékneve is így hangzott. A milánói születésű Achille Ratti egy selyemgyár igazgatójának a fia volt, pappá szentelését követően pedig a Vatikáni Könyvtárban helyezkedett el paleográfusként és levéltárosként. 1919-ben XV. Benedek Lengyelországba küldte, ahol diplomataként is kitüntette magát. Rattit 1921-ben nevezték ki Milánó érsekének, néhány hónapra rá pedig a bíborosi talárt is felölthette. Ezután egy évvel XI. Pius néven elfoglalta a pápai trónt.

XI. Pius pápa magas homlokú, átható tekintetű ember volt fürge, elemző észjárással és a skolasztikus viták iránti olthatatlan vonzódással.[2] Egy prelátus egyszer úgy fogalmazott, hogy pápai magánkihallgatásokra készülni hasonló volt, mint egy-egy vizsgára felkészülni.[3] A pápa ádáz keresztkérdései könyörtelenek voltak, dühe pedig könnyen kirobbant, ha valaki nem volt képes megfelelő választ adni. Az egyházi hierarchia csúcsán sok prelátus táplált iránta gyűlölettel vegyes félelmet.

Hetvenegy éves korában XI. Pius még mindig tiszteletet parancsoló testalkattal dicsekedhetett. Fiatalon hegymászó volt, s egy alkalommal a Monte Rosa csúcsán rekedt, ahol egy keskeny sziklapárkányon hóviharban virrasztotta át az éjszakát. Úgy tűnt, széles vállaival és pirospozsgás arcával pályát tévesztett a Vatikán aszketikus küllemű hivatalnokai között. Kénytelenségből választották meg; mindössze azért került a pápai trónra, mert a konklávé megoszlott a végletesen konzervatív Merry del Val és az engedékenyebb beállítottságú Pietro Gasparri bíboros, vatikáni államtitkár között. Ratti végül kompromisszumos jelöltként futott be, de így is tizenöt titkos szavazásba telt, hogy a konklávé megválassza.[4]

Pápaként hajthatatlan, szigorú és sokat követelő ember volt. Jelmondatául a „Krisztus békéjét Krisztus országában" mottót választotta, amely abbéli meggyőződését tükrözte, hogy az egyháznak nem szabad elszigetelődnie, hanem aktív szerepet kell vállalnia a világban. Márpedig aktív cselekvésre – XI. Pius meggyőződése szerint – az ateista kommunizmus, s annak a keresztény országok elnyomott rétegeiben való egyre jelentősebb térnyerése miatt sürgető szükség volt. Később *Divini Redemptoris* (1937) kezdetű enciklikájában a kommunista veszélynek külön figyelmet fog szentelni. XI. Piusnak a kommunizmus iránti erős ellenszenve katolikus kutatók szemében már elegendő magyarázat arra, hogy miért kötött konkordátumot a 20. század két legaljasabb diktátorával, Adolf Hitlerrel és Benito Mussolinivel, miközben egy harmadikat is – a spanyol Francisco Francót – támogatásáról biztosította.

XI. Pius pápaságának kezdetétől fogva határozott kötelezettséget érzett a missziós munka iránt. Minden szerzetesrendtől megkövetelte, hogy vegyék ki a részüket a külföldi missziók támogatásából. Ő volt az, aki 1926-ban az első kínai püspököket, 1927-ben pedig az első japán püspököket felszentelte, amit a merev katolikus hierarchia egyes tagjai szinte arculcsapásként éltek meg. Pontifikátusa idején a missziós területeken tevékenykedő bennszülött papok száma háromezerről hétezerre emelkedett.[5]

Hivatali elődeitől eltérően XI. Pius az ökumenizmus irányában is lépéseket tett. Egységre hívta a keleti ortodox egyházakat, és minden tőle telhető eszközzel támogatta a Rómához kötődő keleti rítusú (uniátus) felekezeteket. A protestáns felekezetekre viszont már nem terjedtek ki az egyházközi megbékélést célzó erőfeszítései. *Mortalium animos* kezdetű enciklikája (1930) minden szintű katolikus részvételt megtiltott protestáns egyházakkal tartott ökumenikus konferencián, zsinaton vagy istentiszteleten. Elődeitől eltérően a tudományos kutatás előmozdításának is elkötelezett híve volt. A Vatikáni Könyvtár modernizálásán túl megalapította a Keresztény Régészet Pápai Intézetét, Castel Gandolfóban pedig létrehozta a Vatikáni Obszervatóriumot is.

XI. Piusnak mindezt a szűkös, egymillió dollár értékű éves költségvetésből kellett megvalósítania.[6] A kincstár viszont üres volt, a bankok pedig egyre erélyesebben követelték a felvett kölcsönök már régóta esedékes törlesztését.

Ratti felismerte, hogy a patkányokkal szemben több eszközzel is fel kell vennie a harcot. Ahogy a lakosztályában Krisztus körülmetélésének január 1-ji ünnepére készült, tudta, hogy mihamarabb tető alá kell hozni a fasisztákkal – Mussolinivel és feketeingeseivel – való megállapodást. A katolikus egyház ismét a vagyon és a hatalom pozíciójában akarta látni. És ezért kész volt magával az ördöggel is lepaktálni.

✳ ✳ ✳

Tizenkét évszázadon át – Nagy Konstantin milánói ediktumától (313) Luther kilencvenöt tézisének kifüggesztéséig (1517) – a pápák voltak az ismert világ legnagyobb hatalmú uralkodói. Királyok és császárok hajtottak térdet előttük, hogy áldásukat és békecsókjukat elnyerjék. 1215-ben a IV. lateráni zsinat kihirdette, hogy Róma püspöke nemcsak lelki, hanem e világi kérdésekben is abszolút tekintéllyel van felruházva. „Az Úr Péterre hagyta – jelentette ki III. Ince – nem csupán az egész egyház, de az egész világ fölötti kormányzást is."[7]

A pápák évszázadokon keresztül megkérdőjelezhetetlen joguknak tekintették, hogy királyokat fosszanak meg trónjuktól, világi törvényeket hatálytalanítsanak, vagy alkotmányokat érvénytelenítsenek.

A római egyház abszolút monarchiaként szerveződött, ahol minden hatalmi szál a pápáktól származik és a pápákhoz vezet. Az egyházközségek papjainak bűnöket megkötő és megoldó hatalma egyházmegyéjük püspökének tekintélyéből eredt. A püspökök pedig tekintélyüket a mindenkori egyházfőtől származtatták, aki Jézus Krisztus földi helytartójaként és képviselőjeként uralkodott.[8] A kereszténységként ismert hatalmas intézmény minden egyes tagja – papok, szerzetesek, apátok, püspökök, érsekek és bíborosok – a római pápák tekintélye alatt egyetlen nagy spirituális hadsereget alkotott.

A pápák emellett világi uralkodók is voltak; az uralmuk alatt álló 40 ezer négyzetkilométeres egyházi állam a mai Olaszország jelentős részét magába foglalta. A pápai állam, a *Patrimonium Petri* területét tizennyolc *patrimonia,* „örökrész" – többek között Umbria, Romagna és Marche tartományok területe – alkották. A pápa így a legnagyobb itáliai fejedelemség – az egyházi állam – településeinek igazgatását és az adószedést intéző hivatalnokok fölött is uralkodott.

A pápák közvetlen fennhatósága alatt álló felségterületeken kívül Róma püspökei a középkor évszázadaiban hosszabb-rövidebb időre feudális hűbérurakként vazallus államaik között tudhatták a katolikus Európa számos országát – köztük Angliát, az Ibériai-félsziget királyságait vagy a Szicíliai királyságot – amelyek éves hűbéri adományt küldtek Szent Péter székéhez.[9]

A keresztény világ minden országából roppant vagyon áramlott a pápai kincstárakba; Szent Péter utódai gazdagabbak lettek, mint koruk bármelyik világi uralkodója. Palotáikban szolgák ezrei vették körül őket; díszes palástokat, fényűző ruhadarabokat és hermelinprémeket öltöttek magukra; országalmákkal és a korlátlan uralmat jelképező koronákkal díszített tiarájuk értéke sok hűbérbirtok árát meghaladta. Parancsszavukra kereskedőflották bontottak vitorlát, vagy éppen hadseregek mozdultak meg, hogy lázadásokat fojtsanak el, és inkvizíciós eljárások, keresztes hadjáratok vagy pogromok indultak, hogy a kereszténységet megtisztítsák az eretnekektől vagy bárkitől, akik megkérdőjelezhetnék a pápaság legfőbb hatalmát.

A reformáció volt, ami elsőként alapjaiban rendítette meg az ettől kezdve a régi értelemben többé nem katolikus, azaz „egyetemes" egyház tekintélyét. Az Észak-Európából beáramló adók, hűbéri járulékok, örökségek és adományok a 16. század első felében hirtelen elapadtak. A kamatra adott pénzkölcsönzés tilalma miatt az egyház attól a lehetőségtől is elesett, hogy külső, gyarmati piacokra befektethessen, vagy hogy a nemzetközi kereskedelembe hatékonyan bekapcsolódhasson.

Az egyház – feudális intézményként – idegenkedett a technológiai újításoktól is. Az ipari forradalom hajnalán így elmulasztotta, hogy a termelést forradalmasító gőzgépek és más technikai újítások nyújtotta lehetőségeket a maga számára kiaknázza. Ennek köszönhetően a pápai állam stagnálni kezdett, pénzesládái pedig idővel kimerültek.

XI. Kelemen pápaságának kezdetén, 1700-ban, a pápaság adósságállománya 15 millió *scudi*t tett ki (egy akkori itáliai *scudo* a mai árfolyamon körülbelül egy dollárnak felelt meg). 1730-ra ez az összeg már 60 millió *scudi*ra rúgott. Újabb harminc év múltán pedig az adósság elérte a 100 millió *scudi*t.

A pápaság legvészterhesebb időszaka azonban csak ezután következett. A francia forradalom kirobbanását követően, 1789. november 2-án a párizsi Nemzetgyűlés „a Nemzet rendelkezése alá vonta" az egyház franciaországi javait, valamint megtiltotta a francia püspököknek, hogy a pápának kijáró „római adót" beszolgáltassák. A Szentszék kilátásai tovább romlottak Napóleon 1796. évi itáliai betörésekor, a „kis káplár" ugyanis 21 millió *scudi* váltságdíjat követelt a pápai államtól.[10] Miután a Szentszék fizetésképtelennek bizonyult, Bonaparte Rómába vezényelte csapatait, és a város palotáit, templomait, székesegyházait és kolostorait megfosztották minden aranyuktól, ezüstjüktől, drágaköveiktől és műkincseiktől. A korzikai tábornok parancsára festmények, szobrok, falikárpitok, kéziratok, kerámiák és más vagyontárgyak menete indult meg Rómából Párizs felé. Krisztus Menyasszonyát kifosztották és lemeztelenítették.

Napóleon birodalmának összeomlása után a bécsi kongresz-
szus (1815) visszajuttatta ugyan a felbecsülhetetlen értékű kincsek
egy részét, és némi jóvátételt is megajánlott Rómának, s bár a pá-
pai állam tartományi egységét nem nyirbálták meg, a római kato-
licizmus világi dicsősége végképp leáldozóban volt.

Az utolsó pápa-király (Papa *Re*) IX. Pius (olaszul: Pio Nono,
született Giovanni Maria Mastai-Ferretti) volt, aki 1846-tól 1878-
ig ült a pápai trónon. Elődeihez híven ő is kiállt amellett, hogy a
Szentszék területi birtokai nélkülözhetetlenek a lelki függetlensé-
géhez. „Ha a pápa egy »külföldi« ország polgára lenne – érvelt IX.
Pius –, hogyan őrizhetné meg magát a helyi uralkodók befolyásá-
tól?"[11]

A hirtelen haragú és epileptikus rohamoktól gyötrődő egy-
házfő minden tekintélyével szembehelyezkedett az olasz egységet és
a pápai állam lakóinak szavazati jogát célul kitűző erőfeszítésekkel.
E meggyőződése alapján elutasította, hogy támogatást nyújtson az
olasz hazafiaknak, akik Itáliát fel akarták szabadítani Ausztria ural-
ma alól. A nacionalista mozgalmak erre a pápai uralom elleni nyílt
lázadással válaszoltak. 1849. november 15-én a feldühödött cső-
cselék meglincselte Peregrino Rossi grófot, az egyházi állam egyik
világi miniszterét, majd a rá következő napon köztársaságpárti
forradalmárok rohanták meg és fosztották ki a pápa nyári palotá-
ját, a Quirinalét. IX. Piust álruhában kellett kiszöktetni Rómá-
ból.[12]

Az egyházfő gaetai száműzetéséből a katolikus hatalmakhoz
fordult segítségért. A pápai hatalmat végül július 15-én francia
fegyverek állították helyre Rómában, az egyházfő így 1850. ápri-
lis 12-én ismét elfoglalhatta trónszékét. Ám sem bullák, sem átkok,
sem a kiközösítés terhe nem használtak, hogy e világi birtokait el-
lenőrzése alatt tudja tartani: az egyházi állam területi egységei
egyenként szakadtak el és kiáltották ki függetlenségüket. 1860-ra
a római székhelyű Latium, „Szent Péter birtoka" kivételével a pá-
pa minden itáliai területét elveszítette.

A pápa a fejleményekre „a kor tévedéseiről" készített jegyzék, a *Syllabus Errorum* közzétételével válaszolt, amelyben többek között elítélte a modern civilizációt, a szabadkőművességet, a racionalizmust, a liberalizmust és a haladó eszméket. A 77. számú „tévedés" így szól: „Tévedés a következőket állítani: »Korunkban túlhaladottá vált, hogy a katolikus vallás legyen az egyetlen államvallás, míg más istentiszteleti formák ki vannak rekesztve.«" A 80. számú tévedést így fogalmazta meg: „Tévedés a következőket állítani: »A római pápa megbékülhet, és meg is kell békülnie a haladással, a modern civilizációval.«"[13]

Annak érdekében, hogy állama széthullása dacára megőrizhesse a világi hatalom fölötti uralmát, Pio Nono az I. vatikáni zsinaton megerősítette a minden teremtmény fölé kiterjedő lelki tekintélyét. *Pastor Aeternus* („Örök pásztor") kezdetű dogmatikus konstitúciójában a zsinat kinyilvánította, hogy a pápa „közvetlen és legfőbb joghatósággal rendelkezik az egész egyház fölött, nemcsak a hit és erkölcs, hanem az egyházfegyelem és egyházvezetés szempontjából is az egész világon". E hatalom a zsinat határozata értelmében „általános" (azaz nem meghatalmazott) és „közvetlen" (azaz nem másokon keresztül gyakoroltatik).[14] IX. Pius zsinata nyilvánította ki a pápai csalatkozhatatlanságot is:

„Isteni kijelentésből származó dogma, hogy a római főpásztor, valahányszor *ex cathedra* [Szent Péter „székéből"] szól, vagyis amikor hivatalát mint minden keresztények pásztora és tanítója gyakorolja, és onnan legfőbb apostoli tekintélyénél fogva az egyetemes Egyházra nézve kötelező, hitre vagy erkölcsre vonatkozó tantételt fogalmaz meg, akkor a Szent Péter személyében számára megígért isteni segédlet révén ama csalatkozhatatlanság birtokában van, amellyel az isteni Megváltó Egyházát felruházta a hittani és erkölcsi tanításokban: ezen oknál fogva a római főpásztorok ilyen határozatai önmagukban – és nem az egyház egyetértése következtében – csalatkozhatatlanok."[15]

Még a dogma kihirdetésének évében, 1870. augusztus 19-én az egyesült Olasz Királyság csapatai elfoglalták Szent Péter örökségét, Róma városát. Pio Nono, aki minden korrekción és kiigazításon felülállónak tartotta magát, csak egy golfpálya méretű terület – a vatikáni domb 45 hektáros körzete – fölött őrizte meg uralmát. A földi birtokaitól megfosztott egyházfő bezárkózott az apostoli palotába, és többé nem volt hajlandó a nyilvánosság előtt mutatkozni, még a célból sem, hogy népét megáldja.

Miután Pio Nono 1878. február 7-én meghalt, földi maradványait átszállították ideiglenes sírhelyéről, a Szent Péter-bazilikából a San Lorenzo-bazilikában kialakított végső nyugvóhelyére. Amikor a temetői menet a Tiberishez ért, antiklerikális rómaiak egy csapata a gyászhuszárokra támadt, és kis híján sikerült a pápa holttestét megkaparintaniuk és a folyóba dobniuk. Csak a római nemzetőrök gyors megérkezése és határozott közbelépése tudta megakadályozni, hogy IX. Pius holttestét gyalázat érje.[16]

Utódja, az ösztövér testalkatú XIII. Leó (Gioacchino Vincenzo Pecci), akit az amerikai püspökök csak „csontzsáknak" neveztek, azzal kísérelte meg helyreállítani a pápai államot – s így a Szentszék világi hatalmát –, hogy megtiltotta a katolikusoknak az új olasz állam választásain való részvételt, és elítélte az egyház és állam elválasztásának „amerikaias" gyakorlatát.

A földbirtokok elvesztése az adóbevételek elveszítését is magával vonta. 1900-ra a Vatikán éves költségvetése négymillió *scudi* alá zuhant; XIII. Leónak így egyre nehezebben sikerült fedeznie költségeit a bevételeiből.[17]

Amikor 1903-ban X. Pius (Giuseppe Sarto) a trónra lépett, két megelőző pápa nyomdokait követve a Szent Péter térre néző egyik erkélyről áldását adta a téren összegyűlt híveire. Gesztusa annak jelzésére szolgált, hogy a pápa az olasz kormány rabságában van.

X. Pius, hogy az egyház összetartását erősítse, *Sacrorum antistitum* című, saját nevében fogalmazott iratával egyháza minden papjától megkövetelte az „antimodernista" eskü letételét. A „modernizmusban" a pápa „minden eretnekségek szintézisét" látta, amelyre a vatikáni retorikában többnyire „amerikanizmus" névvel utaltak. Az eskü szövege szerint Isten létezését értelemmel meg lehet ragadni és jóvá lehet hagyni; hogy a csodák és a próféciák a kijelentés biztos jelei; a római katolikus egyházat mint intézményt Jézus Krisztus alapította; hogy a katolikus tradícióban jelen lévő hit változatlan, s ezért a dogmák jelentése nem módosulhat egyik nemzedékről a másikra; valamint hogy a hit az Isten által kijelentett dolgok iránti akarati helyeslés.[18]

X. Pius kevéssel az I. világháború kitörésének előestéjén bekövetkezett halála előtt meghagyta, hogy testéből ne csapolják le a vért, és ne is balzsamozzák be. Mindaddig – a 16. század végétől fogva – a pápák belső részeit a Trevi szökőkúttal szemközt álló Santi Vincenzo ed Anastasio templomban terrakotta edényekbe rakták, mumifikált tetemüket pedig a Szent Péter-bazilika alatti kriptában helyezték el, s ott a hívek vallásos tiszteletükben részesíthették őket. X. Pius óta viszont a pápákat többé nem balzsamozták be a korábbi eljárás szerint, többnyire csak formalinnal vagy más tartósító folyadékkal kezelték a holttestük közszemlére tételének idejére. Ez kellemetlen következményekkel járt a soron következő pápák földi maradványaira nézve: a részleges – és időnként szakszerűtlen – kezelés miatt némelyik holttesten már a közszemle idején az előrehaladott bomlás jelei mutatkoztak.[19] (Egyedül Achille Ratti esetében rendeltek el teljes balzsamozást – az ő halála körül viszont nem ez volt az egyedüli rejtélyes esemény.)

A bomlás tehát felütötte a fejét a római egyházban – átvitt értelemben éppúgy, mint szó szerint. XV. Benedek (Giacomo della Chiesa, 1914–1922 között uralkodott) külső megjelenésével szinte megszemélyesítette a Vatikán helyzetét. Egy gyermekkori baleset következtében félszemű volt, s egyik füle is hiányzott. A termete mintha megcsavarodott volna, legalábbis a féloldalasra csapott vállai ezt a benyomást tették. Előnytelen megjelenését csak fokozta, hogy valószerűtlenül alacsony és vékonydongájú, kékes bőrszínű és bíborszín ajkú volt, és hogy – Shakespeare III. Richárdjának módján – „nehézkes bicegéssel" járt. A pápa becsmérlői a *Piccoletto* („Picur") gúnynevet ragasztották rá.[20]

1919-ben a kiadások már jócskán felülhaladták a bevételeket, és a Vatikánnak a pénzügyi tartalékaira kellett hagyatkoznia. XV. Benedek ezeket csaknem teljes egészükben az Oszmán Birodalom egykor kiválóan jövedelmező kötvényeibe fektette, a végnapjait élő birodalom kötvényei azonban ekkorra már szinte teljes mértékben elértéktelenedtek.

A jövő sötétnek ígérkezett. XV. Benedek immár nem élhetett a közvetlen elődeit jellemző bezárkózottságban. Az I. világháború borzalmai több mint félmillió olasz életét követelték, az ország népe pedig egyre nagyobb tömegben fordult a kommunista párt felé, amely kiutat ígért a gazdasági ellehetetlenülésből. Első pillanatban maga a pápa is szimpatizált a mozgalommal, és a „zsarnokság fölötti győzelemként" méltatta az orosz forradalmat.[21] A kommunizmus viszont nemcsak az olasz kormányra, hanem a Szentszékre nézve is fenyegetést jelentett. A kommunisták programja a magántulajdonról való lemondásra, a vagyon újraelosztására és az egyház tanításainak (köztük a pápai csalhatatlanság dogmájának) elvetésére szólított fel, amelyek „tűrhetetlen társadalmi-gazdasági állapotokat hoztak létre, és rabszolgasorba taszították a népeket". 1919-re szerte Oroszországban pópákat és püspököket vetettek börtönbe vagy gyilkoltak meg, a templomokat kifosztották és ateista múzeumokká alakították, a kommunista sajtó pedig az ortodox és a katolikus vallást becsmérelte.[22]

A „vörös veszély" elhárításának szándékával a Vatikán 1919-ben megalapította a Katolikus Néppártot, amely néhány hónap leforgása alatt a második legnagyobb politikai tömörülés lett Olaszországban. Az egyház ismét hallathatta szavát a hatalom berkeiben.

A kommunizmus azonban további térnyeréssel fenyegetett:

a munkások között, akik leállították gyáraik futószalagjait, és a parasztok között, akik visszautasították, hogy a *padroni* gabonáját learassák. Voltak forradalmárok, akik templomokba törtek be, és gyújtó hangú szónoklatokat tartottak a szószékről – az egyház olyannyira legyengült, hogy az istentelenség erőitől már a saját szentélyeit sem volt képes megoltalmazni.

1922. januárjában, amikor XV. Benedek meghalt, a Vatikán évi költségvetése alig egymillió dollárnak megfelelő összegre csökkent. Hogy kiadásait fedezni tudja, az egyház kölcsönfelvételre kényszerült, főként német bankoktól.[23]

Ratti azonban azzal az elhatározással lett XI. Pius, hogy megváltoztatja a dolgok menetét. A Szent Péter térre nyíló erkélyről ünnepélyes *urbi et orbi* („a városnak és a világnak") áldást osztott. Ezzel adott jelzést arról, hogy elhatározta: véget vet a pápaság száműzetésének, és visszahódítja azt a tekintélyes pozíciót, amelyet a római katolikus egyház a világban korábban elfoglalt. Híveinek serege lelkes üdvrivalgással köszöntötte az egyházfőt: *„Viva Pio Undicesimo! Viva l'Italia!"* („Éljen XI. Pius, éljen Olaszország!")[24]

Az új pápa azonnal napirendre tűzte a „római kérdés" rendezését, és felvetette, hogy a pápaság nem kapott kárpótlást az olasz kormány által lefoglalt javai elveszítéséért. XI. Pius jóvátételi petíciót nyújtott be a parlamenthez, majd – Cittadini tábornokkal, az uralkodó szárnysegédjével folytatott telefonbeszélgetések útján – Viktor Emánuel királyhoz folyamodott. Semmi sem vezetett eredményre. Az ország népessége növekedett a leggyorsabban egész Európában, miközben az olasz nép számottevő hányada megalázó nyomorban élt. A sztrájkok rendszeresek voltak, a közszolgáltatások összeomlottak, az infláció pedig csak Németországban volt még az olaszországinál is magasabb.

A nyomorúság közepette a pápa mégis egy új hajnal első sugarait vélte felfedezni. Benito Mussolini gyűléstermekben és piactereken tartott, már-már operai hangvételű szónoklatai – amelyekben a fennálló *regime* teljes reformjára szólított fel – felvillanyozták a tömegeket. „A programunk egyszerű – hangoztatta Mussolini – kormányozni akarjuk Olaszországot."[25]

Hogy szándéknyilatkozatainak kellő nyomatékot adjon, a *Duce* a kommunisták ellen uszította szabadcsapatait. A fasiszta rohamosztagosok, a *fasci di combattimento* a Pó völgyében városról városra vonulva felgyújtották a szocialisták *casa del popolo* („népház") épületeit, és mindazokat a helyi elöljárókat, akik a rendőrséget kivonultatták ellenük, lemondásra kényszerítették.[26]

A kommunisták az erőszakhullámra általános sztrájk meghirdetésével feleltek, ez viszont teljes kudarccal végződött, s végső soron csak Mussolini pozícióit szilárdította meg. Egyértelművé vált, hogy a fasiszta népvezért többé nem lehet megkerülni. A Katolikus Néppárt erélytelen politikusaival szemben Mussolini a tettek embere volt, olyasvalaki, aki feketeingeseinek bakancsaival széttiporhatja a „vörös veszélyt".

A dologban csak egy szépséghiba volt. Mussolini nem tartozott az Anyaszentegyház legodaadóbb fiai közé. Éppenséggel mi sem állt tőle távolabb: 1910-ben *Isten nem létezik* címmel tett közzé gyújtó hangú pamfletet, valamint egy nagy feltűnést keltő, *A bíboros szeretője* címmel megjelent regénnyel is előrukkolt. A hagyományos katolikus értékek iránti megvetését kifejezésre juttatandó, a *Duce* vadházasságban élt Donna Rachele egykori marxistával, aki hét gyermekkel ajándékozta meg. Mussolini nem engedte megkereszteltetni a gyerekeit, kitért a liturgikus szertartásokon való részvétel elől, és nyilvánosság előtti beszédeiben százharminchat szeretőjével kérkedett.[27]

A *Duce* egyház iránti ellenszenve azonban megenyhült, amikor felismerte, hogy a katolicizmus jó szolgálatot tehet politikai pozícióinak megszilárdításában. 1920-ban a fasiszta vezér már így nyilatkozott: „úgy hiszem, a katolicizmus az egyik legerősebb erő olasz nemzeti önazonosságunk kifejezésére".[28]

A Don Luigi Sturzo vezette Katolikus Néppárt azzal próbálta Mussolini hatalomátvételét megakadályozni, hogy pártszövetségre lépett a szocialistákkal. Képviselőik találkozók sorát rendezték a klérus tagjaival, hogy megnyerjék támogatásukat az alakuló koalíció számára. A parókiák Olaszország-szerte nagygyűléseknek adtak helyet, és a Katolikus Néppárt százhét jelöltje elkötelezte magát a fasiszta állam megteremtése elleni küzdelemre.

Mussolini, hogy az újabb fordulatot kezelje, a megbékülés szándékával megjelent Pietro Gasparri bíborosnál, a Vatikán államtitkáránál. Találkozójuk másnapján a Szentszék kibocsátott egy körlevelet, amelyben arra utasította az olasz katolikus klérust, hogy ne támogassa a Katolikus Néppártot, ehelyett politikai állásfoglalásában maradjon semleges.[29] Az 1922. december 2-án kelt körlevél megdöbbentette a hithű katolikusok tömegeit. Az Anyaszentegyház, úgy tűnt, elhagyta a juhait és odavetette őket egy politikusbőrbe bújt farkas prédájául.

Két héttel később, 1922. október 16-án Mussolini 40 ezer feketeingese élén bevonult Rómába. Több mint 100 ezer római tódult ki az utcákra, hogy ünnepelje a hatalom új birtokosait. Az idős Viktor Emánuel király számára olyannyira meggyőző volt az erődemonstráció, hogy azonnal megadta a jogot a fasisztáknak az új kormány megalakítására.

Mussolini néhány nap leforgása alatt befolyása alá vonta a belügy-, a külügy-, a gyarmatügyi, a hadügy- és a közmunkaügyi minisztériumot. A gazdasági helyzet néhány hónap leforgása alatt érezhetően javult: az ipari termelékenység hirtelen megugrott, az infláció visszaesett. A sztrájkok és munkabeszüntetések egyszerre okafogyottakká váltak. A korrupt kormánytagokat menesztették, a hatalomváltással járó változások pedig más területeken sem maradtak el. „A katolicizmus – jelentette ki az új diktátor – nagy lelki és erkölcsi hatalom, és én bízom benne, hogy az olasz állam és a Vatikán kapcsolatai mostantól messzemenően barátiak lesznek."[30]

Az egyház felé békejobbját nyújtó Mussolini törvényen kívül

helyezte a szabadkőműves páholyokat, állami pénzalapokat utalt ki, hogy a csőd szélén álló egyházi intézményeket kisegítse a fizetésképtelenségből, és mentesítette a katolikus klérust az adófizetés alól. A Szentszék válasza sem késett. 1923. június 9-én a Katolikus Néppárt vezetői, köztük Sturzo, ellentmondást nem tűrő felszólítást kaptak, hogy hagyják el a Vatikánt. A pápa kiközösítéssel fenyegette meg a párt azon tagjait, akik nem törődtek bele a döntésbe, valamint utasította a Katolikus Néppártban párttisztségeket betöltő klerikusokat, hogy mondjanak le a politikai szerepvállalásról.

Mussolini 1925-ben, a pápa által meghirdetett Szentévben adott elvi meghatározást fasiszta állammodelljéről: „Minden az államon belül, semmi az állam ellenében, semmi az államon kívül." Mussolini szándékai szerint a fasiszta állam az élet minden – erkölcsi, politikai és gazdasági – vetületét teljes ellenőrzése alatt tartó hatalom Olaszországban. Meghatározásában a fasizmus „nemzeti bázison szervezett, összevont, tekintélyelvű demokrácia".[31]

Fasiszta utópiájának megteremtéséhez azonban a *Ducé*nak arra is szüksége volt, hogy kétséget kizáróan bebizonyítsa: a nép mögötte áll. Önmagát ugyanis inkább nemzetvezetőnek, semmint pártvezetőnek állította be. Külföldi államférfiakkal való találkozóin rendre azt hangoztatta, hogy ő nem hatalom, hanem konszenzus révén kormányoz. Annak érdekében, hogy a köz akaratából történő hatalomgyakorlásának végérvényes tanújelét szerezze, országos népszavazást írt ki, amelyen az olasz nép egyszer s mindenkorra dönthetett: a régi parlamentáris berendezkedésben, vagy az új, fasiszta állammodellben kíván-e élni.

A népszavazáson remélt látványos sikeréhez Mussolini számára a Vatikán támogatása nélkülözhetetlen volt. A lakosság túlnyomó többsége az egyház odaadó híve volt, akik a pápa állásfoglalásait erkölcsi vezérfonálként követték – amint azt a születésszabályozás széles körű elutasítása is bizonyította. Ha az egyház aggályokat fogalmazott volna meg a *Duce* erkölcsi feddhetetlenségével kapcsolatban – akár ateista előélete botlásaira vagy korai antiklerikalizmusára hivatkozva –, az a demokratikus államrend győzelméhez, a cézári babérokra törő Mussolini számára pedig óriási fiaskóhoz vezethetett volna.

A diktátorjelöltnek meg kellett nyernie a Szentszék támogatását. Első lépésként egyházi esküvőt kötött szeretőjével, Donna Rachelével. Mussolini a kötelező ünnepnapokon elkezdett szentmisét hallgatni. Hirtelen támadt buzgalommal ragaszkodott hozzá, hogy gyermekei a keresztség szentségében részesüljenek. A keresztelő során istenfélő szülőként esküdött fel, hogy „megtagadja a sátánt és annak minden műveit". Hitének egy további bizonyítékaként különadó kivetését indítványozta a gyermektelen házaspárokra, a házasságtörést súlyos büntetéssel szankcionálta, a szifilisszel való megfertőződést pedig bűncselekményként kezelte. A rövid szoknyák és merész fürdőruhák ellen is kikelt, valamint felszólította honfitársait, hogy szokjanak le „az Amerikából importált néger táncokról".[32] Színeváltozása megkoronázásaként népgyűléseken nemegyszer büszkén hangoztatta VII. Gergely elhíresült mondását: „Halál fia, aki a pápához ér."[33]

Mussolini ekkor ismét felkereste Pietro Gasparri bíborost, vatikáni államtitkárt, és kifejezte abbéli óhaját, hogy a pápai állam elveszítése miatti kárpótlás gyanánt nagylelkű juttatásban szeretné részesíteni az Anyaszentegyházat. XI. Piusnak nem volt ínyére Mussolini, és nem is bízott meg benne. Átlátott a szitán, és tisztában volt vele, hogy a diktátor hirtelen támadt kegyessége és egyházfiúi buzgalma olcsó maskara csupán. Bizalmi emberei előtt gyakran nevezte „ördögfinek" a fasiszta pártvezért.[34] Most mégis megingott az „ördögfi" harmadik kísértése előtt. Krisztus még megtehette, hogy elutasítsa az alkut, földi helytartójának viszont nem volt más választása: a világ gazdagságáért meg kellett hajolnia a *Duce* ajánlata előtt, és szentesítenie kellett a fasiszta államot. A Mester példájának követésével ugyanis romba döntötte volna egyházát.

A pápa akkoriban kapta kézhez az egyház pénzügyi helyzetének felmérésén dolgozó bíborosi bizottságnak az Apostoli Kamara részére készült jelentését. A könyvvizsgálat mérlege nem is lehetett volna kétségbeejtőbb. Az auditorok kimutatásai szerint a Vatikán fenntartásának költsége meghaladta a napi hétezer dollárt, miközben az egyházi bevételek 20 százalékkal csökkentek az előző évi összeghez képest, és a hagyatéki jövedelmek is egyre apadtak. A hitelezők, köztük a németországi Reichsbank az elmaradt hitelek azonnali törlesztését követelték.[35] Mindezt tetézte, hogy a pápa pénzügyi tanácsadói – elsősorban George William Mundelein bíboros, Chicago érseke – hosszan tartó nemzetközi recessziót jeleztek előre. A pápaság gazdasági összeomlása, amit közel ötven évig sikerült üggyel-bajjal elodázni, most valóban elkerülhetetlennek látszott. XI. Pius ezért magához rendelte Gasparri bíborost és Eugenio Pacelli érseket – a későbbi XII. Piust –, hogy formába öntsék a Mussolinivel megkötendő konkordátumot.

A közel nyolcvanéves Gasparri bíboros törékeny és beteges ember volt. A keze remegett, amióta szélütés érte, teste pedig előrehaladott köszvénye és csontritkulása miatt olyannyira előregörnyedt, hogy járás közben arcával a padló fölé hajolt. Az 52 esztendős Pacelli érsek még szokatlanabb külsővel rendelkezett. Közel 190 centiméter magas termete meghökkentő cingársága miatt – a bíboros 60 kilót sem nyomott – valószerűtlenül nyúlánknak hatott. Sasorrán aranykeretes szemüveget hordott, ami még inkább kiemelte nagy, fekete szemeit; pókszerű kezeinek hosszú, hegyes ujjai kínos pedantériával ápolt körmökben végződtek. Hangja magas és metsző volt, s olyan gondosan artikulált, hogy beszéde mesterkéltnek tűnt. Megjelenésében mindenekelőtt viaszsápadt arcbőre volt feltűnő, ami miatt egy olyan magatehetetlen ember benyomását keltette, akinek egész élete egy elfüggönyözött hálókamrában telt el.

XI. Pius tájékoztatta két tanácsadóját, hogy a fasisztákkal tervbe vett megállapodás az Apostoli Kamara mérlegeinek tükrében módosításra szorul. Pacelli érsek emlékeztette a pápát, hogy Mussolini a megegyezést előkészítő tárgyalásokon 50 millió dollárt helyezett kilátásba államkötvényekben, továbbá más szolgálatok megtételére – mint a Vatikán önálló államként való elismerésére – is késznek mutatkozott. A pápa válaszában ragaszkodott hozzá, hogy a megállapodás ne csak a pápai kincstárat, hanem a saját vagyonát is gyarapítsa.[36] Ezután kifejezte aggályait, hogy az egyház bevételi forrásai a következő öt–tíz évben még tovább csökkenhetnek. A pápa megemlítette, hogy a chicagói Mundelein bíbornok húszéves futamidejű, 1,5 millió dollár összegű kölcsönt vett fel, melynek fedezetéül egyházi ingatlanok szolgálnak, s hogy ezt az összeget már el is költötték.[37]

Az egyházfő ezután kitért Bernardino Nogara, a Vatikán pénzügyi tanácsadója, a jóvátételi bizottság vezető ügyintézője által készített előrejelzésekre, amelyekben a szakértő az olasz gazdaság küszöbön álló összeomlását prognosztizálta. „A megállapodást – zárta le a megbeszélést XI. Pius – sürgősen tető alá kell hozni, a hamarosan beálló böjti időszakban ugyanis ilyen tárgyalásokra már nem lesz lehetőség."

Gasparri bíboros és Pacelli érsek, miután a pápa elbocsátotta őket, sürgős üzenetet juttattak el Mussolinihez, amelyben figyelmeztették, hogy a vatikáni kérdést mindkét fél, az egyház és az állam érdekében még hamvazószerda előtt rendezni kell.

Mussolini habozás nélkül elfogadta a feltételeket. Az aláírási ceremóniát 1929. február 11-re tűzték ki, a lateráni palotába, azon a helyszínen, amely Nagy Konstantin óta – az avignoni fogság idejét kivéve – a pápák székhelyéül szolgált, s ahol III. Leó 1100 évvel azelőtt császárrá koronázta Nagy Károlyt.

Néhány nappal a konkordátum aláírása előtt XI. Pius magánkihallgatáson fogadta Mussolinit, hogy – ha nem is koronát, de – áldását adja a fasiszta vezetőre. A fején tiarát viselő, kezében feszületet tartó pápa trónszékén maradt, amikor a *Duce* a terembe lépett. Nem kelt fel a vendége fogadására, XI. Pius ugyanis a hagyományos protokoll szerint a magas rangú állami vezetőket is ülve fogadta. Mussolini azonban, úgy tűnt, nem vette magára a lekezelő fogadtatást: térdeire borult, hogy megcsókolja a pápa gyűrűjét és csupasz bokáját. Az egyházfő gépiesen elhadarta a megszokott áldásformulát: *„Benedicat te omnipotens Deus, Pater, et Filius, et Spiritus Sanctus."* Amikor viszont Mussolini felegyenesedett, a pápa megborzongott a döbbenettől, milyen változáson ment keresztül a népvezér, mialatt fejét meghajtotta a lábcsókhoz, és a vér az arcába szökött. A diktátor kopasz fején egy vérömleny duzzadt meg. Az elszörnyedt pápa csaknem visszahőkölt, eszébe villant ugyanis a Jelenések könyvében megjövendölt fenevad bélyege. De egyéb riasztó jeleket is észrevett vendége megjelenésében. Mussolini húsos, tolakodó állán terebélyes fekély éktelenkedett. Az is csak most tűnt föl neki, hogy a diktátor fogai régi, megsárgult elefántcsont színűek és széles távközök választják el őket – amit szülővárosában, Milánóban a rosszindulat jelének tartottak.[38] Ezek után Mussolini minden erőfeszítése hiábavaló volt, hogy a magánkihallgatáson vonzerőt és jóakaratot sugározzon magából, inkább minden ízében utálatosnak látszott, beleértve fakó, élettelennek tűnő szemeit is, melyeket saját maga nevezett később „kígyószemeknek".[39]

Az eső az ünnepélyes ceremónia napján megállás nélkül zuhogott. A megállapodást a kormány részéről a remek szabású öltönyt viselő fasiszta vezér írta alá; míg a középkori hangulatú bíbortalárban, oldalán Pacelli érsekkel megjelent Gasparri bíboros a Vatikán részéről látta el szignójával a dokumentumot. A többórásra tervezett szertartás mindössze háromnegyed órán át tartott.[40] A szöveget végül vörös bársonnyal bevont ládikába helyezték, melynek fedele a pápai címerpajzsot viselte.

Amikor a megállapodás híre szárnyra kelt, Róma-szerte felzúgtak a templomok harangjai. A nép a Szent Péter-bazilikába tódult hálaadó misére. A földkerekség minden sarkából érkeztek gratulációk XI. Piusnak és Mussolininek; többek között az angol alsóház elnökétől is, aki elismerését fejezte ki, amiért „Signor

Mussolini helyénvaló egyezményt kötött a pápával".[41] Az olasz egység most vált csak teljessé. Az egyház végre egyetértésre jutott az állammal. A Mussolini és feketeingesei által megálmodott új Róma immár megvalósulni látszott.

Róma népe örömünnepélyt rögtönzött a pápa ablakai alatt, remélvén, hogy a nagy jelentőségű esemény után elnyerhetik főpásztoruk áldását. Azonban csalódniuk kellett. A lateráni palota ablakai zárva maradtak: XI. Pius nem csatlakozott az ünneplőkhöz.

Berlinben Adolf Hitler szintén örömmel üdvözölte a megállapodás hírét. A *Völkischer Beobachter* 1929. február 22-i számában megjelent írásában a következő megállapítást tette: „A tény, hogy a római kúria békét kötött a fasizmussal, arra mutat, hogy a Vatikán sokkal inkább megbízik a jelenlegi politikai realitásban, mint amennyire megbízott az előző liberális demokráciában, amelylyel nem volt képes kiegyezni." A németországi helyzetre utalva Hitler így fogalmazott: „A Centrumpárt élesen szembehelyezkedik a Szentszék által most aláírt egyezmény szellemével, amikor azt próbálja elhitetni, hogy továbbra is a demokrácia szolgálja a német katolikusok érdekeit." Eszmefuttatását Hitler e szavakkal summázta: „A katolikus egyháznak a fasiszta Itáliával kötött egyezménye minden kétségen felül bizonyítja, hogy a fasiszta eszmevilág közelebb áll a kereszténységhez, mint a zsidó liberalizmus vagy az ateista marxizmus eszmevilága, amelyekhez a katolikusnak nevezett Centrumpárt – napjaink kereszténységének és német népünknek súlyos kárt okozva – olyannyira kötődik."[42]

A római katolicizmus történetének kevés olyan dokumentuma van, amely nagyobb hatással lett volna az egyház fejlődésére, mint a Mussolinivel kötött megállapodás, amely lateráni egyezményként vált ismertté. A megállapodás első része, a konkordátum Olaszország minden katolikus szervezete fölött teljes körű jogi illetékességet biztosított a Vatikánnak. Ezeknek a szervezeteknek – amelyeket a dokumentum szövege „egyházi társaságokként" jelölt meg – az egyezmény adómentességet biztosított és felmentette az állami számvevőszéki vizsgálatok kötelezettsége alól. A Vatikán abban sem volt megkötve, hogy hány szervezetet hoz létre: belátása szerint alapíthatott „társaságokat", amelyek azután korlátlan ideig tartó adómentességet élveztek.

A paktum ezen szakasza azt is kinyilvánította, hogy a katolicizmus Olaszország „hivatalos vallása", valamint törvényen kívül helyezte a protestantizmus propagálását. Minden állami és magániskolának kötelező volt a katolikus hittanórákat felvenni az órarendjébe, amelyek a tanulókat a bérmálkozás szentségére és az Anyaszentegyház hű szolgálatára készítették fel.

A második szakasz, mely a Lateráni Egyezmény címet viselte, a Vatikánvárosban önálló államot hozott létre *(Stato della Città del Vaticano)*. A 44 hektár területű új pápai állam a vatikáni dombon terült el, és a Szent Péter-bazilikát, a lateráni palotát, valamint épületegyütteseket foglalt magába. Harminc tér és utca, négy katonai barakk a svájci gárdisták számára, két templom (a Szent Péter-bazilikán kívül), és 973 állandó lakos – többségükben papok – tartozott hozzá. A Vatikánváros szűken vett területén kívül a független állam a Szentszék elidegeníthetetlen tulajdonaiként több létesítménnyel is bírt, köztük három római templommal – a Santa Maria Maggiore, a San Giovanni in Laterano és a Szent Pálbazilikával –, számos irodaépülettel, a pápai nyári palotával a Rómától délre, az Albano-tó partján fekvő Castel Gandolfóban, valamint egy sor további ingatlannal szerte a félszigeten Milánótól Reggio di Calabriáig.

A Vatikán a szuverenitásáért cserébe lemondott az olasz kormány által 1870-ben elfoglalt földek visszaköveteléséről, és felvette a diplomáciai kapcsolatokat az olasz kormánnyal.

Az egyezmény pénzügyi megállapodásokat tartalmazó befejező szakasza 1750 millió líra (vagyis akkori árfolyamon 90 millió dollár) készpénzben és államkötvényekben való kiutalásáról rendelkezett, valamint kiterjedt egy nyilvánosságra nem hozott öszszegű kifizetésre is, amely – a korábbi pápai uradalmak elvesztése miatti kárpótlásul – a pápa saját pénzszekrényét illette.[43] Az olasz kormány ezeken túl az ország összes papjának bérezését is felvállalta.

A Vatikán egyetlen tollvonással koldusból milliárdossá lett, és egyik napról a másikra kivételezett pozíciót foglalt el a nemzetközi pénzpiacon. Tíz évvel később pedig, Hitler Lengyelország elleni inváziójának évében a római katolikus egyház már ismét a föld leggazdagabb – és több szempontból a legbefolyásosabb – szervezete volt.

2

A CSODÁLATOS PÉNZSZAPORÍTÁS

*Mindenkinek, aki tőled kér, adj, és attól, aki elveszi a ti-
édet, ne kérd vissza. Ahogy akarjátok, hogy az emberek
veletek cselekedjenek, ti is úgy cselekedjetek velük. Mert
ha csak azokat szeretitek, akik titeket szeretnek, mi ju-
talmatok van? Hiszen a bűnösök is szeretik azokat, akik
őket szeretik. És ha csak azokkal tesztek jól, akik veletek
jól tesznek, mi jutalmatok van? Hiszen a bűnösök is
ugyanazt teszik. És ha csak azoknak adtok kölcsönt,
akiktől remélitek, hogy visszakapjátok, mi jutalmatok
van? Hiszen bűnösök is adnak kölcsön bűnösöknek, hogy
ugyanannyit kapjanak vissza.*

Lukács evangéliuma, 6:30—34

A lateráni egyezmény aláírásának napján XI. Pius két olyan
intézkedést hozott, amelyek végérvényesen új haladási
irányt szabtak a római katolikus egyház számára. Egyrészt Szent-
széki Különleges Hivatal *(Amministrazione speciale della Santa Sede)*

néven új pénzügyi szervezetet hozott létre, melynek megbízása abban állt, hogy felügyelje Mussolini „adományát". El kellett ugyanis kerülni, hogy az egyház újonnan megszerzett vagyona korrupt vatikáni hivatalnokok és népes rokonságuk zsebébe vándoroljon, vagy hogy olyan különféle szociális szükségre kótyavetyéljék el, mint az éhező tömegek ellátása vagy a nincstelenek elszállásolása.

Második lépésként a pápa Bernardino Nogarát, a Reichsbank átszervezésében hírnevet szerzett „pénzcsináló varázslót" nevezte ki az új testület ügyvezetőjéül, akinek szabad kezet adott a befektetésekre vonatkozó döntések fölött. Nogara ragaszkodott hozzá, hogy a hivatal ne alkalmazzon papi személyeket, mert attól tartott, hogy miattuk az egyházi szempontok a profitszerzés kerékkötői lehetnek. Márpedig a Szentszéki Különleges Hivatal egyedüli funkciója az volt, hogy nyereséget termeljen, s ezzel a gazdagság és hatalom pozíciójába emelje vissza az egyházat.[1]

Nogara ezért Enrico de Maillardoz márkit és vezető olasz pénzügyi cégek négy könyvelőjét választotta vezető munkatársaiul. A vatikáni ügymenetnek megfelelően a pápa ugyanakkor egy három bíborosból álló *ad hoc* bizottságot nevezett ki a hivatal tevékenységének felügyeletére. A bizottság megalakítása egyházi kirakatpolitika volt csupán, lévén Pietro Gasparri, Donato Sharrette és Rafael Merry del Val bíborosok hatásköre arra nem terjedt ki, hogy felülbírálják Nogara döntéseit.

A római katolicizmus történetének kevés olyan szereplője volt, aki az egyházra nagyobb befolyást gyakorolt volna, mint Nogara. A hivataligazgatót mintha erre a feladatkörre találták volna ki; páratlanul alkalmas volt történelmi küldetéséhez, nem kevésbé, mint amennyire Ágoston, I. Leó pápa, Assisi Ferenc, Aquinói Tamás vagy John Newman bíboros a maguk idején. Kevéssel 1959-ben bekövetkezett halála előtt Spellman bíboros úgy vélte, „Jézus Krisztus óta az egyház legmeghatározóbb személyisége Bernardino Nogara volt".[2]

S mégis, a Vatikán „pénzcsinálójáról" kevesebb tudható, mint akár némely homályos történeti hitelességű középkori szentről. A Comói-tóhoz közel fekvő Bellanóban született és nőtt fel. Szüleiről úgyszintén kevés emlék maradt fenn, leszámítva, hogy az egyház elkötelezett hívei voltak. Három fivére a papi hivatást választotta, a negyedik pedig a Vatikáni Múzeum kurátoraként helyezkedett el. Bernardino Nogara egész élete során naponta hallgatott misét és heti rendszerességgel vett részt áhítatokon, mint amilyen a keresztút stációit felelevenítő lelkigyakorlat. Délben félbeszakította munkáját, hogy az Úrangyala imádságot – a hitvalló imát, amely Gábriel arkangyal Szűz Máriának tett köszöntésén alapul – elmondja, s mielőtt éjjel nyugovóra tért volna, a szentolvasó mindhárom misztériumát végigimádkozta: a rózsafüzér örvendetes, fájdalmas és dicsőséges titkaihoz tartozó ötven-ötven Üdvözlégyet. Sok munkatársa végig abban a hiszemben dolgozott a keze alatt, hogy a pénzügyi hivatal ügyvezetője papi személy, akire több könyvben is – tévesen – a magas egyházi méltóságoknak kijáró *monsignore* címmel hivatkoznak. Nogara viszont sohasem volt klerikus, sem rendtag vagy világi egyesület tagja.

A gazdasági virtuóz eredetileg geológiából és ásványtanból diplomázott, majd éveken át bányákat felügyelt Angliában, Görögországban, Bulgáriában és Törökországban. Egykori munkatársai visszaemlékezései szerint kényes volt a megjelenésére, páratlan nyelvtehetséggel rendelkezett (nyolc nyelven beszélt folyékonyan), és tartózkodó, kimért magatartás jellemezte. Kiváló memóriája révén Nogara teljes énekeket tudott elszavalni Dante Isteni színjátékából, és mindenki másnál gyorsabban tudott fejben számolni.

Nogara végül a Banca Commerciale Italiana alkalmazásába állt, ahol a bank alelnöke, és isztambuli fiókjának igazgatója lett. Miközben azért tett erőfeszítéseket, hogy nyugati befektetőket vonzzon Törökországba, munkájával mind a brit megszállók, mind a Török Köztársaság megteremtéséért küzdő Kemal Atatürk ifjú mozgalmárainak bizalmát elnyerte. Időközben Nogara a vesz-

tes hatalmak – köztük Németország – háborús kárpótlási kötele-
zettségeinek betartása felett őrködő szövetségközi jóvátételi bi-
zottság *(interalliierte Reparationskomission)* ügyintézőjeként a vi-
lág vezető pénzügyi köreiben is ismertté tette a nevét. Később,
1924-től 1929-ig gazdasági tehetségét a Reichsbank újjászervezé-
sében kamatoztatta, amire a háború sújtotta Németország pénz-
ügyeinek helyreállítása érdekében volt égető szükség. A bank ve-
zetőjeként páratlan gazdasági érzékre valló pénzügyi bűvészmu-
tatványaival 800 millió márka értékű kölcsönállomány után évi
2,5 milliárd márka kamatjáradékot hajtott be.[3]

Németországban Nogara rendszeres összeköttetésbe került
Eugenio Pacelli érsekkel, a weimari köztársaság pápai nunciusá-
val, aki Nogarától a pénzügyi szakember véleményét tudakolta a
„római kérdésben", az olasz kormánynak az egyházi birtokok fe-
jében juttatandó jóvátételi kötelezettsége ügyében. Találkozóik so-
rán Nogara meggyőzően érvelt amellett, hogy a Vatikánnak végre
maga mögött kell hagynia a nagy területek fölötti uralom évezre-
des beidegződéseit, és ehelyett nemzetközi befektetések révén kell
befolyásos gazdasági hatalommá válnia. Csak ennek árán lehet el-
érni – hangsúlyozta Nogara –, hogy a világi hatalmak újra térdet
hajtsanak Szent Péter trónszéke előtt. Pacelli érsek Rómában is-
mertette a Reichsbank igazgatójának érveit XI. Piusszal. A beszá-
moló nagy hatással volt a pápára, aki ezután maga is kikérte a
pénzügyi szakértő tanácsait, elsősorban a lateráni egyezmény fel-
tételeinek kidolgozásában.

Amikor felkérést kapott a Szentszéki Különleges Hivatal ve-
zetésére, Nogara egyetlen feltételt szabott meg: minden területen
szabad kezet kell kapnia. Kikötötte, hogy a hivatali kinevezéseket
ne legyen köteles igazolni egyházi elöljárók előtt; a hivatal üzleti
tevékenységét kizárólagos ellenőrzése alatt tartja; és testületének a
vatikáni adminisztráció más szerveitől teljes mértékben független-
nek kell lennie. A Különleges Hivatal főhadiszállását a lateráni pa-
lota negyedik emeletén rendezték be, közel a pápa magánlakosz-

tályához. Működését olyan fontosnak tartották, hogy Nogara volt az egyetlen vatikáni hivatalnok, akinek előzetes bejelentés nélküli szabad bejárása volt a pápához.

Mialatt a világ a nagy gazdasági válság szorításába került, a Vatikán pénzügyleteit irányító Nogara elsőként többségi részesedést vásárolt a Banca di Romában, egy olyan pénzintézetben, amely nagyon alacsony piaci értékű papírokkal rendelkezett, vagyis értékpapírjaiért alig – vagy éppen semmit sem – fizettek volna, ha a tőzsdén értékesítésre kerülnek.[4] Ezt követően sikerült kijárnia Mussolininál, hogy a bankot vonja be az Ipari Újjáépítés Intézetének *(Istituto per la Ricostruzione Industriale, IRI)* alapítói közé. Olaszország az IRI létrehozásával keresett kiutat az ország lakosságát megnyomorító válságból. Az intézménynek ipari vállalatok feltőkésítése volt a feladata a gazdasági növekedés ösztönzése érdekében: a nagyüzemek megegyezésre jutottak, hogy egy lírát fizetnek a magánszektorból megkeresett minden két líra profit után. A befektetések biztonságát a kormány szavatolta. Ezzel a megállapodással a Banca di Roma devalválódott értékpapírjai visszanyerték eredeti értéküket, és a Vatikán – mint a legnagyobb részvényes – 632 millió dollár összegű vagyonnal gyarapodott.

A Banca di Roma-ügylet kevéssé foglalkoztatja az egyháztörténészeket, jóllehet fontos fordulatot hozott a római egyház történetében. A Szentszék kamatra adott kölcsönt, holott az *usura* intézménye a katolikus hagyomány súlyosan kárhoztató megítélése alá esett. „Uzsorának számít – határozta meg Szent Ambrus –, amit hozzáadnak a kölcsön összegéhez." Az utókor kánonjogászai Ambrus definíciójára támaszkodtak. A kölcsön összegére kivetett kamatot a nikaiai (324), a karthágói (371), az orleans-i (538), a clichy-i (626) és az aix-i (789) zsinatok is elítélték – ezért is foglalták el a középkori Európában a kölcsönöket nyújtó bankárok nélkülözhetetlen, s egyben közutálatnak örvendő feladatkörét a megélhetés más területeiről kiszorított zsidók. A III. lateráni zsinat (1179) határozata alapján a kamatra kölcsönzők nem részesülhettek az

áldozás szentségében, sem keresztényi temetésben, s egyetlen pap
sem fogadhatott el tőlük alamizsnát. XIV. Benedek 1745. évi *Vix
Pervenit* című enciklikájában eretnekeknek bélyegezte azokat, akik
kamatra kölcsönöznek, körlevelét pedig a Szentszék 1836-ban az
egész egyházra nézve érvényesnek nyilvánította. A kapitalizmusnak
ez az alapvető tétele tehát anatéma volt minden igaz hívő számára.

XI. Pius nagy horderejű döntésével – mellyel jóváhagyta a
Banca di Romába történt befektetést – szakított az egyházi hagyo-
mánnyal. Választása utat tört más, a kor igényeihez idomuló dog-
mák és tantételek meghozatala előtt, amelyek – több más tényező
mellett – később a II. vatikáni zsinat által fémjelzett modernizá-
ciós folyamatba *(aggiornamento)* fognak torkollni. Achille Ratti e
lépésével eltávolodott a kánonjog merev, elutasító álláspontjától –
jóllehet mindaddig az egyház fenntartotta, hogy tanításai változ-
hatatlanok és állandóak *(semper eadem);* olyan útjelzők, melyek a
hívőknek egy régi nemzedékek által bejárt, jól ismert ösvényt je-
lölnek ki. A Szentszéki Különleges Hivatal létrehozásával viszont
mélyreható fordulat történt. A megváltoztathatatlan megválto-
zott. Egy olyan gyakorlatot, amely a kapzsi pénzimádat kárhoza-
tos megnyilvánulásának számított, az egyház szentesített – igaz,
nem a hívők javára, hanem saját gyarapodása érdekében.

A Banca di Roma-ügyleten lefölözött nyereségből Nogara
IRI-részvényeket vásárolt a tőzsdén, így a Vatikán 1935-re a rész-
vények többségével az ország állami garanciákkal biztosított tranz-
akcióinak legjelentősebb szereplőjévé vált és részvényei többmil-
liós hozamot termeltek. A Vatikán tulajdonába jutott egyik vál-
lalat, az Italgas az olasz városok kizárólagos földgázszolgáltatója
lett,[5] egy másik, a Società Generale Immobiliare pedig a félszi-
get egyik legrégibb ingatlankereskedelmi és építőipari vállalata
volt.[6] Ez utóbbi cég idővel nemzetközi vállalatbirodalommá fej-
lődött, amely kormányokat döntött meg, egész térségeket taszí-
tott gazdasági összeomlásba, és lármás botrányokkal hozta hírbe a
Vatikánt.

A II. világháború kitörésének évére a Vatikán nagyarányú részesedést szerzett az olasz textil-, műtrágya-, fa- és acéliparban, a bányászatban, a kohászatban, a mezőgazdálkodási eszközök gyártásában, a kerámia- és tésztagyártásban, a legfontosabb vasút-, valamint telefon- és távközlési társaságokban. Részesedéseinek puszta jegyzéke több mint hetvenoldalas főkönyvet töltött meg. A vállalatok némelyike a katolikus etikával nehezen összeférhető termékeket állított elő; a bombák, tankok és fogamzásgátló szerek bizonyára ezek közé tartoznak.[7] Amit a szószékről kárhoztatott, azt az egyház portfóliója gyarapítására még alkalmasnak találta. 1935-ben, amikor Mussolininek fegyverre volt szüksége Etiópia lerohanásához, a hadieszközök egy jelentős részét az a lőszergyár szolgáltatta, amelyet Nogara a Szentszék számára vásárolt meg.

Miután a félsziget piacvezető cégeiben többségi részesedést szerzett, Nogara laikus hívők egy bizalmi csoportját választotta ki, hogy az itáliai bankok ügyviteli testületeinek igazgatói székébe ültesse őket. Emberei közül sokan a pápai kinevezéssel megkülönböztetett arisztokráciához, az úgynevezett „feketenemességhez" tartoztak (akiket a támogatásukat élvező szentszéki tisztviselők fekete reverendája után jelöltek meg így), vagyis olyan arisztokrata családok sarjai voltak, amelyek az olasz egység megteremtésének éveiben ellenezték, hogy az ifjú Olaszország magába olvassza a pápai állam területét. Céljai megvalósítása érdekében a Vatikán pénzügyeinek szürke eminenciása Massimo Spada, Enrico Galeazzi gróf, Carlo Pesenti, Antonio Rinaldi, Luigi Mennini, Luigi Gedda, Paolo Blumenstil gróf és Francesco Maria Odasso gróf személyében a régi patrícius családok hagyományait követő munkatársakra támaszkodhatott.[8] Pacelli érsek saját ismeretségi köréből és rokonai közül is ajánlott segítőket Nogarának, köztük fivérét, Francescót és unokaöccseit, Carlo, Giulio és Marcantonio Pacellit.[9] Az *uomini di fiducia* (bizalmi emberek) kinevezésével Nogara mindegyik vállalatot saját, egyszemélyi irányítása alatt tudhatta, amelyek így „tandemben" haladva, ugyanazon cél érdekében öszszedolgozhattak. Nogara neve természetesen sosem szerepelt a testületi tagok és tisztviselők jegyzékében, nehogy kiderüljön, hogy a szálak egy kézben futnak össze.[10]

Miközben Olaszország a nagy gazdasági világválság terhe alatt nyögött, Nogara óriási területű ingatlanokat vásárolt fel Rómában és vidékén. 1935-re a kormány után – hála új pénzügyi testületének – a pápa lett a legnagyobb olaszországi földbirtokos.

Nogara azonban nem tudta megállni, hogy vissza ne térjen első szerelméhez, a banki ügyletekhez. A nagy hasznot hajtó Banca di Roma mellé egy sor közepes és kis forgalmú vidéki bank – mint a Banca Commerciale Italiana, a Credito Italiano, a Banca Provinciale Lombarda és a Banco Ambrosiano – tulajdonjogát is megszerezte a Vatikán részére.[11] Számára világos volt a kapitalizmus legegyszerűbb alapelve: a bevételek fölötti ellenőrzéssel lehet a gazdasági vállalkozásokat a leghatékonyabban sikerre vinni. Bankjai révén Nogara a vatikáni tulajdonú vállalatok felé – és a versenytársak érdekeltségeitől távol – tudta terelni a pénz áramlását. Így lehetett, hogy a római egyház a harmincas évek szűk esztendeiben gazdasági virágzását élte.

Az ország minden szegletéből a Vatikánhoz áramló pénzmennyiség ekkorra olyan feltűnővé vált, hogy Nogarának ettől kezdve már az jelentett gondot, hogyan lesz képes továbbra is elrejteni a hatalmas vagyont a nyilvánosság szemei elől. A többletbevételt ezért az adómentességet élvező és a könyvvizsgálatok alól mentesített egyházi társaságokon keresztül svájci bankszámlákra utalta – így a pénz külső megfigyelők előtt nyomon követhető útvonala titkosított főkönyvekben és hozzáférhetetlen banki jegyzékekben ért véget.[12] A római egyház valós vagyona ettől kezdve csak a pápa és tanácsadóinak bizalmas köre előtt volt ismeretes, bárki más számára csak a találgatások maradtak.

Mussolini „adománya" és Nogara pénzügyi bravúrjai viszont

csak egyik forrása lett az egyház újkori krőzusi vagyonának. Egy további – nem kevésbé jól jövedelmező – pénzforrást egy másik diktátor nyitott meg a pápaság számára. Adolf Hitler, Németország újonnan kinevezett kancellárja már egy ideje kereste a lehetőséget, hogy Eugenio Pacelli érsekkel mindkét fél számára előnyös alkut kössön. Azzal a Pacellivel, aki ekkor már a pápai trón várományosa volt.

3

MAMMON
DIADALA

*Senki sem szolgálhat két úrnak, mert vagy az egyiket
gyűlöli és a másikat szereti; vagy egyikhez ragaszkodik
és a másikat megveti. Nem szolgálhattok egyszerre Is-
tennek és a Mammonnak.*

Máté evangéliuma, 6:24

Egy héttel a New York-i értéktőzsde 1929. októberi össze-
omlása után Eugenio Pacelli érseket Rómába rendelték
Berlinből, ahol pápai nunciusként szolgált. A lateráni egyezmény
megszövegezésében nyújtott páratlan segítségéért a pápa bíboro-
si rangra emelte. Az eskütételi szertartást követően a Szentszék
bejelentette, hogy az új bíboros fogja felváltani Pietro Gasparrit
vatikáni államtitkári hivatalában, a katolikus egyház második leg-
befolyásosabb pozíciójában. Az államtitkári szék elfoglalásának
pillanatától kezdve Pacelli a németországi események – köztük
Adolf Hitler hatalomra jutásának – kulcsszereplőjévé vált.

1929 és 1930 között a Nemzetiszocialista Német Munkáspárt támogatottsága 10 százalékról 24,2 százalékra emelkedett. A német katolikus püspökök felvették a harcot az „új pogányság" térnyerésével szemben, és határozatot hoztak arról, hogy katolikusoknak tilos a náci pártba belépni és pártgyűléseiken részt venni. Az egyház nem szolgáltatta ki a szentségeket náci párttagoknak és katolikus temetésükhöz való jogot is megtagadta; továbbá nácik csoportosan nem jelenhettek meg temetéseken vagy egyházi szertartásokon sem. A Német Katolikus Centrumpárt nyilatkozatai és a katolikus sajtóban megjelent vezércikkek támogatták a püspöki kar szankcióit.[1] A széles olvasótáborral rendelkező katolikus hetilap, a *Der Gerade Weg* („Az egyenes út") a következő nyilatkozattal fordult a német néphez: „A nemzetiszocializmus a külügyekben egyet jelent a szomszédos országokkal való ellenségeskedéssel, a belügyekben a despotizmussal – nemzetközi háborúval és polgárháborúval. A nemzetiszocializmus egyet jelent a hazugsággal, gyűlölettel, testvérgyilkossággal, a határtalan nyomorral. Adolf Hitler a hazugság törvényét hirdeti. Áldozatául estetek egy megszállott despota ármánykodásának! Ébredjetek!"[2]

Hitler korán ráébredt a Vatikánnal való jó kapcsolatok kialakításának fontosságára. Már a *Mein Kampf* lapjain emlékeztetett arra, hogy a Centrumpárt mögött egységesen fellépő német katolikusok hiúsították meg a katolicizmus ellen meghirdetett bismarcki *Kulturkampf*ot, amelyet a „vaskancellár" jórészt az 1870-es években IX. Pius pápai csalatkozhatatlanságot rögzítő dogmája miatt hirdetett meg. A *Kulturkampf* jegyében Bismarck állami kontroll alá vonta a vallásos oktatást, betiltotta a jezsuita rendet, az egyházi vagyon fölötti ellenőrzést világi bizottságok hatáskörébe vonta, továbbá pénzbírsággal sújtotta, bebörtönözte vagy kitoloncolta azokat az egyházi méltóságokat, akik szembeszegültek az új törvényhozással. A kancellár kíméletlen politikája viszont csak megszilárdította a katolikusok ellenállását, amely végül a Katolikus Centrumpárt megalakításában öltött testet.

Miközben börtöncellájában a *Mein Kampf*ot fogalmazta, Hitlerben már tudatosult, hogy a Harmadik Birodalomról szőtt álmai szertefoszlanak, ha a római katolikus egyházat elmulasztja kiengesztelni. „A politikai pártoknak – írta – semmi közük a vallási problémákhoz, amíg azok a faj erkölcsének megrontásával nem fenyegetik a nemzet épségét. Hasonlóképpen a vallás sem keveredhet bele a politikai pártok intrikáiba."[3] 1927-ben Hitler kijelentette, hogy a vallást tilos hátrányosan megkülönböztetni. E véleményének taktikai mozgatórugói voltak: Hitler el akarta ugyanis kerülni, hogy a nemzetiszocializmus újabb *Kulturkampf*ba sodródjon, amely felemészthetné a mozgalom erejét.

Pacelli bíboros is kívánatosnak tartotta, hogy az egyház kapcsolatai mielőbb rendeződjenek Hitlerrel. Felismerte, hogy egy erőskezű jobboldali hatalom Németországban a kommunizmus európai terjedése elleni harc védőbástyája lehetne. Azzal is tisztában volt, hogy a német egyházi vagyon védelemre szorul, s hogy egy kétoldalú megállapodás a Mussolinivel kötött egyezményhez hasonló pénzügyi előnyökkel járhatna.

A németországi apostoli nunciatúrán eltöltött hosszú évek alatt Pacelli szoros együttműködést épített ki Ludwig Kaas atyával, aki a Centrumpárt egyik képviselője volt a Reichstagban. Pacelli hathatós közbenjárása révén Kaas magas egyházi méltóságra jutott, és pártja elnökévé is megválasztották. Paqualina nővér, Pacelli házvezetőnőjének visszaemlékezései szerint a két férfi rendkívül közel állt egymáshoz, olyannyira, hogy Kaas rendszeresen elkísérte Pacellit üdüléseire, és a pártelnök „csodálattal, őszinte szeretettel és feltétlen hűséggel" viseltetett a bíboros iránt.[4]

1930-ban Kaas egyeztetései után Pacelli találkozott a centrumpárti Heinrich Bruninggal, akit a katolikus és a szocialista pártok törékeny koalíciójából megalakult egységkormány kancellárjául választottak. Vatikáni találkozójukon Pacelli hosszasan ecsetelte Bruning előtt, milyen előnyökkel járna, ha Hitler előkelő helyet kapna a kabinetben, és ez egyben utat nyitna a kormány és a Szentszék közötti konkordátum előtt is. Végtére is Hitler katolikusnak született és katolikus neveltetést kapott, rendi iskolába járt, sőt volt idő, hogy a papi hivatást fontolgatta – érvelt Pacelli. Miután Bruning határozottan visszautasította a javaslatot, a bíboros keményebb hangot ütött meg: megfenyegette a kancellárt, hogy amennyiben nem hajlandó együttműködni, Kaas lemond a Centrumpárt elnöki tisztéről, s így a kormány a számára létfontosságú politikai támogatás nélkül marad. Mielőtt elhagyta volna a tárgyalótermet, Bruning kifejezte abbéli reményét, hogy „a Vatikán majd jobban boldogul Adolf Hitlerrel, mint ővele, aki pedig őszinte katolikus".[5] Bruning mindennek ellenére ezután is mindent megtett, hogy a Katolikus Centrumpártnak és a katolicizmus ügyét szolgáló más politikai kezdeményezéseknek támogatást szerezzen.

A Centrumpártra továbbra is jelentős nyomás nehezedett, hogy egyezzen ki a nácikkal. A próbálkozások 1932-ben értek be, amikor egy vezető centrumpárti politikus, Franz von Papen, a Máltai Lovagrend kitüntetettje váltotta fel Heinrich Bruningot a kancellária élén. Kaas sürgetésére von Papen meggyőzte Paul von Hindenburg birodalmi elnököt – aki egyébként mélyen megvetette a nácikat –, hogy Hitlert bízza meg az új kabinet megalakításával. Hindenburg vonakodva bár, de beadta a derekát, és 1933. január 30-án Adolf Hitlert német birodalmi kancellárrá nevezte ki. A náci pártvezér első lépéseként von Papent jelölte alkancellárnak. A nemzetiszocialisták – hála a Vatikán háttérmunkájának – kormányra kerültek.

Hitler nem volt a hatalom kizárólagos birtokosa, amíg a törvényhozáson keresztül nem vitt egy felhatalmazási törvényt – ez azonban csak a Reichstag kétharmados többségének jóváhagyásával volt lehetséges. S mivel a szocialisták ellenzékben maradtak, Hitlernek meg kellett nyernie a Katolikus Centrumpárt szilárd támogatását.

Hitler kancellár és Pacelli bíboros megállapodtak: Pacelli tekintélyét latba vetve megszerzi a katolikus politikusok támogatását a felhatalmazási törvényhez, Hitler pedig a többség szavazatainak elnyerése után Róma számára előnyös konkordátumot ír alá. A bíboros kérésére Kaas a katolikus párt tagjai között lobbizni kezdett a jogszabály érdekében: párttársai figyelmét felhívta arra, hogy Hitlernek a konkordátum megkötésére tett ígérete „a legnagyobb siker, amit [az egyház] az elmúlt tíz évben nemzetközi téren elkönyvelhetett".[6]

A felhatalmazási törvényjavaslat elnyerte a Katolikus Centrumpárt teljes támogatását, így azt 1933. március 24-én törvénybe iktatták. Két nappal később Németország protestáns egyházai is hivatalosan elismerték Hitlert és rendszerét. Március 26-án a német katolikus püspökök, akik előzőleg elítélték a nemzetiszocialista eszméket, behódoltak a Harmadik Birodalom vezére előtt. „Anélkül, hogy fontosnak tartanánk visszavonni bizonyos vallási-etikai tévedéseket elítélő korábbi nyilatkozatainkat – szólt a püspöki kar közleménye –, hisszük, hogy helyénvaló a bizakodásunk abban, hogy a szóban forgó általános tiltásokat és figyelmeztetéseket többé már nem indokolt tekintetbe venni. Katolikus keresztényeknek, akik számára az egyház szava szent, e pillanatban szükségtelen külön intéssel előírni, hogy legyenek lojálisak törvényes kormányukhoz, és lelkiismeretesen tegyenek eleget állampolgári kötelezettségeiknek, elvi alapon visszautasítva a törvényellenes és felforgató magatartást."[7] A püspöki kar nagy horderejű nyilatkozatát – nyakatekert kétértelműségei ellenére – a náci sajtó Hitler politikájának jóváhagyásaként üdvözölte. Pásztoraik békéltető állásfoglalását követően a katolikusok végre teljes nyugalommal vállalhatták fel náci párttagságukat, a papok pedig ettől fogva kiszolgáltatták a szentségeket a náciknak, még akkor is, ha azok csoportosan és pártegyenruhában jelentek meg az egyházi szertartásokon.

Egy héttel később Kaas egy katolikus lap vezércikkében kiemelte: most, hogy Németország a haladás útjára lépett, az erős, szilárd alapokon nyugvó állam megteremtéséhez elengedhetetlenné vált a weimari köztársaság által bevezetett „tagadhatatlanul túlzó formális szabadságjogok" felszámolása. A történelmi pillanat úgy követelte meg – vélte Kaas –, hogy a Katolikus Centrumpárt együttműködjön ebben a folyamatban, nemcsak mint az egyház hű követője, de úgy is, mint „a jövő aratásának magvetője".[8]

A támogatás és jó szándék ennyire egyértelmű megnyilvánulásai láttán Hitler a konkordátum szövegtervezetében olyan nagyvonalú javaslatokkal állt elő, amelyek Pacelli legmerészebb várakozásait is felülmúlták. A megállapodás 1933. július 1-jén véglegesített szövege előírta, hogy a német katolikusoknak kötelességük a Kánonjogi Kódex rendelkezéseit követniük, meghatározta, hogy a katolikus társadalmi munka állami támogatást fog élvezni, és megtiltotta a katolikus vallás kritikáját iskolákban és közgyűléseken. Ezen túlmenően a megállapodás a német katolikusokra kivetett *Kirchensteuer* („egyházi adó") formájában busás bevételi forrást nyitott meg az egyháznak.[9] A múltbeli egyházi adóktól eltérően ez a mostani – az állami adókhoz hasonlóan – a fizetési csekken, a bruttó jövedelem 9 százalékában került levonásra, és a későbbiekben óriási hasznot hajtott az egyháznak, jóval nagyobbat még Nogara briliáns pénzügyi manővereinél is. A *Kirchensteuer* és Mussolini juttatásai együtt olyannyira megerősítették a Vatikán politikai és pénzügyi súlyát, hogy Pacelli bíboros, amikor XII. Piusként elfoglalta a pápai trónt, nagyobb hatalmat tudott maga mögött, mint III. Ince (1198–1216) a középkori pápaság tündöklésének csúcspontján.

A konkordátum nagyvonalú juttatásainak azonban ára volt. Hitler felszólította a Katolikus Centrumpárt vezetőit, hogy önként oszlassák fel a pártot. A határozat Pacellin keresztül érkezett, félhivatalos nyilatkozat formájában: „Hitler kancellárnak a Centrumpárt feloszlására vonatkozó határozott szándéka egybeesik a Vatikán azon óhajával, hogy a pártpolitikában elfogulatlan maradjon, és hogy a katolikusok tevékenységét a pártokon kívüli Actio Catholica szerveződésre korlátozza." Miután elérte, hogy a Centrumpárt képviselői önként lemondjanak, Pacelli tájékoztatta őket:

úgy bizonyíthatják a katolikus egyház iránti odaadásukat, ha lojálisak lesznek a náci párthoz:

> „Miután az egyház immár nem jelenik meg önálló politikai erőként a német közéletben, még inkább szükséges, hogy a katolikusok a Szentszék és a nemzetiszocialista kormány által megkötött diplomáciai szerződésben találják meg mindazokat a garanciákat, amelyek politikai érdekeik képviseletét szavatolják (…), és biztosítják a magánéletükben és nemzetükben elfoglalt tekintélyes helyzetük megtartását. Ez a német katolikusokra súlyos felelősségként hárul, melynek a Szentszék kiemelt fontosságot tulajdonít."[10]

A *Führer* a konkordátumhoz egy újabb feltételt is szabott, melyet a Szentszék elfogadott. A 16. cikkely értelmében a németországi katolikus püspököknek a Harmadik Birodalom lobogója, a *Reichsstatthalter* előtt a következő esküt kellett letenniük: „Esküszöm Istenre és a szent evangéliumra, és ígérem, hogy miként egy püspökhöz illik, a Német Birodalomhoz hű leszek. Esküszöm és fogadom, hogy az alkotmányos kormányt tisztelem és az irányításom alatt álló klérussal együtt tiszteletben tartatom. A német államiság érdekeit és javát szolgáló kötelességgel elvégzett munkám és a rám bízott egyházi hivatal gyakorlása közben megpróbálok minden ártalmat távol tartani, amely az államot fenyegeti."[11]

Az 1933. július 11-i kabinetülésen Hitler „három nagy előnyt" vázolt fel, amelyek miatt a konkordátum megkötése fontos volt a Birodalom számára. Érveit az ülés jegyzőkönyve a következő pontok szerint örökítette meg:

1. A Vatikán tárgyalóasztalhoz ült, annak ellenére, hogy a katolicizmus mindaddig – különösen Ausztriában – azon az állásponton volt, hogy a nemzetiszocializmus eszméje keresztényellenes és egyházellenes;

2. A Vatikánt meg lehetett győzni arról, hogy jó kapcsolatot alakítson ki a tisztán nemzeti alapon szerveződött Német Állammal. Ő, a birodalmi kancellár még kevéssel azelőtt sem tartotta volna valószínűnek, hogy az egyház kész lesz felesketni püspökeit az Államra. A tény, hogy ez mégis megtörtént, kétségkívül a jelenlegi kormányzat őszinte elismerését jelenti;

3. A konkordátummal az egyház visszavonulót fújt az egyesületi szerveződés és a párttevékenység szintjéről, ennek jeleként a keresztény munkásszakszervezeteket is magukra hagyta. Ezt a birodalmi kancellár ugyancsak nem tartotta volna valószínűnek még néhány hónappal ezelőtt sem. A Centrumpárt feloszlatását is csak a konkordátum megkötésével lehet véglegesnek tekinteni, most, hogy a Vatikán kizárta a papokat a pártpolitikából.[12]

A kabinetülés lezárásaként Hitler aláhúzta, hogy a konkordátum a bizalom és támogatás légkörét hozza el a Harmadik Birodalom számára, amelynek nagy jelentősége lesz „a nemzetközi zsidóság elleni harc azonnali megkezdésében".[13]

A konkordátumot 1933. július 20-án a Külügyminisztérium épületében írták alá. Von Papen a német kormány, Pacelli bíboros pedig a Vatikán részéről látta el szignójával, az ünnepélyes szertartás után pedig ajándékokat cseréltek: Pacelli egy meisseni porcelánból készült Madonnát, von Papen pedig egy pápai emlékérmet kapott, míg a római német nagykövetség 25 ezer lírát adományozott a Szentszéknek.

Hitler el volt ragadtatva. A náci pártnak írt, 1933. július 22-én kelt levelében a következőket írta: „Azzal, hogy a Vatikán megállapodást írt alá az új Németországgal, a katolikus egyház elismerte a nemzetiszocialista államot. Az egyezmény világosan és egyértelműen megmutatja a világnak, hogy annak állítása, miszerint a nemzetiszocializmus vallásellenes volna, szemenszedett hazugság."[14]

A Szentszék úgyszintén elégedett volt. Cesare Orsenigo érsek, a Németországba akkreditált pápai nuncius a berlini Szent Hedvig székesegyházban ünnepélyes hálaadó misét celebrált a konkordátum törvénybe iktatása alkalmából. A szertartás végén – miközben együtt lengettek katolikus templomi zászlókat és náci lobogókat – a gyülekezet a *Horst-Wessel-Lied*et, a Nemzetiszocialista Német Munkáspárt hivatalos himnuszát énekelte, a „Mily nagy vagy Te" kezdetű keresztény himnusz dallamára. A misét a katedrális körül összegyűlt többezer ünneplő számára hangosbeszélőkön erősítették ki:

Zászlót emelve, szorosra zárt harcoszlopban
Vonul az SA szilárd, nyugodt léptekkel
Bajtársainknak, kik vérét a vörös reakció ontotta
Lelke velünk, soraink közt menetel

Az utcák szabadok a rohamosztagok előtt
Az utcák szabadok a barna zászlóaljaknak
A horogkeresztre milliók néznek fel reménykedőn
Az új nap szabadságra és kenyérre virrad

Utoljára kell ma gyülekezőt fújni
A küzdelemre most mind készen állunk
Minden utcán Hitler-zászlók fognak lobogni
Nem tart már soká a rabszolgaságunk

Zászlót emelve, szorosra zárt harcoszlopban
Vonul az SA szilárd, nyugodt léptekkel
Bajtársainknak, kik vérét a vörös reakció ontotta
Lelke velünk, soraink közt menetel[15]

Miközben a *Kirchensteuer*ből származó adóbevételek áramlani kezdtek a pápai kincstárba, Pacelli szemet hunyt a nácik zsidók ellen elkövetett atrocitásai fölött, nem akarván „német belügyekbe" avatkozni. Ugyancsak nem emelte fel a szavát, amikor olyan kiemelkedő katolikus világi vezetőket végeztek ki, mint Dr. Erich Klausner, az Actio Catholica nevű érdekvédelmi szervezet elnöke, Dr. Edgar Jung, ugyanazon egyesület vezető tisztviselője, Adalbert Probst, a Katolikus Sportszövetség elnöke és Dr. Fritz Gerlich, a *Der Gerade Weg* szerkesztője.[16] A kivégzésekre 1934. június 30-án, a „hosszú kések éjszakáján" került sor, amikor Hitler leszámolt belső ellenzékével, Ernst Röhmmel és az SA (*Sturmabteilung*, „Rohamosztag") többi vezetőjével, akik kételyeket fogalmaztak meg a Führer szándékaival kapcsolatban. Azon az éjszakán Hitler politikai ellenfeleit is meggyilkoltatta, köztük a fenti katolikus vezetőket, akiknek neve már korábban felkerült a birodalom „nemkívánatos személyeinek" jegyzékébe.[17]

1937. januárjában három német bíboros – Adolf Bertram, Michael von Faulhaber, valamint Karl Josef Schulte – és két püspök – Clemens August von Galen és Konrad von Preysing – a Vatikánba utaztak, hogy XI. Pius erélyes fellépését kérjék a katolikus egyházat ért náci erőszaktétel miatt. Mint a német egyház vezetői előadták, a zaklatások nem merülnek ki a katolikus sajtó elnémításában, hanem a karhatalmi szervek az összes katolikus szervezetet és egyletet (még a „plébániai nyugdíjas kézimunkaszakköröket" is) ellehetetlenítik.

XI. Pius hálótermében fogadta a német delegációt. A cukorbeteg pápa szívritmuszavarban is szenvedett, lábai elfekélyesedtek, és ágyában fekve, „szinte felismerhetetlenül soványan, viaszsápadt, mélyen barázdált arcába süppedő vizenyős, alig résnyire nyílt szemekkel"[18] hallgatta végig a küldöttséget.

A betegségtől megtört pápa válaszul a német egyháznak címzett körlevelet tett közzé, amelyben felpanaszolta nyája vészterhes helyzetét. A német Faulhauber bíboros által megszövegezett és az egyházfőt hivatalból szolgálni köteles Pacelli által kiadott *Mit brennender Sorge* („Égető aggodalommal") kezdetű enciklikát 1934. március 14-én, húsvét vasárnapján olvasták fel a németországi templomok szószékeiről. „Égető aggodalommal – szól a körlevél első mondata – és egyre növekvő félelemmel szemléljük a németországi egyház egy ideje elszenvedett hányattatásait." Az igaz istenhit helyén a faj, nemzet, állam hármasságának istenítése zajlik – szólt a pápai intés, amely egyben figyelmeztette a német püspököket, hogy óvakodjanak az ordas eszmékből eredő veszedelmes gyakorlatoktól. Bár az enciklikát rendszeresen a Vatikán Harmadik Birodalom ellen folytatott harcának bizonyítékaként idézik, a nyilatkozat nem ítélte el az antiszemitizmust, és nem foglalt egyértelműen állást a nemzetiszocializmus vagy Adolf Hitler vonatkozásában sem.

Miután a Vatikánhoz delegált német nagykövet aggodalmának adott hangot a körlevél tartalma miatt, Pacelli mosolyogva nyugtatta meg, és biztosította, hogy a Szentszék és Hitler nemzetiszocialista kormánya közötti „megszokott baráti kapcsolatok" a lehető leghamarabb helyre fognak állni.[19] Kisvártatva azonban rá kellett döbbennie, hogy ígéretét nem lesz képes megtartani. 1938. nyarán ugyanis XI. Pius úgy határozott, hogy egy újabb körlevelet ad ki, amelyben élesen elítéli Hitler rendszerének antiszemitizmusát. A *Humani Generis Unitas* („Az emberi faj egysége") címmel készülő tiltakozásra a pápát nem a zsidók iránti hirtelen támadt együttérzése késztette (akikre múltbeli pápai bullák rendre az álnokság, hitszegés jelentésű *perfidia* főnévvel párosítva utaltak), hanem inkább a náci terrormódszerek kritikájának szükségessége. A Vatikán ugyanis jelentéseket kapott arról, hogy Hitler kolostorokat és parókiákat foglal le, azzal a hivatkozással, hogy azok apácái és papjai kisgyermekeket molesztáltak.

Az új körlevél, amelyet jezsuita tudósok szövegeztek meg, 1939. február 10-én készült el Rómában. A dokumentum egyik megfogalmazója John La Farge volt,[20] egy fiatal, egyesült államokbeli jezsuita, aki a *Fajok közti igazságtétel* címmel a fehérek és feketék elkülönítéséről jelentetett meg nagy sikerű munkát, és az egyik pápai titkárság munkatársául hívták meg a Vatikánba.

Ha La Farge-t nem vonták volna be a körlevél előkészületeinek munkájába, ma senki sem tudna arról, hogy egy ilyen dokumentum valaha is készen állt a kihirdetésre. A jezsuita viszont – ahogy illik egy megrögzött bürokratához – minden egyes papirosát biztos helyen megőrizte, még a Harvardon hallgatott előadások jegyzetfüzeteit is. La Farge a körlevél végső változatáról készített francia nyelvű vázlatait is megtartotta, valamint titkosírással készült feljegyzéseit is, amelyekben XI. és XII. Piusra „Első Halász" és „Második Halász" fedőneveken utalt.

La Farge 1967-ben bekövetkezett halála után Thomas Breslin jezsuita szeminarista talált rá a pápai körlevél vázlatára, miközben egykori mentora iratait rendezgette. Az „elveszett enciklikáról" a *National Catholic Reporter* 1972-ben közölt beszámolót – a cikk állításait a Vatikán koholmánynak minősítette.[21] Két belga kutató – Georges Passelecq bencés szerzetes és Bernard Suchecky zsidó történész – viszont nem nyugodtak bele a vatikáni elutasításba, és La Farge jegyzeteiből kiindulva nekikezdtek, hogy felgombolyítsák az „elveszett enciklikához" vezető szálakat. 1997-ben végül egy hiánytalan példányra bukkantak Eugène Tisserant bíboros iratai között, aki XI. Pius szolgálatában a bíborosi kollégium dékánja volt. Miután Tisserant 1972. február 21-én meghalt, az iratait Rómából Svájcba szállították, ahol – a bíboros végrendelete alapján – egy bank páncéltermébe kerültek. Tisserant közeli barátai tudomására hozta, hogy a papírjai, ha nyilvánosságra kerülnének, alapjaiban rázhatnák meg a Vatikánt. Az egyik ilyen botránnyal fenyegető dokumentum annak a körlevélnek a másolata volt, amelyről a vatikáni diplomácia váltig bizonygatta, hogy sohasem létezett.[22]

Az „elveszett enciklika" megkerülésének híre nagy visszhangot váltott ki tudományos és egyházi körökben egyaránt, s a náci

Németország és a Vatikán közötti kapcsolat újjáértékelését tette szükségessé. Több kutató, köztük Thomas Breslin, La Farge vázlatainak felfedezője ma már úgy véli, hogy a dokumentum kibocsátása „emberi életek százezreit vagy millióit mentette volna meg".[23] Breslin és más kutatók határozott véleménye szerint a körlevél az elkötelezett katolikusok – vagyis a németek csaknem egyharmadának – támogatását vonta volna meg a náciktól, nem beszélve a más országokban élő náciszimpatizáns egyháztagokról. Ha Hitler akkor ilyen mértékű ellenállásba ütközik – állítják –, háborús tervei átgondolására kényszerült volna, és milliók kerülhették volna el a haláltáborokat.

A körlevél elítélte a „faji tisztaság érdekében a zsidóság ellen folytatott harcot", annak „embertelen cselekedetei" miatt, és kijelentette, hogy a zsidóüldözés „minden formája elítélendő". Bár a körlevél „az e világi nyereség és anyagi sikerek utáni vágytól elvakított" zsidókat a katolikus hagyományok hangnemében elmarasztalta, ugyanakkor felszólított vészterhes állapotuk enyhítésére. „Ártatlan emberek szenvednek bűnözőknek kijáró bántalmakat – sérelmezte a pápai irat –, és megtagadják tőlük az erőszaktól való védelem jogát, noha lelkiismeretesen engedelmeskedtek országuk törvényeinek. Azokat, akik háborús időkben bátran harcoltak szülőföldjükért, árulónak bélyegzik; azokat a hadiárvákat, akiknek apja a hazájáért adta az életét, törvényen kívülinek bélyegzik meg pusztán a származásuk miatt."

Tisserant bíboros feljegyzései szerint XI. Pius 1939. február 12-én akarta közzétenni a körlevelet. A kihirdetésre minden előkészület megtörtént: az eredeti kézirat a pápa dolgozóasztalán feküdt aláírásra várva, a vatikáni nyomda pedig már sokszorosította azokat a példányokat, amelyeket püspököknek és papoknak kellett kézhez kapniuk a világ minden pontján.[24] A közzététel bejelentésére XI. Pius február 11-i találkozóra hívta a vatikáni hierarchia prelátusait és az olasz egyházmegyék püspökeit.

Valószínű, hogy nem egyedül a német püspökök „keresztény-

üldözésről" szóló beszámolója hozott fordulatot a pápa Hitlerhez
való viszonyulásában. A vallásellenes elnyomás távolról sem volt
olyan súlyos vagy elhordozhatatlan: a legtöbb esetben nem jelen-
tett többet a Harmadik Birodalom ellen gyújtó hangú vezércikke-
ket megjelentető katolikus sajtó állami cenzúrájánál, vagy azon
katolikus szervezetek betiltásánál, amelyeknek a náci propaganda-
gépezet politikai tartalmat tulajdonított – és amelyeket ezért a
konkordátum alapján törvénytelennek nyilvánított. XI. Pius egyes
jelek szerint ekkor már lelkiismereti okok miatt is szorgalmazta a
körlevél kibocsátását: halála közeledtét érezve meg akarta tagadni
a gonoszság erőit, azokat az erőket, amelyek elszabadításában ő
maga is közreműködött. Feljegyzések szerint két nappal a halála
előtt XI. Pius könyörgött az orvosainak, hogy tartsák még élet-
ben: „Figyelmeztetni akarom a katolikusokat, hogy ne támogas-
sák Hitlert és Mussolinit. Talán még meg tudom akadályozni a
háború kitörését! Adjanak még nekem negyvennyolc órát!"[25]

Eugène Tisserant naplóbejegyzései megörökítették, hogy egyes
vatikáni tisztviselők – köztük Pacelli bíboros – komoly aggodal-
muknak adtak hangot a körlevél megjelentetése miatt, és annak a
Vatikán és a náci Németország kapcsolatait érintő várható követ-
kezményei miatt. Leginkább attól tartottak, hogy Hitler megvon-
hatja a *Kirchensteuer*t, amely ekkor már közel évi 100 millió dol-
lárt jövedelmezett a Szentszéknek.

Az enciklika sohasem látott napvilágot. XI. Pius február 10-
én, egy nappal az egyházi méltóságokkal tervezett tárgyalás előtt
meghalt. Az idős pápa súlyos szívelégtelenségben szenvedett
ugyan, halála körülményeit – amelyeket Tisserant bíboros terje-
delmes, s mindmáig csak részben feldolgozott naplója rögzített –
mégis annyi titokzatos esemény vette körül, hogy találgatások
kaptak szárnyra a lateráni palota falai között.

Tisserant jegyzetei szerint 1939 februárjában Dr. Francesco
Petacci lett XI. Pius hivatalosan kirendelt orvosa. Attól a pillanat-
tól kezdve, hogy elfoglalta állását, Petacci – Tisserant szavaival –

„rendkívüli körültekintéssel" járt el, és megneheztelt, ha más orvosokat is meghívtak konzíliumra.[26]

Petacci minden tiltakozása ellenére egy négy orvosból és két szerzetes ápolóból álló bizottságot is felkértek, hogy egymást váltva őrködjenek a pápa egészsége felett. Felügyeletük alatt XI. Pius állapota, úgy tűnt, javulásnak indult, így kartotékjára az „állapota kielégítő" bejegyzést tették.[27] Február 8-án és 9-én viszont az egyházfő ismét gyengélkedni kezdett, ezért az orvosok arra kérték Tisserant-t és a többi bíborost, készüljenek „a legrosszabbra".[28]

Február 9-én este a pápa újra lábadozni kezdett, kartotékjára ekkor az „állapota jó" bejegyzés került. Tisserant és a többi bíboros megkönnyebbülten sóhajtottak fel, abban a hitben, hogy főpásztoruk elég erőt fog gyűjteni az új körlevél közzétételéhez. A február 11-re tervbe vett kihallgatás szervezése pedig tovább folytatódott.[29]

Február 10-én hajnali fél hatkor a pápát halottnak nyilvánították. Úgy tűnt, XI. Pius tanúk nélkül, magányosan szenvedett ki. A haláleset tanúja egyébként kizárólag Dr. Petacci lehetett volna – az egyetlen személy, akinek közvetlen bejárása volt a pápa lakosztályába.

Petacci doktor és Pacelli bíboros – Tisserant emlékiratai szerint – haladéktalanul elrendelték, hogy a pápa testét balzsamozzák be.[30] Ezzel megtörték az előző pápák hagyományát; X. Piust és XV. Benedeket ugyanis nem balzsamozták be, bár a nyár derekán hunytak el, s ezért testük már a temetési szertartás előtt jócskán oszlásnak indult.

Reggel 6:19-kor Tisserant megjelent a pápa lakosztályának ajtaja előtt. Amikor XI. Pius hogyléte felől érdeklődött, tájékoztatták, hogy az egyházfő állapota „súlyosra fordult".[31] A francia bíboros feljegyzéseiben külön aláhúzza, hogy az időpontot ott és akkor gondosan feljegyezte. Később tudta csak meg, hogy az egyházfő ekkor már negyvenöt perce halott volt. Arra is rá kellett ébrednie, hogy miközben ő és más bíborosok a pápai lakosztály előtti folyosón várakoztak és imádkoztak a pápa felépüléséért, már javában folytak az előkészületek a test bebalzsamozására.

Tisserant hangsúlyozza, hogy az egyedüli személyek, akik az ezután következő két órában beléptek a pápa hálótermébe, Petacci doktor és Pacelli bíboros voltak. Tisserant-t és a többi bíborost végül beszólították a terembe, ahol Pacelli a *camerlengo* – a pápa halála esetén a világi ügyek intézésével és a konklávé levezetésével megbízott bíboros kamarás – hivatalában kimondta a pápa elhunytát bejelentő előírásos szavakat. A hagyományos szertartásrendet követve Pacelli ezután megcsókolta az elhunyt homlokát és kezeit.

Tisserant jegyzeteiben felidézte, hogy XI. Pius arca „görcsbe torzult", és testét „különös, kékes foltok borították". Az is felkeltette a figyelmét, hogy a foltokat mintha valamiféle fehér hintőporral szórták volna be, hogy „ne tűnjenek olyan kéknek".[32] Tisserant boncolást sürgetett, kérése viszont süket fülekre talált. Pacelli, aki *camerlengói* minőségében a temetés minden részlete fölött dönteni volt hivatott, nem adott engedélyt a boncolásra; „kőkemény és rendíthetetlen" maradt Tisserant kérései előtt.

Tisserant naplójegyzeteiben egy megdöbbentő francia mondat következik: *Ils l'ont assassiné.* – „Meggyilkolták." Hogy kiket vádolt a francia bíboros a gyilkossággal? Egyértelműen Pacellit és Petaccit gyanúsította, különösen miután felfedezte, hogy Petacci lánya – Claretta Petacci ifjú filmcsillag – Mussolini kedvenc szeretője volt. Tisserant arról is meg volt győződve, hogy *monsignore* Umberto Benigni, Pacelli titkára szintén részese volt az összeesküvésnek. Benignit illető gyanúja jól megalapozott volt: a háború után a titkárról kiderült, hogy az OVRA, a fasiszta titkosrendőrség tisztje volt, aki feletteseit rendszeres jelentésekben tájékoztatta a Vatikánban zajló eseményekről.[33]

Hosszú egyházi pályafutása során bizalmas körben Tisserant többször is elismételte a vádjait, s abbéli félelmét is kifejezte, hogy halála után jegyzetei illetéktelen kezekbe juthatnak, és megsemmisülhetnek az „elveszett enciklikára" és a XI. Pius halála körüli különös eseményekre vonatkozó feljegyzései.

1939. március 2-án a bíborosi kollégium Eugenio Pacelli személyében választotta meg a katolikus egyház új főpásztorát. A konklávé a leggyorsabb volt az elmúlt háromszáz évben: mindössze egy napot vett igénybe. Pacelli már a szavazócédulák második összeszámlálásakor elnyerte a megválasztásához szükséges kétharmados többséget, de harmadik szavazást is kért, hogy a bíborosok megerősíthessék a szándékukat. Tisserant mindvégig Pacelli ellen szavazott.

4

A VATIKÁN
BANK
MEGALAPÍTÁSA

Ne gyűjtsetek magatoknak kincseket a földön, ahol a rozsda és a moly megemészti, és ahol tolvajok kiássák és ellopják; hanem gyűjtsetek magatoknak kincseket a mennyben, ahol sem a rozsda, sem a moly meg nem emészti, és ahol a tolvajok ki nem ássák, sem el nem lopják. Mert ahol van a ti kincsetek, ott van a ti szívetek is.

Máté evangéliuma, 6:19

Az *Istituto per le Opere di Religione* (Intézet a Vallási Műveletekhez, IOR), közismertebb nevén a Vatikán Bank a világ egyik legtitokzatosabb intézménye. A Vatikánváros szívében, egy toronyépületben működik, melynek megközelítéséhez előbb át kell menni a Szent Anna-kapukon, Bernini oszlopsorától jobbra, majd magunk mögött kell hagyni a Szent Anna-templomot jobb, a Svájci Gárda barakkjait pedig bal kéz felől. A torony a Vatikáni Nyomdával átellenes oldalon álló Apostoli Palota fala mellett magaslik. Közel 650 évvel ezelőtt épült V. Miklós pápának a köztársaságpárti felkelésekkel szemben a Szentszék védelmére kidolgozott terveinek részeként. Csak egy maroknyi kiválasztott lépheti át az épület küszöbét; az illetékteleneknek – még ha a katolikus klérus magas rangú tagjai kíváncsiskodnának is – svájci gárdisták állják útját.

Az elmúlt esztendőkben a Vatikán Bank országhatárokon átgyűrűző, dollármilliárdos nagyságrendű botrányok központjává lett, melyek némelyikéhez embervér is tapadt. Számos oknyomozó riport és nagy visszhangot kiváltó sikerkönyv próbált fényt deríteni az intézmény működésére. A Vatikán Bank ellen ma is polgári perek százai folynak, amelyeket többnyire holokauszt-túlélők indítottak a Vatikán tulajdonába jutott náci aranykincsek, a háborús bűnösöket kimenekítő úgynevezett „patkányjáratok" működtetése, és a törvénytelenül szerzett vagyonok kimosdatása miatt.

A Vatikán Bank eddig azonban érzéketlen maradt a jogsérelmek miatt benyújtott perkeresetekkel és vádakkal szemben. Mivel egy szuverén állam pénzügyi intézménye, nem kötelezhető az okozott károk jóvátételére, legyen szó akár a nemzetközi jog legsúlyosabb megsértéséről is. A pereskedők egyedül úgy találhatnának fogást az intézményen, ha a Vatikánvárost az Egyesült Államok külpolitikai szótárában a kiemelt veszélyforrások számára fenntartott „haramiaállam" *(rogue state),* a Vatikán Bankot pedig ennek megfelelően a „haramiaintézmény" kategóriával jelölnék meg. Ehhez viszont arra lenne szükség, hogy hivatalos megállapítást nyerjen: a római katolikus egyház vezető pénzintézete korrupt szervezet. Ebben az esetben a maffia és más bűnszövetkezetek elleni küzdelem érdekében hozott amerikai törvény, a RICO *(Racketeer Influenced and Corrupt Organizations Act)* alapján kezdeményezni lehet a kivizsgálását.

Minden cáfolat ellenére a Vatikán Bank nem a Vatikánvárosnak *(Stato della Città del Vaticano)* alárendelt intézmény. Önálló jogi személyként áll fenn, a Szentszék bármely hivatalához való testületi vagy egyházi kötődés nélkül. A pápa közvetlen felügyelete alá tartozik; és az egyházfő az, aki egyedüli részvényesként birtokolja és ellenőrzi a bankot.[1]

Minden más pénzügyi létesítménytől eltérően a Vatikán Bankot sem belső, sem külső könyvvizsgálók nem ellenőrzik, így a vagyonáról még a bíborosi kollégium tagjai is legfeljebb csak becslésekkel rendelkeznek. Dokumentációjából a római egyház más intézményei – beleértve a pénzügyi hivatalokat is – egyetlen oldalt sem láthatnak, amely a bank eszközeiről vagy számláiról adatokat tartalmazna. 1996-ban Edmund Szoka bíboros, a Szentszék belső könyvvizsgálója az érdeklődők kérdései nyomán úgy nyilatkozott, hogy nincs meghatalmazása a Vatikán Bank ellenőrzésére, és nincs rálátása sem a bank tevékenységére.[2]

Ami még sajátságosabb: a Vatikán Bank tízévenként megsemmisíti az időközben keletkezett összes feljegyzést, így a működésének minden mozzanata titokban marad a köz- és magánérdeklődés előtt. Ha bárki a bank felől kutakodna – akár csak a szervezeti felépítése felől is –, aligha találna üres dossziéknál többet a városállam archívumaiban.

A Vatikán Bank belső működési rendszere rendkívül bonyolult: a feljegyzések és dokumentumok áramlását jelző „papírút" három különálló igazgatótanácsot köt össze. Az egyik testület magas rangú bíborosokból, a második kiemelkedő nemzetközi bankárokból, a harmadik pedig a Vatikán pénzügyi tisztviselőiből áll. A bank szabályzatait rögzítő, „kirográfoknak" *(cyrographa)* nevezett oklevelek ugyan a Szentszék irattáraiban vannak elhelyezve, ám ezeket az okmányokat sem egyszerű vizsgálódásnak alávetni – az önálló állam titkos iratai közé tartoznak, amelyekbe kizárólag a pápa különleges meghatalmazása engedhet betekintést.[3]

A Vatikán kötelességtudóan évről évre hiánytalannak látszó pénzügyi jelentéseket tesz közzé, amelyek a Szentszék összes hivatalának aprólékos pénzügyi jegyzékeit tartalmazzák, és jobbára szerény nyereségeket vagy veszteségeket mutatnak ki. A Szentszék *összes* hivatalának pénzügyi jegyzékeit – a Vatikán Bank kivételével. Ez az intézmény egyetlen éves mérlegben sem szerepel. A nyilvánosságra hozott kimutatások alapján úgy tűnhet, hogy ilyen nevű egyházi szervezet nem is létezik, a római katolikus egyház pedig egy szűkös pénzből gazdálkodó, karitatív intézmény. 1990-ben például a Vatikán 78 millió dolláros deficitről szóló közleményt adott ki.[4] A kimutatás azonban nem tért ki a Vatikán Bank páncéltermeiben felhalmozott vagyonra, amelynek értékét jóval 10 milliárd dollárt meghaladó összegre becsülik.[5]

A Szentszék „papírútjait" felgöngyölítő kutatók óhatatlanul zsákutcába kerülnek. A belső szabályzatok és a külső nyilatkozatok egyaránt felmentik a Vatikán Bankot (vagyis az IOR-t) bármiféle eljárásbeli kötelezettség alól. A mentességet a dokumentumokban a „mindvégig megőrizve az IOR sérthetetlenségét", „az IOR nem ideértendő", „az IOR jogi státuszának teljes tiszteletben tartása mellett" és ezekhez hasonló kitételek biztosítják.[6] Még vezető vatikáni tisztviselők sem nyerhetnek bepillantást a bank páncéltermeibe. 1967-ben VI. Pál a Szentszék Vagyonkezelési Prefektúrája néven állami számvevőszéket hozott létre a Vatikánban, melynek legfőbb célkitűzése az volt, hogy évenkénti jelentéseket készítsen az Anyaszentegyház bevételeiről és kiadásairól. A pápa egyik legközelebbi barátját, Egidio Vagnozzi bíborost bízta meg az új hivatal vezetésével. Vagnozzi bíboros viszont azonnal falakba ütközött: megtiltották neki, hogy a Vatikán Bank vagyona felől kutasson. Erről ugyanis, mint megtudta, egyedül az egyházfő tudhatott. „A KGB, a CIA és az Interpol együttes erőfeszítéseire lenne szükség, hogy akár csak sejtelmünk legyen róla, mennyi pénzről is van szó, és az hol található" – értékelte később feladatkörének nehézségeit Vagnozzi bíboros.[7]

A titkosított ügymenet révén az ügyfelek a Vatikán Bankban milliókat helyezhetnek el letétbe, amelyek utóbb svájci, titkosított – a számlatulajdonos nevét a banki dokumentációban számmal helyettesítő – bankszámlákon keresztül tűnhetnek el nyomtalanul.

Ez az eljárás ideális eszköznek bizonyult az illegális értékpapírügyletek lebonyolításához vagy a maffiapénzek és a náci arany kezelésekor.

A bank történetének gyökerei 1939. március 9-re nyúlnak vissza, amikor XII. Pius (a korábbi Eugenio Pacelli bíboros) a pápai trónra lépett. Elődeitől eltérően az új pápa ragaszkodott hozzá, hogy ne a Sixtusi kápolnában tartsák meg az ünnepélyt, hanem a Szent Péter-bazilika adjon helyet egy nagyszabású ceremóniának. XII. Pius kitartott amellett is, hogy az eseményt az akkor újonnan megalapított vatikáni rádióállomás élőben közvetítse a világ minden adóállomásának. Mi több, a szertartás során XII. Piust – miután felöltötte a *palliumot* (a pápai és érseki méltóság jelvényét, a selyemkeresztekkel beszőtt gyapjúpalástot) –, a pápai tiarával is megkoronázták. Így több mint százéves szünet után ő volt az első pápa, aki a hármas koronát viselte, melyek közül az első korona a hadakozó egyházat, a második a szenvedő egyházat, a harmadik pedig a diadalmas egyházat jelképezi. A koronázási szertartást a Szent Péter térre nyíló erkélyen, hatalmas tömeg részvételével tartották meg, mialatt a kórus a *Corona aurea super caput eius* („Fején Arany Koronával") szövegű egyházi éneket zengte. A pápai méltóság uralmi eszméje visszatért.

A fényűző rendezvény külsőségeivel sokat elárult az újonnan megválasztott pápa nézeteiről és személyiségéről. XII. Pius karizmatikus vezető volt. Nagy hatást gyakorolt mindazokra, akik találkoztak vele; a legtöbben azonnal átvették gesztusait és protokollmosolyát. Gerardo Pallenburg vatikáni tudósító szerint a bőre „meghökkentően áttetsző hatást keltett, mintha egy belülről fehéren lobogó, hideg láng fénye derengene át rajta".[8] James Lees-Milne angol író így emlékezett meg róla: „A jelenléte jóságot, nyugalmat és szentséget sugárzott, amelyet – bizonyos vagyok – még soha azelőtt nem éreztem egyetlen emberi lény közelségében sem. Abban a pillanatban túláradó szeretetet éreztem felé. Olyan befolyással volt rám, hogy nehezemre esett könnyek nélkül szólni

hozzá, miközben mindvégig tudatában voltam annak, hogy a tér-
deim remegnek."9

Modoros megjelenése ellenére XII. Pius feltétlen tiszteletet és
engedelmességet követelt meg az alárendeltjeitől. A vatikáni hiva-
talnokoknak meghagyták, hogy telefonhívásait térden állva fogad-
ják. Minden étkezést egyedül költött el, mialatt a szolgáknak tö-
kéletes csendben, térdepelve kellett várakozniuk.10 Miközben pe-
dig délutáni sétáit rótta, a kertészeknek és gondnokoknak kötele-
ző volt elrejtőzniük a bokrok mögé. A pápa véleményét senkinek
nem volt szabad megkérdőjeleznie, vagy nézőpontjait kétségbe
vonnia. „A pápa hangja – intette XII. Pius a római kúriát – az év-
századok hangja, az örökkévalóság hangja."

XII. Pius nem halandó emberként látta magát, hanem Krisz-
tus csalatkozhatatlan helytartójaként, akit Isten szólított el az
Anyaszentegyház fölötti uralomra. Tekintélyének megalapozása
végett azt a tévedhetetlenségen alapuló kijelentést tette, mely sze-
rint Szűz Mária bűntelen fogantatása következtében nem halt
meg, hanem testében vétetett fel a mennybe. A dogmát – mivel
nincs szentírásbeli vagy korai keresztény hagyományon álló meg-
alapozottsága – pusztán a pápa szellemi tekintélye alapján fogad-
ták el hitelesnek. Ezzel – IX. Pius (1854) után – Pacelli lett a má-
sodik, aki tévedhetetlen pápai kijelentés révén gazdagította új hit-
tétellel az egyházat.

Kivételes jámborságának és már-már emberfeletti voltának
igazolására XII. Pius azt állította, hogy különleges üzeneteket kap
a mennyből. A pápa többször is kijelentette, hogy a Vatikán kert-
jeiben sétálgatva megpillantotta „Fatima völgyének csodás jelené-
sét": a nap – úgy tűnt előtte – fel és le szökdelt az égbolton, majd
pörögni és rázkódni kezdett, „néma, de mégis oly beszédes" üze-
neteket küldve az egyházfő felé.11 A csoda – állítása szerint – há-
rom egymást követő napon is lejátszódott előtte: 1950. október
30-án, 31-én és november 1-jén. Giovanni Stefanori, egy pápai
szolga, aki Pius pápát a sétáin elkísérte, később beismerte, hogy ő

maga semmit sem látott.[12] Két évvel a víziót követően az egyház-fő azt is állította, hogy maga Jézus Krisztus jelent meg a lakosztályában egy reggeli látogatás erejéig.

Megkoronázása után az új pápa legsürgősebb teendőjének azt érezte, hogy „a Kiváló Adolf Hitler Úrnak, a Német Birodalom Vezérének és Kancellárjának" üdvözletét küldje, valamint hogy Cesare Orsenigo érsek berlini pápai nunciusi kinevezésével megerősítse a pápaság és a Birodalom szoros kapcsolatát. 1939. április 20-án a pápa elrendelte, hogy Orsenigo jelenjen meg a Hitler ötvenedik születésnapja alkalmából megrendezett berlini fogadáson. A nuncius tolmácsolta „a Szentatya legmelegebb jókívánságait" az ünnepeltnek, akit biztosított afelől, hogy Németország katolikusai forró imádságokkal esedeznek a Führer és Birodalma előmeneteléért.[13]

XII. Pius második legfőbb gondja az volt, hogy tüzetesen utánajárjon a Bernardino Nogara és a Szentszéki Különleges Hivatal tevékenységéről szárnyra kelt mendemondáknak. A Vatikán folyosóin ugyanis arról suttogtak, hogy Nogara kalandor üzleti vállalkozásokra herdálta el Mussolini „adományát"; továbbá, hogy a pénzember mindeközben a saját pecsenyéjét is sütögeti; és megalkudott az egyház ellenségeivel, köztük egy titkos szabadkőműves páhollyal. A pápa három kuriális bíborosból álló *ad hoc* bizottságot nevezett ki, hogy fésüljék át a Különleges Hivatal aktáit, kérdezzék ki az alkalmazottait, idézzenek be tanúkat, és még magát Nogarát is vallassák ki.[14] Az *ad hoc* bizottságon túl XII. Pius magándetektívek egy csapatát is „ráállította" az ügyre, hogy világítsák át Nogara magánéletét, barátait, lakóhelyét és szokásait.

A nyomozás eredménye zavarba ejtő volt. Nogara maga volt a megtestesült becsület. Egyszerűen nem volt magánélete, sem különleges érdeklődési köre. Egy szerény római lakásban élt, szigorúan kötött napirendet tartott, üzleti lapokat és néhány nemzetközi újságot olvasott, vasárnap délutánonként pedig filmszínházba járt. Kedvelte az amerikai filmeket, különösen amelyekben

Tyrone Power és Rita Hayford korabeli filmcsillagok szerepeltek. Sohasem kezdeményezett szexuális kapcsolatot, és nem vett a kezébe illetlen kiadványokat. Alig ötezer dollárnyi megtakarított vagyona volt csupán, és rendszeresen adakozott különböző katolikus szeretetszolgálatok javára. Munkanapokon előkelő gazdasági körökhöz tartozó pénzemberekkel dolgozott együtt. Legközelebbi barátai unokaöccse, Giuseppe Nogara udinei érsek, valamint a „feketenemesség" sarjai voltak, köztük Massimo Spada, Enrico Galeazzi, Paolo Blumenstil és Francesco Maria Odasso grófok.[15] Az egyház iránt a végsőkig odaszánt volt, sosem mulasztott el egyetlen reggeli misét vagy esti áhítatot sem. Éjjeliszekrényén Dante *Isteni színjátékának* egy példányát és egy misekönyvet tartott. A férfiúhoz, akit a „vatikáni toronyőr" gúnynévvel illettek,[16] a botránynak még csak a gyanúja sem fért.

Az *ad hoc* bizottság hasonlóan meglepő eredményekre jutott. Nogara mindössze a szerény szükségleteit fedező fizetést vett fel, nem egészen évi kétezer dollárt. Nem állt kapcsolatban antiklerikális körökkel, legkevésbé pedig bármilyen szabadkőműves páhollyal. Mi több, a jóvátétel eredeti, 90 millió dolláros összege, amelyet a gondjaira bíztak, ekkorra már kétmilliárd dollárt fialt. A Vatikán – jelentette a három bíboros – pénzügyileg erősebb, mint bármikor a történelem során.

„*Ma come?*" – kérdezte a feljegyzések szerint XII. Pius, amikor kézhez kapta a jelentést. – „Hogyan csinálta?" A bíborosi trió állítólag egy ütemben rázta a fejét. „Ismerjük a kiindulási pontot, és látjuk a végeredményt – válaszolták Pacellinek. – De tudja, Szentatyánk, az egész, oda vezető folyamatot csak ez a Nogara látja át. És mi tudatlan bíborosok vagyunk csupán."[17]

XII. Pius soha többé nem kérdőjelezte meg Nogara kifogástalan jellemét vagy ítélőképességét. A hallgatag bankárban önmaga világi képmását pillantotta meg: egy embert, aki csak azért küzdött, hogy az Anyaszentegyház pozíciói megerősödjenek. A két férfi ettől fogva egyesült erővel dolgozott tovább. Nogara milliókat gazdálkodott ki rejtélyes nemzetközi befektetéseiből, Pius pedig milliókat szedett be a Péter-fillérekből – a világ valamennyi egyházmegyéjének adóiból –, de mindenekfölött a legnagyobb hasznot hajtó járandóságból, a náci Németországban bevezetett *Kirchensteuer*ből. Ezenfelül a Különleges Hivatalhoz olyan olasz üzletemberektől is számottevő összegek áramlottak be, akik a tőkéjüket Svájcba vagy más országokba kívánták áthelyezni, hogy a kormányzati ellenőrzés alól mentesüljenek. Az ilyen jellegű pénzmozgás igénye alapján Nogara arra a felismerésre vitte, hogy létre kell hozni a Vatikánon belül egy újabb pénzügyi intézményt is, a Szentszéki Különleges Hivatal egy kibővített formáját, amely képes lenne befektetni és kezelni a különböző egyházi testületek vagyonát, valamint – számottevő haszonnal – különleges pénzügyi szolgáltatásokat nyújthatna bizalmi emberek részére.

Nogara XII. Pius színe elé járult a tervével. A vállalkozás kockázatmentes volt, és könnyen lefölözhető hasznot ígért a Mussolini Itáliájától és Hitler Németországától nyert jövedelemből már megtollasodott Különleges Hivatalnak. Ráadásul olyan gazdasági függetlenséget hozott volna a pápaságnak, amilyet az utoljára világi hatalma és területi kiterjedése csúcsán élvezett.

1942. június 27-én a hatvanhat éves XII. Pius és a hetvenkét éves Nogara aláírta a megállapodást, amely létrehozta az Intézet a Vallási Műveletekhez (IOR) elnevezésű szervezetet. Alapító okirata megállapította, hogy az intézmény célja „vallási képviseletek tőkeeszközeinek gondozása és nyilvántartása".[18] A „vallási képviseletek" kifejezést tágan értelmezték: minden csoport ide tartozhatott, amely a Szentszék érdekeit szolgálta – még akkor is, ha a szóban forgó érdek tisztán az anyagi haszon volt. *Monsignore* Alberto di Jorio, aki a Különleges Hivatalnál Nogara munkatársa volt, elnöki kinevezést, és mellé bíborosi föveget kapott. Helyetteseiül két papi személyt neveztek ki. Nogara a *delegato,* vagyis „megbízott" ügyvezető különleges hivatalát foglalta el, melynél fogva az intézet működésének minden területét ő felügyelte.[19]

Egyházi vállalkozásról lévén szó, az új bank vezérigazgatója a pápa lett. Minthogy ő volt a Vatikánváros, mint szuverén állam abszolút uralkodója, a római kúria egyedüli feje és az igaz hit végső döntőbírója, megválasztása után senkinek sem tartozott elszámolással, senki sem vonhatta kétségbe a tekintélyét, és senki – még egy ökumenikus zsinat sem – mozdíthatta el a hivatalából. A római katolikus egyház abszolút monarchiaként épül fel, amelyben a hatalmi szálak a pápától indulnak ki, és őhozzá vezetnek vissza. A katolikus egyház minden tisztségviselőjét, minden bíborost, püspököt, prelátust, de még a bankárokat és hivatalnokokat is a pápa jelöli ki a hivataluk betöltésére, ezért az egyházi ügyek viteléhez tekintélyük a pápa tekintélyéből ered, aki pedig Jézus Krisztus földi képviselője. A pápa egyetlen tollvonással elbocsáthatja bármely alárendeltjét. Még Nogara is – a befektetések és világi ügyek terén bizonyított páratlan szakértelme ellenére – mindvégig teljes alávetettségben, az egyházfő parancsainak alárendelt szolgaként tevékenykedett a pápai udvartartásban. XII. Pius tudatosan élt az egyház roppant vagyona által biztosított hatalmával, hogy azt jóra vagy rosszra egyaránt felhasználja. A pápának már nem állt módjában, hogy hadseregeket fogadjon a zsoldjába ellenségei ellen, de hatalmas vagyona révén ismét érvényt szerezhetett akaratának, hogy a nyugati világrész vezetői újra meghajtsák térdeiket Szent Péter trónszéke előtt.

5

A KATOLIKUS HORVÁTORSZÁG ÉS A NÁCI ARANY

Mert mit használ az embernek, ha az egész világot megnyeri is, de a lelkében kárt vall? Avagy micsoda váltságot adhat az ember a lelkéért? Mert az Emberfia eljön az ő Atyjának dicsőségében, az ő angyalaival, és akkor megfizet mindenkinek az ő cselekedete szerint.

Máté evangéliuma, 16:26—27

Miután a tengelyhatalmakkal való kapcsolatai révén talpra állította a Vatikánt, XII. Pius előtt a fasizmus előretörésével egy további lehetőség is feltárult, hogy szellemi uralmát – ezúttal kelet felé – kiterjessze. Görögország megszállásának előkészítéseképpen Hitler 1941. április 6-án lerohanta Jugoszláviát. Miután Belgrád bombázása ötezer polgári lakos életét követelte, majd a Wehrmacht április 10-én Zágrábba is bevonult, a délszláv állam egy héten belül kapitulált. Hitler elrendelte a legyőzött ország feldarabolását, mely során a katolikus Horvátország elszakadt az ortodox Szerbiának való alárendeltségből. Az újonnan létrehozott ország „árja" státuszt nyert, és független államként Ante Pavelić és fasiszta hóhérsegédei uralma alá került, akiket a „felkelni" jelentésű *ustati* igéből képzett usztasa megnevezéssel illettek. Április 14-én Alojzije Stepinac érsek, Horvátország prímása Zágrábban személyesen látogatta meg Pavelićet, hogy gratuláljon a fasiszták győzelméhez. A templomi harangok diadalmas örömmel kongtak szerte az új nemzet területén, a katolikus sajtó pedig a következő győzelmi tirádával üdvözölte Pavelićet és Hitlert:

> „Isten, aki a nemzetek sorsát igazgatja és a királyok szívét irányítja, nekünk adományozta Ante Pavelićet, és felindította egy baráti és szövetséges nép vezérének, Adolf Hitlernek szívét, hogy győzedelmes csapatai élén szétszórja az elnyomóinkat, s így megadassék nekünk, hogy a Független Horvát Államban élhessünk. Dicsőítéssel adózunk Istennek, hálánkkal Adolf Hitlernek, végtelen hűségünkkel Ante Pavelićnek!"[1]

Kevés háborús fejlemény bírhatott volna nagyobb jelentőséggel XII. Pius számára. Horvátország létrejötte egyedülálló politikai lehetőséget kínált a keresztes hadjáratok egyik céljának megvalósítására: egy katolikus királyság megteremtésére a Balkánon. Pavelić és usztasái II. Tomislav néven trónra is emelték Spoleto hercegét, Horvátország bábkirályát.

A pápa a koronázási szertartást megelőző napon fogadta az újdonsült királyt, Ante Pavelić-csel pedig többórás magánbeszélgetést is folytatott. Azután áldásában részesítette Pavelić kormányának fejét és a teljes usztasa küldöttséget. Utóbbiak között térdeltek a Nagy Keresztesek Testvérisége *(Veliko Križarsko Bratstvo)* tagjai is, akiknek küldetése arra szólt, hogy az ortodox szerbeket a római katolicizmusra térítsék.[2]

A hagyományos katolikus tanoknak megfelelően az új államot egy civil és egy vallási elöljáró kormányozta. Ante Pavelićet, az usztasavezért az Új Horvátország *Führer*ének kiáltották ki, akit a zágrábi székesegyházban tartott szertartáson Stepinac érsek ünnepélyesen megáldott. Pavelić mindezt azzal viszonozta, hogy Stepinacot az Usztasa Hadsereg Legfőbb Tábori Apostoli Lelkipásztorának nevezte ki. 1941. június 28-án az érsek felszentelési istentiszteletet celebrált, hogy megáldja Pavelićet, a horvát nép felkent vezetőjét. „Mialatt mi szívélyesen üdvözöljük Önt, mint a Független Horvát Állam fejét – hangzottak az érsek szavai –, esdekelve kérjük az Ég Urát, hogy isteni bölcsességét árassza Önre, e nép vezetőjére."[3] Különös szavak voltak ezek az egyház hivatalos képviselőjének szájából. Pavelić ugyanis sem jó pásztor, sem békeszerető uralkodó nem volt. A horvát diktátort korábban jugoszláv és francia bíróságok *in absentia* halálra ítélték Sándor, Jugoszlávia királya és Louis Barthou francia külügyminiszter 1934. évi meggyilkolásáért.

Az érsek segédletével Pavelić nekikezdett, hogy mindennemű vallási és etnikai szennyeződéstől megtisztítsa az új államot és egy fasiszta katolikus mintaállamot hozzon létre. Minden intézményt arra köteleztek, hogy alkalmazkodjanak a kánonjog betűjéhez és szelleméhez. 1941. április 25-én Pavelić betiltotta a (szerbek által kiadott) cirill betűs publikációkat. A következő hónap folyamán antiszemita indítványokat fogadtak el, amelyek törvényen kívül helyezték a megbélyegzett zsidók és az árják (vagyis a katolikus horvátok) közötti házasságot, valamint előírták a közhivatalok, szellemi foglalkozások és az egyetemek „árjásítását". Május végére az első zsidó deportáltak megérkeztek a danicai koncentrációs táborba.[4] Az usztasák ugyanakkor politikai ellenfeleiket – kommunistákat, szocialistákat és liberálisokat – betiltották vagy bebörtönözték. A szakszervezeteket felszámolták, a szólásszabadságot korlátozták, a sajtó pedig Pavelić rezsimjének szócsöve lett. Apácák és papok vezették a milíciák mintájára, libasorban menetelő gyerekeket, és tanították őket Pavelić, Hitler és Mussolini képei előtt tisztelegni. A katolikus hittételek elfogadását és megtartását kötelezővé tették minden iskolában és kormányzati hivatalban.

A zsidóknak Dávid-csillagot kellett viselniük, míg az ortodox szerbeknek tilos volt közhivatalban dolgozni, iskolában tanítani vagy gyárban munkát vállalni. A parkok bejáratánál és a tömegközlekedési eszközök ajtajain a következő felirat jelent meg: „Szerbeknek, zsidóknak, cigányoknak és kutyáknak a belépés tilos."[5]

Ezek a rendeletek még nem voltak elégségesek az Új Horvátország álmának valóra váltásához, ezért az usztasák bevezették a „nemkívánatos személyek" tömeges legyilkolásának új politikáját. A „nemkívánatos személyek" a nem árják voltak, vagy azok, akik nem voltak a katolikus egyház tagjai. 1941. június 2-án Milovan Zanić igazságügyi miniszter kijelentette: „Az államunk, a hazánk csak a horvátoké, és senki másé. Nincs az a mód vagy eszköz, amelytől mi, horvátok visszariadnánk, hogy a hazánk valóban csak a miénk legyen, és megtisztuljon végre az ortodox szerbektől. Mindenkinek, aki háromszáz évvel ezelőtt jött az országunkba, el kell tűnnie innen. Nem rejtjük véka alá a szándékainkat. Ez az államunk politikai vezérelve, és a végrehajtásához nem fogunk mást tenni, mint követni az usztasa elveket."[6] 1941. július 22-én Mile Budak oktatásügyi miniszter hivatalosan is megerősítette a népirtás tervét: „A szerbek egy részét megöljük, egy másik részét kitelepítjük, a maradékot pedig kényszerítjük, hogy fölvegye a katolikus vallást. Ez utóbbiakat majd magába olvasztja a horvát elem."[7]

Az etnikai tisztogatás terve ambiciózus elgondolás volt, minthogy az új államot – amelyhez Bosznia-Hercegovinát is hozzácsatolták – számos etnikai és vallási csoport alkotta. Őket a cél érdekében el kellett távolítani. A 6,7 milliós lakosságból összesen 3,3 millióan voltak horvát katolikusok. Több mint 2 millió szerb ortodox élt az ország területén, valamint 700 ezer bosnyák vagy cigány muzulmán és 45 ezer zsidó.[8]

Néhány hónap leforgása alatt Dakovo, Stara Gradiška, Krapje, Gradina, Bročice és Velika Košutarica települések mellett már koncentrációs táborok üzemeltek. 1941 decemberétől 1942 februárjáig 40 ezer szerbet végeztek ki a hírhedt jasenovaci táborban, Dachau usztasa megfelelőjében. Nyáron a tábor már jóval „hatékonyabbnak" bizonyult. 1942 júniusa és augusztusa között 66 ezer szerb – köztük kétezer gyermek – életét oltották ki. Jasenovac krematóriumai éjjel-nappal megállás nélkül működtek, az usztasák pedig olyannyira elszántak voltak a szerbek kiirtásában, hogy áldozataik gyakran még életben voltak, amikor a kemencékbe dobták őket. Ezzel az eljárással azonban hamar felhagytak, mert a halálraítéltek kezelhetetlenekké váltak, amikor megtudták, milyen kegyetlen halál vár rájuk. „Az emberek sikítoztak, ordítoztak, és védekezni kezdtek – emlékezett vissza később egy usztasa tiszt. – Hogy ezt elkerüljük, úgy döntöttünk, hogy előbb megöljük, és csak azután égetjük el őket."[9]

Gyermekek részére Lobor, Jablanac, Mlaka, Bročice, Uštica, Stara Gradiška, Sisak, Jastrebarsko és Gornja Rijeka térségében különleges haláltáborokat állítottak fel. Gjordana Diedlender, aki a stara gradiškai lágerben őrként szolgált, később a következő tanúvallomást tette Ante Vrban, a tábor parancsnokának tárgyalásán:

„Akkoriban naponta érkezett új szállítmány nőkből és gyerekekből a stara gradiškai táborba. Körülbelül tizennégy nappal a megérkezésük után Ante Vrban megparancsolta, hogy az összes csecsemőt és a kisdedeket válasszuk el az anyjuktól, és szállítsuk mindet egy külön szobába. Tízen kaptunk rá parancsot, hogy takarókon szállítsuk őket oda. Ahogy a gyerekek mászkáltak a szobában, az egyikük a kis lábával és a kezével átnyúlt a küszöbön, úgy hogy az ajtót nem tudtam miatta becsukni. Vrban odakiáltott, hogy csukjam már be. Amikor látta, hogy nem teszem, rávágta az ajtót a kisgyermek lábára és eltörte. Utána fölkapta a lábánál fogva, és addig csapkodta a falhoz, amíg meg nem halt. Azután folytattuk a gyerekek behordását. Amikor a szoba megtelt, Vrban hozta a mérgező gázt, és mindet megfojtotta."[10]

Az usztasa haláltáborok egyes parancsnokai és tisztjei katolikus papok voltak. Jasenovac parancsnoka, Miroslav Filipović páter ferences szerzetes volt. Három további ferences rendi barát – Zvonko Brekalo, Zvonko Lipovac és Josef Culina – szintén usztasa tisztekként szolgáltak a háború alatt, és ők voltak Filipović segítői a tömeges kivégzések felügyeletében.[11] Brekalo atyát 1944-ben maga Ante Pavelić tüntette ki „Zvonimir Király Rendje" érdeméremmel az Új Horvátország szolgálatában tett megkülönböztetett szolgálataiért. Hozzá hasonlóan Grga Blažević – egy másik ferences – a Bosanski Novi melletti koncentrációs tábor parancsnokának segédje volt.

Miközben a haláltáborok kéményei ontották a füstöt, az usztasa milíciák a vidéket járták, városokat és falvakat dúltak fel, kupacokba hordva a rabolt zsákmányt, és szerbek ezreit végezték ki. A kivégzések többnyire az áldozatok otthonában történtek, a legkezdetlegesebb fegyverekkel – kalapácsokkal, kaszákkal, vasvillákkal vagy szekercékkel.[12] Az utcák mentén akasztottak holttestei lógtak. Egyeseket keresztre feszítettek, köztük Luka Avramovićot, a jugoszláv parlament egykori tagját, tízéves fiával együtt.

Az egyik jellemző rémtett során usztasa katonák 331 szerbet fogtak össze, akiket arra kényszerítettek, hogy ássák meg a saját sírjukat, majd baltákkal mészárolták le őket. A helyi ortodox pópának könyörgő imádságokat kellett mondania a haldoklók lelki üdvéért, miközben a saját fiát a szeme láttára darabolták fel. Azután a pópát megkínozták: a szakállát és a haját kitépték, a szemeit kitolták, végül pedig élve megnyúzták.[13]

Hősiességüket megörökítendő, az usztasa különítmények előszeretettel pózoltak áldozataik holtteste mellett egy kameraállvány előtt. Az így készült hátborzongató képsorokon szerb civileket fűrésszel és szekercékkel lefejező usztasákat látni, akik később a póznára tűzött emberfejekkel Zágráb utcáin paráznak.[14]

Katolikus klerikusok – kivétel nélkül ferences rendtagok – olykor nemcsak ösztönzői, de végrehajtói is voltak az öldöklések-

nek. Tugomire Soldo ferences rendi atya volt az 1941-es nagysza-
bású pogrom értelmi szerzője. Egyes szerzetesek férfiak, nők és
gyerekek százait mészárolták le, házakat perzseltek föl, falvakat
fosztottak ki és usztasa bandák élén feldúlták a bosnyák vidéke-
ket.[15] 1941 szeptemberében egy olasz tudósító arról számolt be,
hogy egy ferences barát kezében feszülettel hadonászva tüzelte az
usztasákat, hogy öldössék le egy Banja Lukától délre fekvő falu
szerb lakosait. A féktelen etnikai tisztogatás láttán még a harc-
edzett náci tisztek is elborzadtak. Edmund Glaise von Horstenau
német tábornok Hitlernek tett jelentésében megjegyezte, hogy „az
usztasák megveszekedett őrültek lettek".[16]

A legsúlyosabb gaztetteket nem horvát parasztok követték el,
hanem katolikus értelmiségiek. Nem egyedülálló Peter Brzica, egy
köztiszteletben álló jogász esete, aki Hercegovinában, Široki Bri-
jegben ferences líceumban nevelkedett. 1942. augusztus 29-én a
jasenovaci koncentrációs táborban tömeges kivégzésre adtak pa-
rancsot, hogy helyet készítsenek egy újabb fegyencszállítmány-
nak. Verseny indult, hogy ki tud néhány óra leforgása alatt több
fogva tartottat meggyilkolni. Brzica azzal tűnt ki a többiek közül,
hogy 1360 fogoly torkát vágta el böllérkésével, amit egy beretva-
szíjon folyamatosan élesített. Erőfeszítéseiért a jogászprofesszort
a „Torokmetszők Királyának" kiáltották ki, jutalmul pedig egy
aranyórát kapott. A díjátadó ünnepségen a résztvevők malac-
pecsenyét lakmároztak, amit egy ferences kolostor pincészetéből
származó nemes borral öblítettek le.[17]

A „nagyüzemi" mészárlás révén váratlan adomány hullott az
egyház ölébe. Ortodox templomok, kolostorok és lakóházak ki-
fosztása után az értéktárgyak ferences templomokba és rendhá-
zakba kerültek, ahonnan később a Vatikánba vándoroltak.[18]

A horvátországi holokauszt egy további nyereséggel is járt az
egyház javára: szerb ortodoxoknak a római egyház hitére való
tömeges áttérésével. Az átkeresztelkedések egyszerű elv szerint mű-
ködtek, amit Dionizio Jurić, Ante Pavelić gyóntatóatyjának sike-

rült a legfrappánsabban kifejeznie: „Minden szerbet, aki elutasítja a katolikus vallás felvételét, halálra kell ítélni." Tömegek járultak – nyakuknak szegzett bajonettel – katolikus papok elé, hogy megtagadják a hamis kereszténységet, amit addig gyakoroltak, és részesülhessenek a bűnbánat hőn áhított szentségében.

Az áttérés némelyik horvát városban vagy faluban meglehetősen borsos összegbe, 180 dinárba került. Jasenjak faluban Ivan Mikan atya 80 ezer dinárt gyűjtött össze egy tömeges átkeresztelkedés során.[19] A keresztvelekből összeharácsolt pénzt a Vatikán Bankban, a ferences rend bankszámláin helyezték el. Az áttérők neveinek listája egyházmegyei közlönyök hasábjain jelent meg. A zágrábi főegyházmegye például a *Katolički list* 1941. évi 31. számában közölte, hogy Budimci faluban új, több mint 2300 lelket számláló egyházközség jött létre, miután a falu teljes lakossága katolikus hitre tért.[20] A katolikus papság minden átkeresztelkedőt kötelezett arra, hogy köszönőlevelet küldjön Stepinac érseknek. A leveleket egyházi közlönyök és a *Nova Hrvatska* usztasa napilap szintén nyilvánosságra hozták. Ez utóbbi orgánum 1942. április 9-i számában négy telegramot közölt le, amelyeket az érseknek címeztek. Az egyikük így hangzott: „Slatinski Drenovacban 2300 személy gyűlt össze Pušina, Krašković, Prekorecan, Miljana és Gristić falvakból, és fogadta el a római katolikus egyház védelmét. Őszinte üdvözletüket küldik egyházi Elöljárójuknak."[21] Egy év sem kellett hozzá, és az Új Horvátország szerb lakosságának 30 százaléka katolikus hitre tért, hogy elkerülje a kivégzést.

Egy 180 dinárért árult keresztlevél jó vásár volt, még a legalacsonyabb sorú parasztnak is, akinek minden tulajdonát pénzzé kellett tennie, hogy beszerezhesse azt. Ez különösen 1941. május 14-én, Glina község lakosai előtt lett világos, akiket százával kényszerítettek, hogy az Új Horvátország megalakulásáért tartott hálaadó szentmisén részt vegyenek. Azt követően ugyanis G. Casimir páter, a gunići kolostor apátja baltákkal és késekkel felfegyverzett usztasa legények élén a szerbeket egy nagyobb terembe terelte, ahol felszólította őket, hogy mutassák fel a keresztlevelüket. Azt a kettőt, aki birtokában volt az okmánynak, futni hagyták, azután bezárták az ajtókat, és mindenki mást lekaszaboltak, miközben Casimir atya kegyes imádságokat mormolt.[22]

A háború végére a keresztlevelek eladásából a Szentszék és az Új Horvátország hatalmas vagyont gyűjtött össze. További bevételt jelentettek az ortodox templomok kifosztásából származó, felbecsülhetetlen értékű kincsek, valamint a zsidóktól, cigányoktól és szerbektől elkobzott személyes javak.

A pápához eljuttatott tiltakozások süket fülekre találtak. 1942. március 17-én a Zsidó Világkongresszus segélykérő üzenetet küldött a Szentszékhez a horvát zsidók által elszenvedett üldöztetések miatt. A kérelem indoklásában a következő volt olvasható: „Több ezer családot deportáltak a dalmát partvidék elhagyatott szigeteire vagy börtönöztek be koncentrációs táborokban... Minden zsidó férfit munkatáborokba hurcoltak, ahol mocsarakat kell lecsapolniuk vagy más közegészségügyi munkát kell ellátniuk, melyek során nagy számban pusztultak el... Mindeközben feleségüket és gyermekeiket más táborokba szállították, ahol ők is súlyos nélkülözést szenvednek."[23] Noha az üzenet egy másolata többek között a jeruzsálemi Központi Cionista Levéltárban is megtekinthető, a Vatikán által 1995-ben megjelentetett, a háborús évek dokumentumait összegyűjteni hivatott okirattár mégis szemérmesen elhallgatja. Ami szintén azt jelzi, hogy a Vatikán változatlanul elzárkózik a horvátországi atrocitásokról és a „végső megoldás" korai eseményeiről szerzett ismereteinek maradéktalan nyilvánosságra hozatalától.

A makacs tagadások ellenére a Vatikán áldását adta a horvátországi holokausztra. XII. Pius a Horvátországba delegált személyi küldöttje, Ramiro Marcone olasz bencés apát segítségével gondosan tájékozódott a történésekről, beleértve a tömeggyilkosságokat, a haláltáborokat és az erőszakos térítést. Marcone *monsignore* a legtöbb hivatalos vagy félhivatalos gyűlésen megjelent, ahol náci karlendítéssel köszöntötte és nyilvánosan megáldotta az usztasákat, valamint a szerbek elleni harcra tüzelte a horvátokat, bátorítva őket, hogy maradjanak „hűségesek a Szentszékhez, amely évszázadokon át ellenállt a keleti barbárság támadásainak".[24]

Stepinac érsek szintén rendszeres jelentéseket küldött a Vatikánba. Egy 1944. május 8-i keltű hivatalos levélben az érsek örömmel tájékoztatta az egyházfőt, hogy addig a napig „244 ezer ortodox szerb tért be az Isten Egyházába".[25]

XII. Piusnak más tájékoztatási eszközök is rendelkezésére álltak, hogy a horvátországi körülmények felől értesüléseket kapjon. Köztük voltak a BBC közvetítései, amelyeket Francis Godolphin D'Arcy Osborne, Leeds hercege, a vatikáni brit nagykövet naprakészen követett és gondosan lefordított a számára. Az 1942. február 16-i adás a következőket tartalmazta: „A legkegyetlenebb bántalmazásokat a zágrábi érsek környezetében követik el. Meggyilkolt fivérek vére keveredik egybe a kivégzések helyszínén. Miközben az ortodoxokat erőszakkal térítik katolikus vallásra, nem halljuk, hogy az érsek felháborodottan prédikálna az események ellen. Ezzel szemben arról értesültünk, hogy náci és fasiszta díszszemlén vesz részt."[26]

Nyolc nappal e közvetítés előtt, 1942. február 8-án a horvát származású, elkötelezett katolikus Prvislav Grizogono, az egykori Jugoszláv Királyság egyik minisztere küldött hivatalos levelet XII. Piusnak, amelyben rámutatott az usztasák által Horvátország egész területén elkövetett rémtettekre. Levelét az alábbi kéréssel zárta:

„Hogy miért is írom ezt éppen Önnek? A következők miatt: mindezekben a példa nélkül álló, a pogányság bűnénél is súlyosabb bűntettekben a katolikus egyház kétféleképpen is kivette a részét. Először is úgy, hogy papok, klerikusok, katolikus ifjúsági szervezetek nagy számban kapcsolódtak be a bűntettek tevőleges végrehajtásába, de ami még rettenetesebb, katolikus papokból is lettek tábor- vagy osztagparancsnokok, s mint ilyenek, maguk is elrendelték és eltűrték egy megkeresztelkedett nép ellen elkövetett szörnyű kínzásokat, gyilkosságokat és tömegmészárlásokat. Másrészről, ezek egyike sem történhetett volna meg a püspökeik engedélye nélkül, mert különben az elkövetőket egyházi bíróság elé állították volna, és megfosztották volna őket a reverendájuktól. Mivel nem így történt, a püspökök minden jel szerint – legalábbis hallgatásukkal bizonyosan – a beleegyezésüket adták."[27]

A felhívások ellenére XII. Pius soha egyetlen szóval sem ítélte el az usztasákat. A pápa még a háborút követően is néma maradt, amikor tömeges kivégzéseket levezénylő ferences szerzetesekről szóló, bizonyítékokkal alátámasztott híradások röppentek fel a nemzetközi sajtóban. Sohasem vonta felelősségre a klérus egyetlen tagját sem, még Miroslav Filipović vagy Zvonko Brekalo atyákat és más haláltábor-parancsnokokat sem. Egyiküket sem bírálta, még Božidar Bralowot sem, aki tömeges kivégzéseket szervezett meg, vagy G. Casimir atyát, aki a glinai mészárszék fölött parancsnokolt.

A háború végeztével Stepinac érseket háborús bűnök vádjával letartóztatta az újjáalakult Jugoszlávia kormánya. A bűnvádi eljárás 1945. október 5-én számos tanút vonultatott fel, akik tanúsították, hogy gépkarabélyokkal felfegyverzett katolikus papok térítettek vagy gyilkoltak ortodox szerbeket.[28] A tanúk többségükben horvát parasztok és munkások voltak. Az érseket bűnösnek találták, és tizenhat évi börtönbüntetésre ítélték.

Amikor az ítélet felől értesült, XII. Pius felháborodottan tiltakozott, és elrendelte mindazok kiközösítését, akik részt vállaltak a per lefolytatásában. A katolikus sajtóban Stepinac érsek a vallásszabadság bajnokaként jelent meg, aki ellenszegülni mer a kommunizmus istentelen erőinek. A katolikus Horvátországban megtörtént atrocitások híreit „kommunista propagandaként", vagy éppen „a Gestapo koholmányaként" hárították el. A Vatikán világméretű kezdeményezést indított útjára, hogy megmentsék a „mártíromságot szenvedett Stepinac érseket". A kampány sikerrel járt. Miután az ENSZ is felhívást intézett az érdekében, Stepinac 1951-ben kiszabadult a börtönből. Az érsek diadalmasan tért vissza Rómába, ahol a pápa öleléssel fogadta, és bíborosi rangra emelte. 1998. október 4-én II. János Pál a Horvát Köztársaságba utazott, hogy bejelentse Stepinac érsek boldoggá avatását. A „beatifikáció" a szentté avatási eljárás első lépcsőfoka, mely során megállapítást nyer, hogy az elhunyt „Krisztus szeretettje" és „méltó a tiszteletre". „A Boldog Stepinac nem a szó szorosan vett értelmében hullatta a vérét – hangzottak a marija bistricai Szűz Mária fogadalmi templomban tartott szertartáson a pápa szavai. – Halálát a hosszan tartó szenvedés okozta, amelyet kiállt: élete utolsó tizenöt éve próbák folyamatos sorozata volt. Ezek során bátran kockára tette még az életét is, hogy az evangélium és az egyház egysége mellett tanúságot tegyen."[29]

Az Európa más területeit feldúló náci rémtettek elhomályosították a Horvátországban történteket. Ennek dacára dermesztőek az usztasa uralom időszakáról szóló statisztikai adatok. 1941 és 1945 között 500 ezer szerbet, 80 ezer zsidót és 30 ezer cigányt mészároltak le a független horvát állam területén. Ha az áldozatok számát az érintett terület népességére vetítjük, a négyéves mérleg a 20. század történetének legsúlyosabb tömeggyilkosságát tárja elénk.

S mégis, a Vatikánban keveseknek volt okuk kétségbe vonni, hogy a horvátországi politikai kísérlet jövedelmező vállalkozásnak bizonyult.

6

KINCSEK A „PATKÁNY-JÁRATOKON" ÁT

Akkor látván Júdás, aki őt elárulta, hogy elítélték őt, megbánta dolgát, és visszavitte a harminc ezüstpénzt a főpapoknak és a véneknek, mondván: „Vétkeztem, hogy elárultam az ártatlan vért." Azok pedig azt mondták: „Mi közünk hozzá? Te lássad." Ő pedig eldobván az ezüstpénzeket a templomban, eltávozott; és elmenvén felakasztotta magát.

Máté evangéliuma, 27:3—5

M iután az egyház aláírta fausti megállapodásait Hitlerrel és Mussolinivel, úgy tűnt, minden világi vállalkozását siker kíséri. Ahogy ugyanis a háború előtti szövetségeiből rendkívüli nyereség származott, úgy az olasz fasiszta rezsim csődje, a Harmadik Birodalom összeomlása és az Új Horvátország bukása szintén a Vatikán hasznára váltak.

1945 februárjában a jugoszláv partizánok bevették Zágrábot. Az usztasák kapkodni kezdtek, hogy a lehető legtöbbet menekít-

senek ki a zsákmányukból. Stepinac érsek teljes jóváhagyásával
Ante Pavelić harminchat láda arany-, és két teherautónyi ezüstkin-
cset temetett a Zágráb központjában álló ferences kolostor udva-
rába.[1] Az ékszerek és aranyórák mellett a ládákba olyan fogarany
is került, amelyeket a legyilkolt zsidók, cigányok és szerbek állkap-
csából húztak ki.

Mialatt a partizánok sorban „vadászták le" a népirtásért fele-
lős usztasa tábornokokat, Pavelićnek sikerült átmenekülnie Ausztri-
ába, ahol az amerikai hadsereg fogságába esett, és Salzburg kör-
nyékén börtönbe került.

Már előkészületek történtek, hogy Pavelićet a nürnbergi bíró-
ság elé állítsák, amikor az eljárás váratlanul megakadt. XII. Pius
Salzburg érsekének közvetítésével elérte, hogy Pavelićet a Vatikán-
városba szállítsák, ahol a pápa személyes védelme alá vonta az usz-
tasa diktátort.

A botrány elkerülése végett a pápa néhány héttel később elin-
tézte, hogy Pavelić az éj leple alatt elhagyhassa a Vatikánvárost.
A következő három évben az usztasavezér a ferencesek kötéllel
összefogott szerzetescsuhájában, és az arcát jótékonyan elfedő
csuklyás skapuláréban vándorolt egyik kolostortól a másikig. Kü-
lönböző álneveket használt, többek között Benares vagy Gomez
fráterként mutatkozott be vendéglátóinak.[2] Az amerikai katonai
hírszerzésnek voltak ugyan információi Pavelić személyazonossá-
gáról és hollétéről, de a hadsereg mindvégig vonakodott a hábo-
rús bűnöst letartóztatni. Egy 1947. szeptember 12-i bizalmas
jelentésben William Gowen és Louis Caniglia, az Egyesült Álla-
mok Hadserege Kémelhárító Alakulatának *(United States Army
Counter-Intelligence Corps)* különleges ügynökei így fogalmaztak:
„Pavelić olyan magas szinten áll kapcsolatban a Vatikánnal, és je-
lenlegi helyzete olyannyira egybefonódik a Szentszékkel, hogy a
célszemély bármilyen leleplezése megrendítő csapást mérne a ró-
mai katolikus egyházra."[3]

Ez idő alatt az usztasák elhantolt kincseit a zágrábi ferences kolostorból Rómába, Rómából pedig Nápolyba szállították, ahol az aranyat és az ezüstöt a maffia felügyelete alatt rudakba öntötték. A színarany és ezüstrudakat a *mafiosi* felügyelete mellett a Vatikánvárosba szállították vissza. Itt a 80 millió dollárt meghaladó értékű kincset a Vatikán Bank páncéltermeiben – a koldulórend bankszámláin – helyezték el.[4]

Horvátországból a továbbiakban is számottevő vagyon vándorolt át a Vatikánba. 1945. május 7-én 288 kilogramm aranyat szállítottak el a Horvát Nemzeti Bankból és az államkincstárból. Emerson Bigelow ügynök 1946. október 21-én kelt, a Stratégiai Szolgálatok Irodájának (*Office of Strategic Services*, OSS – a CIA elődszervezete) megküldött jelentése szerint brit katonáknak az olasz határon sikerült elkobozniuk 150 kilogramm aranyat, a vagyon másik része viszont átjutott a határon, és a Szentszékhez vándorolt, ahol „értékmegóvás" céljából a Vatikán Bankban került elhelyezésre.[5]

A horvátországi náci aranyból származó bevételen túl a Vatikán milliókat halmozott fel a menekülő háborús bűnösöknek kiállított hamis útlevelek kiárusításával, és a hírhedt „patkányjáratok" létrehozatalával is. Ez utóbbi elnevezés lett a titkos útvonalak megjelölése, amelyeken át náci tisztek menekülhettek el a háborús bűneikért rájuk váró felelősségre vonás elől. A Vatikánban megszervezett „patkányjáratokon" keresztül szökhetett az usztasa felső vezetés Triesztbe, Rómába vagy Genovába, onnan pedig tovább semleges államokba, elsősorban Argentínába, ahol azután büntetlenül és háborítatlanul tölthették el hátralévő éveiket.[6]

E gyalázatos jogtiprás kulcsfigurája Krunoslav Draganović ferences szerzetes volt, aki korábban az usztasa vezérkar megbecsült bizalmasának számított. Egy alkalommal Draganović atya két faládikában 50 kilogramm aranyat csempészett ki Horvátországból Rómába.[7] Miután az Új Horvátországban szerbek ezreinek kivégzését felügyelte, Draganović atyát 1943-ban Rómába idézték, ahol az Illírek Szent Jeromos Kollégiuma *(San Girolamo degli Illirici)* igazgatójának nevezték ki. A Rómában működő, vatikáni fenntartású papnevelde eleinte horvát szeminaristák teológiai képzésének és pappá szentelésének központja volt, később pedig a háború utáni titkos usztasa útvonalak irányítóinak a főhadiszállása és tranzitállomása lett.[8] Egy 1947. február 12-i jelentésben Gowan ügynök a következőket jelentette az Egyesült Államok Hadserege Kémelhárító Alakulatának: „A *San Girolamo degli Illirici* az usztasa operatív sejtekkel áll összeköttetésben. A kolostorba való beléptetés előtt mindenkinek igazolnia kell a személyazonosságát, azután pedig alaposan megmotozzák... Az intézmény egész területét felfegyverzett fiatalok őrzik, akik usztasa üdvözléssel köszöntik egymást."[9]

Draganović páter a Vöröskereszt alkalmazottjának adta ki magát, az amerikai hírszerzés értesülései szerint viszont valódi szerepe abban állt, hogy a náciknak Dél-Amerika felé menekülési útvonalat készítsen. Egy 1950. július 27-i keltezésű bizalmas hírszerzési feljegyzés bepillantást enged abba, hogy az Egyesült Államok hajlandó volt szabad kezet adni Draganovićnak a „patkányjáratok" fölött, cserébe amiért a Vatikán embercsempésze hajlandó volt antikommunista hírszerzők kimenekítését is elintézni, köztük Klaus Barbie egykori lyoni Gestapo-főnökét, aki zsidók és francia ellenállók ezreinek a haláláért volt felelős.[10] 1946 és 1947 között Draganović a Szent Jeromos Kollégiumban tartotta védelme alatt Barbie-t. A kollégiumban a két férfi rendszeresen együtt étkezett. A CIA feljegyzései és fizetési jegyzékei tanúsítják, hogy Draganović az 1950-es évek során végig az amerikai hadsereg alkalmazásában állt. 1958-ban protektora, XII. Pius pápa halála után a Vatikáni Államtitkárság határozata alapján Draganovićot kiutasították a Szent Jeromos Kollégiumból. Kitoloncolása ellenére a CIA a továbbiakban is alkalmazta őt: usztasa zsoldosokat toborzott a hírszerzés számára, akiket a Dominikai Köztársaságban vetettek be a Fidel Castro ellen vívott harcban.

Az aprólékos pontossággal kimunkált vatikáni „patkányjáratok" megdöbbentő hatékonysággal működtek Draganović fráter vezénylete alatt. A menekülő háborús bűnösök oltalomra leltek a Vatikánvárosban és új személyazonosságot kaptak. Páratlan szakértelemmel elkészített anyakönyvi kivonatok, vízumok, útlevelek és más dokumentumok készültek a vatikáni tisztviselők műhelyeiben.[11] A szicíliai maffiának az okirat-hamisítás kifinomult művészetében gyakorlott emberei szaktudásukkal járultak hozzá a vállalkozás sikeréhez. A *mafiosi* közül Licio Gelli alakja a legemlékezetesebb. Gelli a Hermann Göring SS-elitalakulat összekötő tisztjeként, főhadnagyi rangban szolgált Olaszországban. A háború után az *Oberleutnant* nemcsak a vatikáni „patkányjáratok" igazgatója lett, hanem a NATO és a CIA által közösen életre hívott „Gladio hadművelet" kulcsfontosságú alakja is. Ennek a titkos akciónak a célja az volt, hogy egy egész Európára kiterjedő hálózat kiépítésével meghiúsítsák a kommunizmus térnyerését a kontinensen.[12]

Némelyik magasan jegyzett náci háborús bűnös, mint például Franz Stangl, a treblinkai haláltábor parancsnoka, a Vatikánváros határain belül és a pápa Castel Gandolfo-i nyári rezidenciáján kapott elhelyezést.[13] Másokat katolikus családoknál szállásoltak el, akik csekély lakbér fejében örömmel osztották meg hajlékukat „vatikáni vendégeikkel". Megint mások klastromokban, szerzetesbarátoknak álcázva húzhatták meg magukat. A kolostorok azonban 1946-ra megteltek, így sok náci „menekült" csak női rendházak celláiban talált oltalomra, ahol az apácák viseletét és fityuláját kellett magukra ölteniük. Egyes megfigyelőknek feltűnt, hogy a zárdákban ugrásszerűen megnőtt a különös kinézetű, férfias mozgású és meglehetősen nyers modorú nővérek száma, akik közül némelyekre már alaposan ráfért volna egy borotválás. Ugyanezek azt is megjegyezték, hogy a római apácazárdák lakóinak száma 1945 és 1948 között rendszeres időközönként növekedett meg és csökkent le.[14] Egy rangos brit politikai tanácsadó jelentése szerint „egyre világosabban látszik, hogy a legfontosabb hazaárulók zöme a római katolikus egyház szárnyainak oltalmában bújik meg".

A tanácsadó úgy látta, a jelenség ellen nemigen lehet fellépni, „hacsak nem lehet a Vatikánt meggyőzni, hogy nyíltan működjön együtt a rejtőzködő nácik felkutatásában".[15]

Az ilyen jellegű oltalomért magas árat kellett fizetni. A náci bujdosókat általában arra kötelezték, hogy teljes vagyonuk 40-50 százalékáról – beleértve a zsákmányolt javaikat is – mondjanak le a Vatikán javára. Az érintettek mégis készségesen lerótták az óriási jutalékot, hiszen ennek fejében meghúzhatták magukat a vatikáni épületegyüttesben, ahol biztonságban voltak a letartóztatástól és bűnvádi eljárástól. A szövetséges erők és az amerikai hadsereg kémelhárítói vonakodtak megsérteni a Vatikánváros szuverenitását. A pápai kincstár csordultig megtelt az újabb és újabb „vendégek" adományaival.

Márpedig a vendégkönyv, már ha készült volna ilyen, figyelemre méltó neveket tartalmazna. Klaus Barbie és Franz Stangl mellett az egyház olyan „hírességeket" is oltalmába vett, mint Adolf Eichmann, Hitler bizalmasa és a népirtási program irányítója; Eduard Roschmann, a „rigai mészáros"; Walter Rauff SS-tábornok, az elgázosításra használt teherautó feltalálója; Gustav Wagner, a sobibori megsemmisítő tábor parancsnoka vagy Josef Mengele doktor, az auschwitzi „halál angyala". A Vatikánban kiállított útlevelükkel e „vendégek" szabadon átkelhettek Dél-Amerikába, Ausztráliába vagy az Egyesült Államokba. Összesen 30 ezer náci szökött el az igazságszolgáltatás elől az Anyaszentegyház jóvoltából. „Ennyi embernek volt lehetősége elillanni – emlékezett vissza a már idézett Gowan ügynök –, és mindezt egy olyan időszakban, amikor Rómában komoly teljesítmény volt akár csak egy tál ételhez is jutni."[16]

Draganović atya – az amerikai külügyminisztérium 1998-ban a titkosítás alól felszabadított és nyilvánosságra hozott dokumentumai alapján – személyesen is busás hasznot húzhatott az illegális tevékenységből: a Vatikán által szabott fejpénzen túl a hamisított papírokért 1500 dollárral sarcolta meg a menekülőket, akikről fejenként további 650 dollárt is „leakasztott".[17]

Egyes beszámolók szerint a nácibarát szervezetek, mint az ODESSA (*Organisation der ehemaligen SS-Angehörigen*, „Egykori SS-tagok Szervezete") és a *Die Spinne* („A Pók") folyamatos pénzügyi támogatást nyújtottak a vatikáni „patkányjáratok" életben tartásához.

Pavelić, az Anyaszentegyház pártfogoltja Draganović atya kitüntetett gondoskodása és oltalmazása alá került. Draganović nemcsak a Nemzetközi Vöröskereszt hamisított útlevelével látta el Pavelićet, hanem – kétszáz másik rangidős usztasa tiszttel együtt – személyesen kísérte el Buenos Airesig. Mielőtt hazatért volna Rómába, Draganović az argentin egyházi hierarchia előkelő tagjainak oltalmára bízta védencét, akit a latin-amerikai ország vezető államférfiainak, köztük Juan Perónnak is bemutatott. Egy év sem telt el, hogy Pavelić usztasa bajtársaival megalapítsa a *Hrvatska Državotvorna Stranka* (Horvát Államalkotó Párt) elnevezésű szervezetet, melynek célkitűzése az volt, hogy életben tartsa a katolikus Horvátország álmát. 1959-ben Pavelić egy spanyolországi utazása során szívrohamot kapott. A „balkáni mészáros" halálos ágyán XXIII. János pápától különleges áldásban és az utolsó kenet szentségében részesült.[18]

1999. november 23-án a katolikus egyházi támogatással véghezvitt horvátországi atrocitások túlélői perbe fogták a Vatikánt az usztasák által elrabolt aranykincsek rejtegetéséért, és amiért a „patkányjáratok" kiépítésével náci háborús bűnösöknek nyújtott segítséget, a felelősségre vonás elkerülésére. A keresetlevelet – amelyben a felperesek több mint egymilliárd dolláros kártérítési igényt jelentettek be – a Nácizmus Ukrajnai Áldozatainak és Foglyainak Szövetsége, valamint az Antifasiszta Ellenállás Harcosai szervezetek is támogatják. „Elképzelhető, hogy a Vatikán Bank ellen benyújtott követelések meg fogják közelíteni a svájci bankokkal szembeni követelések értékét – nyilatkozott a sajtónak Jonathan H. Levy ügyvéd. – Sőt, a végső számok akár jóval magasabbak is lehetnek."[19]

7

MÉRHETETLEN GAZDAGSÁG

Jézus pedig körültekintvén, azt mondta a tanítványai-
nak: „Mily nehezen mennek be az Isten országába,
akiknek gazdagságuk van!" A tanítványok pedig ál-
mélkodtak az ő beszédén; de Jézus ismét felelvén, mond-
ta nekik: „Gyermekeim, mily nehéz azoknak, akik a
gazdagságban bíznak, az Isten országába bemenni!
Könnyebb a tevének a tű fokán átmenni, hogynem a
gazdagnak az Isten országába bejutni." Azok pedig
még inkább álmélkodtak, mondván maguk között: „Ki-
csoda üdvözülhet tehát?" Jézus pedig rájuk tekintvén,
mondta: „Az embereknél lehetetlen, de nem az Isten-
nél; mert az Istennél minden lehetséges."

Márk evangéliuma, 10:23—27

A II. világháború végén egy korabeli beszámoló szerint Olaszország „egyetlen, észak-déli irányban hosszan el-nyúló szegényház" volt.[1] A szövetséges partraszálló csapatok és a

német védők összecsapása, valamint az olasz partizánok szabotázs-
akciói során utak, hidak, alagutak, vasúti pályák, gyárak, városutcák,
piacterek és lakóházak dőltek romba. Miután a Vatikán Mussolini
„adományát" szinte kizárólag az olasz kereskedelembe és iparba
fektette, az ország romlása a városállam számára is közeli gazda-
sági összeomlást ígért: sok üzletnek kellett lehúznia a rolót, az
ipari vállalatok túlnyomó része pedig a csőd szélén tántorgott.

A helyzetet tovább bonyolította, hogy a harcok elültével az
Olasz Kommunista Párt maradt az egyedüli, biztos anyagi alapo-
kon álló, jól szervezett és politikailag is agresszív politikai tömö-
rülés az országban. A párt élén az a Palmiro Togliatti elnökölt, aki
a háború nagy részét Moszkvában, Joszip Visszarionovics Sztálin
generalisszimusz vendégeként vészelte át.² Togliatti az ipari léte-
sítmények társadalmi tulajdonba vételére szólított fel, amelyeket
a nagy gazdasági válság idején az Ipari Újjáépítés Intézete (IRI)
finanszírozott – vagyis éppen azon vállalatok államosításáért, ame-
lyekbe Nogara az egyház vagyonának javát fektette. XII. Pius előtt
komor jövő sejlett fel.

A kommunista fenyegetés elhárítására az egyházfő korlátlan
anyagi fedezetet biztosított, hogy Alcide de Gasperi vezetése alatt
újraélessze a Kereszténydemokrata Pártot. De Gasperi azt vallot-
ta magáról, hogy „katolikus, olasz és demokrata, ebben a sorrend-
ben". Egész életében rendszeres templomba járó volt, és napi gya-
korisággal vett részt szentáldozáson.³

Pályafutása elején De Gasperi a fasizmus rendíthetetlen ellen-
zőjeként magára vonta Mussolini haragját. „A fasiszta állam gon-
dolata: ez az, amit nem tudok elfogadni – vágta bírái arcába a
koncepciós perben bíróság elé hurcolt fiatal politikus. – Merthogy
léteznek olyan alapvető, természeti jogok, amelyeket az állam
nem tiporhat meg."⁴ Mussolini 1927-ben a Regina Coeli börtön-
be vettette De Gasperit. A politikus vélhetően ugyanúgy nem élte
volna túl a hosszú börtönbüntetést, ahogy barátja, a marxista
filozófus Antonio Gramsci sem. Amikor viszont Mussolini aláírása

rákerült a lateráni egyezményre, XII. Pius számára lehetővé vált, hogy elérje De Gasperi pápai őrizet alá helyezését. A következő tizenöt évben védence a Vatikáni Könyvtár alkalmazásában állt, és visszavonultan élt Rómában.

1946-ban XII. Pius nehezen találhatott volna alkalmasabb jelöltet a Kereszténydemokrata Párt élére. A hatvanöt éves De Gasperi méltóságteljes kiállású volt, kiváló szónok, valamint a pápa feltétel nélkül elkötelezett híve. Hosszú könyvtári magányának köszönhetően ráadásul politikai szempontból is tisztának számított.

A Vatikán líramilliókat pumpált a Kereszténydemokrata Pártba a Nogara irányítása alatt álló Olasz Katolikus Szerveződés *(Azione Cattolica Italiana)* nevű laikus szervezeten keresztül,[5] így lehetett ugyanis elkerülni, hogy a városállamot megvádolják, amiért közvetlenül beavatkozik az olasz államügyekbe, megsértve ezzel az 1929-es egyezményt. A pénzből az Olasz Kereszténydemokrata Párt a kommunista sejtek mintájára húszezer „polgári bizottságot" *(comitati civici)* hozott létre szerte Olaszországban.[6] A civil hálózat új párttagok toborzására szolgált.

A választásokat megelőző tizenkét hónapban az Egyesült Államok 350 millió dollár segélyt utalt át Olaszországba, amelynek egy része politikai célokat szolgált. Az összegből mintegy 30 millió dollár a Katolikus Szerveződésnek jutott, hogy az a siker reményében tudja felvenni a harcot a kommunista hatalomátvétel fenyegető rémképével.[7] Francis Spellman New York-i bíboros vezette azt a Vatikán által fizetett kampányt, amely felszólította az amerikai olaszokat, hogy Togliatti és elvtársai elleni szavazásra ösztönözzék itáliai rokonaikat. „Olaszország sorsa a közelgő választáson, a kommunizmus és a kereszténység, a rabszolgaság és szabadság párharca során dől el" – írta Spellman abban a röpiratban, amelyet az Egyesült Államok számos egyházközségében osztogattak a hívők között.[8] A választások előtti napokban pedig rádióüzenetekkel bombázták az olaszokat, amelyekben Frank Sinatra, Bing Crosby, Gary Cooper és más amerikai hírességek szólaltak meg, hogy a kereszténydemokrácia támogatására, és a kommunizmus terjedésének feltartóztatására szólítsák fel a félsziget lakóit.[9]

Eközben a szicíliai kereszténydemokraták a Vatikántól kapott pénzből a maffiával kezdeményeztek szövetséget. Azért az ígéretért cserébe, hogy tagjait a párt vezető testületeibe jelölheti, a maffia ígéretet tett rá, hogy alaposan megleckézteti a kommunistákat. Választásuk Portella della Ginestra településre esett, ahol a kommunisták korábban helyi választási győzelmet könyvelhettek el. 1947. május 1-jén, amikor a falusiak a település határában búcsút tartottak, Salvatore Giuliano banditavezér unokaöccsével, Gaspare Pisciottával és fegyvereseivel lesben állt. A bozótosban elrejtőző gengszterek – akiket a politikusok vélhetően már előre amnesztiában részesítettek a tettükért – válogatás nélkül tüzet nyitottak az ünneplőkre; tizenkét embert megöltek és több mint ötvenet megsebesítettek. A megfélemlített településen újabb választásokat írtak ki, amelyen az újdonsült „barátaikkal" körülvett kereszténydemokrata politikusok immár elsöprő győzelmet arattak. Gaspare Pisciotta évek múltán arra kapott parancsot, hogy végezzen unokabátyjával, Salvatore Giulianóval is. A merényletet követő bírósági tárgyaláson a bűnszervezetek politikai kapcsolatairól is beszámolt. „Egy testet alkottunk: a banditák, a rendőrség és a maffia – vallotta Pisciotta a korábbi vérengzés kapcsán –, mint az Atya, a Fiú és a Szentlélek."[10]

A kereszténydemokraták és a bűnszövetkezet frigye végül a „magas" vagy politikai maffia kialakulásához vezetett. Ettől kezdve ugyanis a maffiához kötődő államférfiak ellenőrizték a Kereszténydemokrata Párt jobbszárnyát. Befolyásuk az olasz politika teljes korrumpálódásához, az olyan tanult, magasan képzett maffia-tagoknak, mint Michele Sindonának az üzleti életbe és az iparba való beszivárgásához, valamint a Szentszék még súlyosabb erkölcsi válságához vezetett.[11]

Az 1948. évi választások előestéjén Olaszország-szerte háromszáz olasz püspök ítélte el a szószékről Togliattit és a Kommunista Pártot. Giuseppe Siri genovai érsek például kijelentette egyházmegyéje hívei előtt, hogy „halálos bűn" nem szavazni, a kommunistákra szavazni pedig összeegyeztethetetlen a katolikus egyháztagsággal. Siri kijelentette: a gyóntatópapoknak „vissza kell vonniuk a feloldozást", ha valakiről kiderülne, hogy figyelmen kívül hagyta az érsek iránymutatását.[12] Ezzel egyidejűleg 25 ezer pap kilincselte végig az egyházközségét, hogy lakásról lakásra járva toborozzon új tagokat a Katolikus Szerveződés számára. A szervezet taglétszáma hárommillióról ötmillióra duzzadt.

Kevéssel a szavazás napja előtt a katolikus hívőket a Szent Péter térre hívták, hogy a pápa különleges áldásában részesüljenek. Alden Hatch egyháztörténész a következőképpen írt a tömegrendezvényről: „Emberek sokasága töltötte meg egész teret. Végig a Via della Conciliazione sugárút hosszában is tömeg hömpölygött, amely elért egészen a hidakig, sőt azokon is túl, még a Tiberis túlpartjára is átcsapott, egészen a Corso Vittorio Emanueléig. A Szentatya fehér és arany ünnepi öltözékében a keresztes hadjáratok hagyományáról szólt hozzájuk, és szenvedéllyel telt szavai megindították és áthatották mindazok szívét, akik csak hallották."[13]

A taktika sikeresnek bizonyult. De Gasperi pártja 1948 júniusában a szavazatok 48,5 százalékával győzött egy olyan választáson, amelyen a szavazásra jogosultak 90 százaléka részt vett. A Kommunista Népfront és a szocialisták együttvéve is csak a voksok 31 százalékát tudták elnyerni. A kereszténydemokraták az ezt követő húsz évben megtartották az államügyek fölötti ellenőrzésüket. Az új Olasz Köztársaság az új Európa tekintélyes, központi szereplője lett; csatlakozott a Marshall-tervhez, belépett a NATO-ba, és részt vett a mai Európai Unió elődszervezeteinek – az Európai Szén- és Acélközösség (Montánunió), az Európai Gazdasági Közösség és az Európai Atomenergia Közösség (Euratom) – létrehozásában.

A kommunisták fölött aratott győzelemmel XII. Pius újabb lehetőséget kapott arra, hogy eloszlassa a háborút követő zűrzavaros időszakban az egyházat körülvevő gyanú homályát. Az újonnan megválasztott elnök, a Vatikán támogatásáért feltétel nélkül hálás De Gasperi az 1948-as alkotmányban megerősítette Mussolini konkordátumának érvényességét. A Vatikán itáliai vállalkozásai továbbra is teljes körű adómentességet élveztek, és – egy szuverén állam érdekeltségeiként – ezután is mentesültek a külső ellenőrzések alól. Az egyháznak hatalmas birtokaiból semmit sem kellett visszaszolgáltatnia az államnak".

Az Olaszországba áramló amerikai segélyből dollármilliók jutottak a Vatikánnak ipari vállalatai, köztük az Italgas és a Società Generale Immobiliare újjáélesztésére. Ezenfelül a Truman-kormányzat – Spellman kardinális közbenjárása révén – jelentős öszszegű, az amerikai költségvetésben hivatalosan meg nem jelenő „feketepénzt" irányított a Vatikánba a „szovjetellenes tevékenységek nyugat-európai megszilárdítása" céljából.[14] Rómába írott jelentéseinek egyikében Spellman hangsúlyozta, hogy a római katolikus egyház kincstárába jutó dollármilliókat teljes diszkrécióval kell kezelni. „Amerikában működő felforgató csoportok még ürügyként használnák fel az esetet – fogalmazott –, hogy támadják az Egyesült Államok kormányát, amiért pénzt küldött a Vatikánnak, még ha az közvetett úton történt is."[15]

Ilyen mértékű kül- és belföldi támogatással a Vatikán az *il miracolo economico,* az olasz gazdasági csoda első számú haszonélvezőjévé vált. 1953 és 1958 között a mediterrán ország bruttó nemzeti terméke (GNP) 150 százalékkal, 70 milliárd dollárra növekedett. Az ország 180 banki, biztosítási és hitelintézménye közül több mint 90 állt vatikáni tulajdonban. Ezen érdekeltségek közül a La Centrale volt az egyik legnagyobb, amely mezőgazdasági, vízerőművi, műszaki és bányászati projekteknek nyújtott közép- és hosszú távú hitellehetőségeket. 1968-ra, amikorra a kereszténydemokraták elveszítették kormányzati pozíciójukat, a La

Centrale részvényállományát gyarapította az egyik áramszolgáltató társaság 8235 részvénye – a részvénycsomag összértéke 24,5 millió dollár volt –, valamint egy további áramszolgáltató 1417 db, összesen 25,2 millió dollár értékű részvénye. Erre az időre a La Centrale 107 millió dolláros alaptőkével és 277 millió dolláros mérlegfőösszeggel rendelkezett. A 60 millió dollárt meghaladó ipari kölcsönöket és 155 millió dollárt meghaladó közepes futamidejű kölcsönöket nyújtó La Centrale nettó nyeresége 16 millió dollár körül mozgott.[16]

Egy másik, szintén a Vatikán által ellenőrzött vállalat, az Italcementi szolgáltatta az Olaszországban felhasznált cementmennyiség 30 százalékát. Az Italmobiliare pénzintézetnek pedig nyolc bank volt a birtokában, amelyek összesített mérlegfőösszege 512 millió dollárt tett ki. A pénzintézet ezen túlmenően a Banca Provinciale Lombarda és a Credito Commerciale di Cremona fölött is ellenőrzést gyakorolt, amelyek közös tőkeállománya 1,2 milliárd dollárra rúgott. 1968-ban, amikor a „boldog békeéveknek" hirtelen vége szakad, az Italcementi 51,2 millió dolláros alaptőkével és ötmillió dolláros nettó nyereséggel rendelkezett.[17]

Ugyanebben az időszakban a Vatikán három nagy bank – a Banca di Roma, a Banca Commerciale Italiana és a Credito Italiano – és hetvenhat kisebb olasz pénzintézet legnagyobb részvényese is lett. Az érintett bankok közül a legnagyobb presztízsű a milánói *Banco Ambrosiano* (Szentlélek Bank) volt. A Vatikán ezenkívül két nagyobb, 30 millió dolláros összesített tőkéjű biztosítási társaságot is megszerzett, valamint kilenc kisebbet, összesen 10,7 millió dolláros tőkével.[18]

Az ipari szektorban a Vatikán megtartotta az Italgas fölötti ellenőrzését, amely harmincöt itáliai várost látott el földgázzal. 1968-ra az Italgas évi 680 millió köbmétert elérő földgáztermeléssel és 59 millió dolláros tőkével rendelkezett. Emellett a több mint 20 millió dollár éves nyereséget termelő Società Finanziaria

Telefonica távközlési óriásvállalat, a félsziget legnagyobb telefon- és távirat-szolgáltatója úgyszintén a városállam tulajdonába került.[19]

A Vatikán háború utáni vállalatfelvásárlásainak egyik első gyümölcse a Finsider acélkombinát volt. Ennek leányvállalatai között szerepelt például az Alfa Romeo autóipari vállalat; a Finmeccanica holdingcég – amely harmincöt, különböző gépgyártásra szakosodott leányvállalatot (köztük egy nukleáris fegyveralkatrészgyárat is) egyesített –; a tengeri személyszállításban érdekelt Finmare; a Terni acélgyártó; valamint a nyersvasat, öntöttacélt és csöveket gyártó Italsider. Egy további, felvásárlás útján megszerzett cég volt a Montedison, amely bányászatra, kohászatra, fémgyártásra, gyógyszergyártásra, áramszolgáltatásra és textiliparra szakosodott. 1968-ban a Montedison 854 millió dolláros értékesítésből származó bevétellel és 67 millió dolláros nettó nyereséggel rendelkezett.[20] Az egyház újabb tulajdonai közül nagy jövedelmet hajtó vállalat volt a 90 millió dolláros tőkéjű SNIA Viscosa vezető textilipari holdingcég is a maga 15 millió dolláros éves nyereségével.[21]

A Vatikán hatalmas cégbirodalmába Olaszország-szerte kis- és nagyvállalatok ezrei tartoztak, amelyek selyem- és cérnagyártásra, könyvkiadásra, szőrmékre, idegenforgalomra, sóiparra, elektronikára, készruhákra, gyermekjátékokra, áruházláncokra és számtalan más területre szakosodtak.

Szerzeményei közül némelyik később zavarba ejtő helyzet elé állította a Szentszéket. 1968-ban, amikor VI. Pál kiadta a születésszabályozás kérdéseivel foglalkozó *Humanae Vitae* kezdetű enciklikáját, a Vatikánnak egy sor gyógyszeripari vállalat volt már a birtokában. Köztük a legjelentősebb a Sereno volt, amely a népszerű Lutteolas nevű fogamzásgátló tablettát gyártotta.[22]

A legnagyobb vatikáni érdekeltség azonban mindvégig a Società Generale Immobiliare óriásvállalat, Olaszország legnagyobb építőipari vállalata maradt. Az Immobiliare révén a Vatikán

Olaszország legnagyobb kiterjedésű szállodaláncai egy részének is tulajdonosa lett, ilyen volt a római Hilton, az Alberghi Ambrosiani, a Compagnia Italiana Alberghi Cavalieri vagy az Italo-Americana Nuovi Alberghi. A vállalat azt is lehetővé tette a Vatikán számára, hogy pénzügyi befolyását a nyugati világrész távolabbi területeire is kiterjessze. Az Immobiliare Párizsban irodaépületeket és üzletközpontokat épített a Champs-Élysées-n, a Rue de Ponthieu-n és a Rue de Berry-n. Kanadában a vállalat tulajdonában áll a montreali Értéktőzsde Torony – a világ egyik legmagasabb felhőkarcolója –, a Port Royal torony, egy 224 lakásos épületegyüttes és egy nagy lakópark Greensdale-ben, Montreal külvárosában. Az óriásvállalat Mexikóban a főváros egy teljes peremkerületét – Lomas Verdest – megszerezte, az Egyesült Államokban pedig öt nagy lakópark – köztük a később hírhedtté vált Watergate Hotel – birtokosa lett Washingtonban. Ezenfelül pedig több szálloda és irodaépület is az egyház tulajdonában állt New York-ban, valamint egy 310 ezer négyszögölös lakópark a New York állambeli Oyster Bayben.[23] A Vatikán ingatlantulajdonainak részletesebb listája egy külön kötetet igényelne.

Ingatlanain túl a Vatikán 1968-ra meghatározó részvénytulajdonos lett olyan meghatározó amerikai vállalatokban, mint a Shell Oil, a Gulf Oil, a General Motors, a General Electric, a Bethlehem Steel, az IBM és a TWA. Ezeknek a cégeknek a részvényárfolyamait olyan férfiak befolyásolták, mint Nogara, XII. Pius és mindenkori hivatali utódaik.[24]

A „külföldi" befektetések ugyan rendkívül jövedelmezőek voltak, az egyház vagyona mégis alapvetően Itáliában maradt, ahol a kormány védelmet és adómentességet biztosított az így tiszta nyereséget termelő vállalkozásoknak, és ahol a Kereszténydemokrata Párt megválasztott tisztviselői elfogadták Szent Péter utódjának az iránymutatásait.

Miközben egyháza mérhetetlen gazdagságot szerzett, XII. Pius éteri magasságokba emelkedett, és szentekre jellemző attribútumokat öltözött magára. Boldoggá avatási feljegyzései szerint az egyházfő éjszakánként nem aludt négy óránál többet, megtagadta magától az egyszerű élvezeteket is, és számtalan órát töltött az Úrral való párbeszédben, „mintha egy hegycsúcson tartózkodna". Későbbi éveiben XII. Pius azt is állította, hogy hálószobája magányában Jézus Krisztustól különleges látogatásban volt része.

Különleges kegyességének bizonyítására XII. Pius egy dokumentumfilm elkészítésére adott megbízást, amelyet a világ filmszínházaiban szándékozott levetíttetni. A *Pastor Angelicus* című film „a pápa mindennapjait" volt hivatott bemutatni, valamint azt igyekezett bizonyítani, hogy az egyházfő betöltötte a 12. századi ír szerzetes, Szent Malakiás próféciáját, mely szerint Szent Péter kétszázhatvankettedik utódja „angyali pásztor" lesz. A film nyitó képsorain XII. Pius látható, amint egy bárányt visz a vállaira vetve. A továbbiakban a pápa a Vatikán márványfolyosóin suhan át, fehér uszályban – akár egy „szent szellem" –, miközben bíborosok és más főpapi méltóságok térdet hajtanak és meghajolnak előtte. A következő kockákon az olasz királyi család látható: a király és a hercegnők térdre esnek a pápa előtt és megcsókolják a gyűrűjét, e látványos gesztussal elismerve a világi uralkodók fölötti hatalmát. Egy további jelenet során az egyházfő rózsafüzért és liliomokat szorongató elsőáldozó leánykák egy csoportját fogadja, hogy áldó kezét kiterjessze föléjük. XII. Pius ragyogó fehér reverendája a törtfehér áldozóruhák között azt üzente, hogy a *pastor angelicus* a tisztaság kútfője.[25]

A pápai szentség auráját tovább erősítették XII. Pius különleges fizikai tulajdonságai. John Guest író, miután az egyházfő fogadta, kifejezte csodálkozását a pápa természetfölötti illata miatt. „Nem földi értelemben vett szag volt – próbálta szavakba önteni élményét az író –, nem volt édes vagy bárhogyan is izgató. Egy hűvös, rendkívül tiszta illat volt, a kora hajnali harmat csodás aromájához hasonló, amelyet majdhognem úgy is le lehetne írni, hogy a jelenlétében az összes többi illat hirtelen megszűnik. Talán a képzelet játéka volt csupán, talán csak az érzékszervek együttes idegi hatása az orra, amikor minden más érzék erős ingert kap... de talán, meglehet, a valódi és igazi szentség illatát éreztem." Guest láthatólag nem tudott róla, hogy Pasqualina nővér, a pápa ápoló- és házvezetőnője egy fertőzésgátló oldattal rendszeresen bekente az egyházfő kezét és zsebkendőjét, hogy megőrizze az emberi érintkezések során elkapható bacilusoktól.[26]

A mindentudás határait súroló, természetfölötti eredetű ismereteit XII. Pius azzal szemléltette, hogy látogatók csoportjainak témakörök széles választékában tartott előadásokat: fogápolási technikák, talajtorna, repüléstan, filmipar, filozófia, mezőgazdaság, lélektan, orvostudomány, hírközlés, de még nőgyógyászat is terítékre kerültek. Amikor például T. S. Eliot irodalmi Nobel-díjas költő, drámaíró és irodalomkritikus magánkihallgatáson jelent meg előtte, a pápa a kortárs irodalmi áramlatokról tartott neki kiselőadást.[27]

Abbéli igyekezetében, hogy különleges nyelvtehetségnek tűnjön, a pápa rövid, de annál elegánsabb beszédeket magolt be angolul, dánul, hollandul, svédül, oroszul, spanyolul és portugálul, amelyeket rendszeresen elismételt, valahányszor előkelő látogatókat fogadott, jóllehet csak olaszul, franciául és valamicskét németül tudott folyékonyan beszélni. Az évek során szavalatai változatlanok maradtak, még amikor ugyanazokat a vendégeket fogadta is.[28]

1958. október 9-én XII. Pius elhunyt. Utolsó útjáról a *L'Osservatore Romano* úgy emlékezett meg, mint amely „a legnagyobb temetés volt Róma hosszú történelmében, amely felülhaladta még Julius Caesarét is". A Szent Péter-bazilikában tartott felravatalozás ennek ellenére szégyenletesen alakult, mivel is a néhai pápa háziorvosa által szakszerűtlenül tartósított holttest idő előtt rothadásnak indult az őszi melegben. Az elhunyt arca előbb zöldesszürke, majd bíbor árnyalatot vett fel. A közszemle akkor vált végképp tarthatatlanná, amikor a bazilikát az erjedés émelyítő szaga kezdte belengeni, olyannyira, hogy az egyik gárdista ájultan esett össze. A koporsóra ekkor már kénytelenek voltak ráhelyezni a kristályfedelet, így a hívők a hagyománytól eltérően nem csókolhatták meg a néhai egyházfő talpát. Utolsó megaláztatásként a pápa elfeketedett orra néhány órával a végső nyugvóhelyére vitel előtt leesett az arcáról.[29] Némelyek mindebben szimbolikus üzenetet láttak: Krisztus teste – amelyet helytartója jelenített meg – sajnálatos bomlásnak indult.

Mintha csak a pápát ért gyalázat ellen akart volna tiltakozni, Bernardino Nogara néhány héttel később Rómában szintén elhunyt. A kimagasló vatikáni pénzember elköltözése kevés sajtóvisszhangot kapott. Sok tudósító a Vatikánban betöltött hivatala és egyházi státusza felől is bizonytalan volt. Némelyek kiváló prelátusként méltatták. Kevesen tudták róla, hogy világi hívő volt, aki építésznek tanult, legfőbb művének azonban nem egy épületet vagy hidat, hanem egy hatalmas pénzügyi komplexumot tartott – a „Vatikán Részvénytársaságot".

8

A RÓZSASZÍN PÁPA

A hívők sokaságának pedig szíve-lelke egy volt; és senki semmi vagyonát nem mondta magáénak, hanem mindenük közös volt. És az apostolok nagy erővel tettek bizonyságot az Úr Jézus feltámadásáról; és nagy kegyelem volt mindnyájukon. Mert szűkölködő sem volt őközöttük senki; mert valakik földek vagy házak birtokosai voltak, eladván, elhozták az eladottak árát, és letették az apostolok lábainál: aztán elosztatott az egyesek közt, amint kinek-kinek szüksége volt.

Apostolok Cselekedetei, 4:32—35

A XI. és XII. Pius, valamint Bernardino Nogara által nagy gonddal felépített birodalmat csaknem teljesen romba döntötte Angelo Roncalli bíboros, aki XXIII. János néven lépett trónra. A földművelő családból származó Roncalli sokak számára jelenített meg – ahogy Nyikita Hruscsov leánya rámutatott – „egy eredeti szocialistát, akinek kezei egy igazi paraszt kezei".[1] Roncalli

1892-ben, tizenegy évesen kezdett tanulni egy alsó tagozatos papneveldében, tizenkét évvel később pedig pappá szentelték. Segédlelkészi szolgálata után 1918-ban kinevezést kapott, hogy a Lateráni Pápai Egyetemen egyháztörténetet oktasson. Később a kommunistákkal való rokonszenvezése és modernista nézetei – mint például a katolikusok és nem katolikusok közötti „vegyes házasságok" pártolása – miatt eltiltották a katedrától. A baloldali vonzalmai miatt „rózsaszín papnak" elnevezett Roncalli ezután levélmásoló lett a szentszéki Keleti Kongregációnál, egy napon azonban megbízást kapott, hogy apostoli vizitátorként utazzon Bulgáriába – amely pozíciónak előfeltétele volt püspöki felszentelése.[2]

A II. világháború végeztével Roncallit pápai nunciusként Párizsba küldték, ahol szoros barátságba került Vincent Auriollal, a negyedik Francia Köztársaság első elnökével, Maurice Thorezval, a Francia Kommunista Párt elnökével és Édouard Herriot-val, a Radikális Párt vezetőjével. Thorez lelkes beszámolót küldött a Kremlbe a pápai nunciusról. Roncalli kiváló prelátus – írta Thorez a szovjet tisztviselőknek –, jobban átlátja a marxizmust, mint maguk a marxisták, és ha a Kommunista Párt nem a militáns ateizmus programját támogatná, ő lehetne a legjobb „keresztény elvtárs" a római katolikus egyházban.[3]

1948-ban, amikor a XII. Pius megfenyegette a kommunistabarát egyházi méltóságokat, Roncalli – aki akkor éppen a Vatikán első állandó ENSZ-megfigyelője volt – már közeli kapcsolatba került Palmiro Togliattival és az Olasz Kommunista Párt más tagjaival. Miután XII. Pius 1954-ben elítélte és általános tilalommal sújtotta a „munkáspapokat", Roncalli magánkihallgatáson tiltakozott az egyházfőnél, majd pedig arra bátorította a kommunizmust pártoló lelkészeket, hogy maradjanak meg politikai tevékenységükben, de „ne vállalják fel túl nyíltan" a baloldali irányultságukat. A „rózsaszín pap" viselt ügyei fölött ekkor már nem lehetett elsiklani, különösen miután Togliatti tájékoztatta a szovjet pártvezetőket: Roncalli „ideális ember" lenne arra, hogy az egyház és a kommunizmus között „munkamegegyezés" alakulhasson ki.[4]

1954-ben Della Torre gróf, a *L'Osservatore Romano* vatikáni újság szerkesztője figyelmeztette XII. Piust, hogy Roncalli a kommunistákkal rokonszenvez. A „feketenemesség" más tagjai hasonló aggodalmuknak adtak hangot.[5]

Roncalli az FBI és a CIA figyelmét sem kerülte el. A hírszerző ügynökségek vaskos dossziékat állítottak össze a személyi adatairól és tevékenységéről, ahogy más vatikáni „karrieristákról" is, mint Giovanni Battista Montini *monsignore,* a későbbi VI. Pál.

John Foster Dulles amerikai külügyminiszter és Allen Dulles CIA-igazgató ösztönzésére Francis Spellman bíboros, New York-i érsek találkozott XII. Piusszal, hogy bizalmas információkat „szivárogtasson ki", és kérje a Vatikántól Roncalli eltávolítását. A két férfiú egyetértett abban, hogy a menesztést tapintatosan és diplomatikusan kell véghezvinni. XII. Pius eleget tett a kérésnek: Roncallit a bíborosi kollégiumba emelte, és a velencei patriarchátushoz helyezte át, hogy a hetvenkét éves, felfelé buktatott bajkeverő püspök élete hátralévő éveiben „pasztorációs munkával" foglalja el magát.[6] Szintén a találkozó eredményeként Giovanni Montini *monsignorét,* az államtitkári poszt reményteli várományosát felmentették helyettes államtitkári kötelezettségei alól (mely címet pedig külön az ő számára vezették be), és a Vatikánból a milánói érsekség élére távolították el. A tény, hogy XII. Pius nem érezte szükségét a bíborosi cím felkínálásának egy olyan érseki hivatal mellé, ami pedig általában ezzel jár együtt, a kegyvesztett államhivatalnok számára vajmi kevés reménnyel kecsegtetett arra, hogy valaha is bíbor színű birétum fog a fejére kerülni.

XII. Pius Giuseppe Siri bíboros személyében jelölte meg azt a *papabilist,* akit utódjául óhajtott.[7] Siri keményvonalas antikommunista, az egyházi tantételek terén pedig meg nem alkuvóan hagyománypárti volt, azonkívül dörzsölt hivatalnok, aki Bernardino Nogarától kapott személyes „kiképzést" a vatikáni pénzügyek útvesztőiben való eligazodásra. Siri ezenfelül a „Pentagon" elnevezésű bíborosi csoport tagjaként is számon tartották, amely rajta kívül Canali, Pizzardo, Mucara, Ottaviani, Mimmi és Spellman bíborosokból tevődött össze. Ugyanakkor kevesen tulajdonítottak különösebb jelentőséget egy „megújítónak" vagy „Pentagon-ellenesnek" nevezett csoport körvonalazódásának, amely Wyszyński lengyel prímásból, Garcias indiai bíborosból, a francia kardinálisokból, Lercaro bíbornokból – és Roncalli velencei patriarchából állt. A „megújítókat" aggodalommal töltötte el XII. Pius rendszerének merevsége, különösen a döntéshozatali hatalomnak a pápa kezében való centralizálása, az egyházreform megkezdésének állandó elodázása, és a keresztes hevületű antikommunizmus, amely ekkor már szkizmával fenyegetett a nyugati és a keleti blokk nemzeti egyházai között.

1958-ban, amikor a pápaválasztó konklávé mögött bezárultak a Sixtusi kápolna kapuszárnyai, titokzatos események vették kezdetüket. A harmadik szavazáson Siri bíboros – az FBI értesülései szerint – elnyerte a szükséges mennyiségű szavazatot, és XVII. Gergely néven pápává választották.[8] Fehér füstpamacsok csaptak fel a kápolna kéményéből, hogy hírül adják a hívőknek az új pápa megválasztását. Az örvendetes eseményről este hat órakor számolt be a Vatikáni Rádió. „Fehér füst szállt föl – jelentette be a közvetítő. – Semmi kétség sincs tehát: megválasztották az új pápát."[9] A palotaőrségnek és a svájci gárdának riadókészültséget rendeltek el. A testőröket gyülekezőre rendelték a laktanyából, majd arra kaptak parancsot, hogy vonuljanak a Szent Péter-bazilikába az egyházfő nevének kihirdetésére. Ezrek sereglettek az apostoli palota ablakai alá, várva, hogy az új pápa megjelenjen és áldásában részesítse híveit.

Az új pápa viszont késett az áldással. Többen már azt is vitatni kezdték, hogy a füst tényleg fehér volt, vagy pedig szürke. Azzal a céllal, hogy eloszlasson mindenféle kételyt, Santaro *monsignore,* a bíborosi konklávé titkára tájékoztatta a sajtót, hogy a füst, amit láttak, fehér volt, és az új pápát igenis megválasztották. A várakozás tehát folytatódott. Estére a Vatikáni Rádió bejelentette, hogy az eredmény továbbra is bizonytalan. 1958. október 27-én a Houston Post szalagcíme már így szólt: „A bíborosok négy szavazás után sem tudták megválasztani a pápát. A félrevezető füstjelek miatt téves híradások röppentek fel."[10]

A híradások ezzel szemben helyesek voltak. Az FBI forrásai szerint Siri a negyedik szavazás során ismét elnyerte a szükséges szavazatszámot, és ezzel a pápaválasztás a javára dőlt el. A francia bíborosok viszont semmissé tették az eredményt, azzal az indokkal, hogy Siri megválasztása zavargások kirobbanásához és püspökök elleni merényletekhez vezetne a vasfüggöny mögötti területeken.[11]

A bíborosok megegyeztek, hogy az agg Federico Tedeschini bíboros személyében választanak „átmeneti pápát", Tedeschini azonban túlságosan beteg volt, hogy elfogadja a felkérést.

Végül a szavazások harmadik napján Roncalli megkapta a kellő támogatást, hogy XXIII. János lehessen. A konzervatív bíborosok számításai szerint a hetvennyolc éves Roncalli már túl idős volt ahhoz, hogy kárt okozhasson a Vatikán működésében, és elég csak lesz kivárniuk, amíg a „fő templomgondnok" szerepkörében „elvegetál" a következő konklávéig. Tévedtek.

XXIII. János pápa első hivatali lépéseként bíborossá avatta a szintén „megújító", és ezért Észak-Itáliába száműzött Giovanni Battista Montini érseket. A következő körben további huszonhárom bíborost kreált, hogy az „ultráknak" (ahogy ő nevezte a régi gárdát) esélyük se legyen a Vatikán fölötti ellenőrzés visszaszerzésére. Az általa kinevezett bíborosok közül többen baloldaliságukról voltak ismertek, sok másik pedig a harmadik világ országaiból származott.[12] „Ez nem pápa. Ennek banánt szabadna csak árulnia" – adott hangot új főpapja iránti megvetésének Spellman bíboros, miután hazatért a konklávéról az Egyesült Államokba.[13]

XXIII. János nekiállt, hogy eltakarítsa mindazokat, akik XII.

Piushoz kötődtek. Pasqualina nővér – aki több mint harminc éve viselte gondját XII. Piusnak – felszólítást kapott, hogy néhány órán belül ürítse ki lakosztályát a pápai palotában. A „pestises patkányok" – a jezsuiták, akik kiemelt szerepet kaptak XII. Pius tizenkilenc évi uralma alatt – úgyszintén röpültek. Della Torre grófot, aki a hivatalos vatikáni lap, a *L'Osservatore Romano* szerkesztőjeként szolgálta az előző pápát, kitették az állásából, és arra kapott megbízást, hogy a Vatikáni Könyvtárban dolgozzon, ahol a katalógusszekrények között tengette hátralévő napjait, „céltalanul bolyongva, mint egy vissza-visszatérő, nosztalgikus kísértet".[14] XII. Pius két unokaöccsét, a Vatikán Bank igazgatóit pedig arra kényszerítették, hogy egyezzenek bele idő előtti nyugdíjazásukba.

XXIII. János a továbbiakban előbb a szocialistákkal, majd a kommunistákkal kezdeményezett párbeszédet, biztosítva őket, hogy támogatja a szociális reformokat, és be is tartotta a szavát. 1961 májusában kiadta *Mater et Magistra* című, hamar híressé vált enciklikáját, amely XIII. Leó pápaságától a hidegháborúig áttekintette a katolikus társadalmi tanítás fejlődését. Egyházát egyetlen tollvonással a baloldali mozgalmárok oldalára állította, amikor amellett érvelt, hogy az egyháznak a társadalmi változás és a gazdasági reform élcsapatának kell lennie. A tradicionalistákat azzal is sokkolta, hogy lándzsát tört a „szocializáció" folyamata mellett, és az osztálykülönbségek ledöntésére, igazságos vagyonelosztásra, valamint a szegénység felszámolására szólított fel.[15] Egyesek számára körlevele egy katolikus Kommunista Kiáltvánnyal ért fel. „Az még elmegy, hogy *Mater*, de hogy még *Magistra* is!" – dohogott William F. Buckley New York-i konzervatív író. Két évre rá XXIII. János egy még radikálisabb enciklikát bocsátott ki *Pacem in Terris* címmel, amely a katolikusok és a kommunisták közötti rendezésért szállt síkra, miközben a marxista dialektikát a keresztény tanokhoz próbálta idomítani.[16] A körlevél szellemében a pápa a Vatikánba invitálta Nyikita Hruscsovot, és magánkihallgatáson fogadott több szovjet tisztviselőt is, köztük az *Izvesztyija* főszerkesztőjét.

Intézkedései a világ minden táján éreztették hatásukat. A kereszténység és a marxizmus fúziójából Latin-Amerikában jött létre a felszabadítási teológia, amely az Egyesült Államoktól délre mindenütt veszélybe sodorta a társadalmi rendet.

Egy sajtóinterjú közben XXIII. János felkelt, kinyitotta dolgozószobája egyik ablakát, és közölte a riporterekkel: elhatározta, hogy ökumenikus zsinatot hív egybe, hogy friss levegőt engedjen a „fullasztóan szűk keretek közé zárt" római katolikus egyházba.[17] A szinódus, amely II. vatikáni zsinatként vonult be a történelembe, ősi hagyományok feloldását, a kánonjog lazítását és a latin liturgia népnyelvire váltását eredményezte. Mindez az idős pápa által *aggiornamentó*nak, „korszerűsítésnek" nevezett program jegyében történt. „Nem arra születtünk, hogy múzeumi teremőrök legyünk – mondta egy ízben kúriai tisztségviselők előtt –, hanem hogy az élet virágzó kertjét gondozzuk."[18] A „fő templomgondnok" által elindított forradalom olyan elsöprő erejűvé vált, hogy egy előkelő egyházi méltóság így panaszkodott: „Négy év alatt romba dőlt négy évszázad történelme és a tridenti zsinat minden vívmánya."[19]

XXIII. János – ellenfelei számára – legkellemetlenebb újítása mégis az volt, hogy megvonta az anyagi támogatást a Kereszténydemokrata Párttól. Olaszország politikai struktúrája hirtelen átalakulásnak indult. Annak érdekében, hogy megtartsák a kormányzati pozíciót az egyre növekvő befolyású kommunistákkal szemben, a kereszténydemokraták az *apertura alla sinistra,* „baloldali nyitás" néven megjelölt politikai manőver során koalícióra léptek a szocialistákkal.[20] A nyitás az új kereszténydemokrata pártvezető, Aldo Moro kormányát segítette hatalomra. Moro Pietro Nennit, a Szocialista Párt idős elnökét jelölte ki miniszterelnök-helyettesnek.

1963-ra a Moro-kormány rákényszerült, hogy szövetségre lépjen Luigi Longo kommunista pártvezérrel. A római katolikus egyház ezzel elveszítette az ellenőrzését az olasz kormány fölött, az új minisztertanács pedig arra készült, hogy felülvizsgálja és korrigálja Mussolini konkordátumának pontjait. A „Vatikán Részvénytársaság" számára ezért XXIII. János összes reformja közül a Kereszténydemokrata Párt finanszírozásának beszüntetése bizonyult a legjelentősebb változásnak. A lépés ugyanis nem csupán az olasz kormány „baloldali nyitását" előtt készítette elő, hanem minden fejlemény közül is a legveszedelmesebbiket: az Anyaszentegyház nászát a maffiával.

9

MONTINI UTOLSÓ SZALMASZÁLA

Ekkor a farizeusok elmenvén, tanácsot tartottak, hogy szóval ejtsék őt tőrbe. És elküldték hozzá tanítványaikat a Heródes-pártiakkal, akik ezt mondták: „Mester, tudjuk, hogy igaz vagy és az Isten útját igazán tanítod, és nem törődsz senkivel, mert embereknek személyére nem nézel. Mondd meg azért nekünk, mit gondolsz: Szabad-e a császárnak adót fizetnünk, vagy nem?" Jézus pedig ismervén az ő álnokságukat, mondta: „Mit kísértgettek engem, képmutatók? Mutassátok nekem az adópénzt." Azok pedig odavittek neki egy dénárt. És mondta nekik: „Kié ez a kép és a felírás?" Mondták néki: „A császáré." Akkor mondta nekik: „Adjátok meg azért, ami a császáré, a császárnak; és ami az Istené, az Istennek."

Máté evangéliuma, 22:15—21

Az idős XXIII. Jánost gyógyíthatatlan rákbetegség ragadta el 1963-ban. A pápa azonban addigra már, miután minden

117

szükséges óvintézkedést megtett, nehogy szent hivatala a „reakció-
sok" karmai közé kerüljön, a bíborosi kollégiumot olyan „megújí-
tókkal" dúsította fel, akik most a kollegialitás elvéért – a püspö-
köknek az egyház irányításába való bevonásáért – szálltak síkra, és
a cél érdekében Giovanni Montini milánói érseknek egyengettek
utat a pápai trónus felé.

Montini sok mindennek elmondható volt, csak éppen radi-
kálisnak nem. Szelíd természetű, tapintatos, finom ember volt,
ugyanakkor a kötelezettségeiben rendkívül szorgalmas is. Miután
VI. Pál néven elfoglalta hivatalát, az egész világot beutazta. Gyak-
ran előfordult, hogy kilenc beszédet is tartott egyetlen nap alatt, és
több mint egymillió látogatót fogadott évente. Mindenki számára
elérhető volt, beleértve a sajtó képviselőit is, akiknek még a szexua-
litást firtató kérdéseire is válaszolt: egy alkalommal például nyíltan
megmondta egy kíváncsi riporternek, hogy nem homoszexuális.

Amikor viszont XXIII. János halálhírét bejelentették, a gondo-
lat, hogy Montini a legesélyesebb *papabilis,* borzadállyal töltötte el
a „régi gárdát" – az amerikai Külügyminisztériumról nem is beszél-
ve. Az Eisenhower-kormányzat idején Allen Dulles CIA-igazgató,
John Foster Dulles külügyminiszter fivére vaskos kartotékot gyűj-
tött egybe Montiniről, amely két színnel, vörössel és feketével volt
megjelölve: ezzel tüntették fel, hogy a megfigyelt személy marxis-
ta-szimpatizáns, valamint fenyegetést jelent a hatalmi egyensúlyra.[1]
Az aktakupac szerint Montini – még a helyettes államtitkár poszt-
ján – titkos sürgönyt intézett Sztálinhoz. A sürgöny tartalma soha-
sem került napvilágra, mint ahogy az sem, hogy Montini önállóan,
vagy felettese, XII. Pius kívánságára járt-e el. A szovjet diktátorral
való kapcsolatfelvételével mégis magára vonta az amerikai állam-
biztonsági szervek hivatalnokainak megkülönböztetett figyelmét.[2]
Ezek aggodalma tovább erősödött Sztálin halála után, amikor
Montini – most már bizonyítottan önszántából – levelet küldött
Mao Ce-tung, a Kínai Népköztársaság elnöke részére, amelyet az-
tán kibontatlanul küldtek vissza a feladónak.

Montini egyéb „botlásai" is rossz fényt vetettek rá; ilyen volt 1938-ban, a spanyol polgárháború alatt a kommunista csapatoknak nyújtott támogatása, valamint az arról szóló értesülések, hogy 1941-ben figyelmeztette a Kremlt: Hitler egy keleti invázióra tesz előkészületeket.[3]

Montini politikai vonzalmai végül 1954-ben a Vatikánból való elbocsátásához, és milánói „száműzetéséhez" vezettek, ahol az érseknek kegyvesztettsége miatt nem volt lehetősége bekapcsolódni a vatikáni ügymenetbe, sem esélye a bíborosi kollégiumba való felemelkedésre. A rózsaszín pápa viszont mindezt megváltoztatta. Visszahívta a „száműzöttet", aki még a korábban oly elérhetetlen távolba került bíborföveget is megkapta. A CIA-t nyugtalanította az 1963. évi pápaválasztás várható kimenetele, és megpróbálta Siri bíboros megválasztását támogatni, akit a hírszerző ügynökség előnyösebb jelöltnek talált. Egy amerikai bíboros aprócska rádió-adó-vevőt kapott, hogy a konklávé fejleményeit továbbítsa a Virginia állambeli Langley-ba. Június 21-én a CIA-központban Montini megválasztásáról hamarabb értesültek, mint hogy a fehér füstpamacsok felszálltak volna a Sixtusi kápolna kéményéből: a konklávét „bepoloskázták".[4]

A CIA aggályai nem bizonyultak alaptalannak. A VI. Pál pápává lett Montini radikálisabbnak és „haladóbbnak" bizonyult még hivatali elődjénél is. *Populorum progressio* kezdetű enciklikájában az új pápa elítélte a kapitalizmust és a világgazdaságnak a szabadkereskedelemre való alapozását. „A jómódú országok vagyoni feleslegét a szegény nemzetek szolgálatába kellene állítani – fogalmazott a körlevél. – Annak a szabálynak, amely mostanáig csak a hozzánk legközelebb állókra volt érvényes, mától minden szükségben levőre nézve érvénybe kell lépnie. Ennek maguk a gazdagok lesznek az első számú haszonélvezői. Máskülönben kapzsiságuk bizonyosan Isten ítéletét és a nélkülöző nemzetek haragját váltaná ki, ami beláthatatlan következményekkel járna."[5] A továbbiakban a szerző a haszonszerzés indítékát és a magántulajdon intézményét is elítéli, amelynek megléte „senki számára sem abszolút és feltétel nélküli jog."[6] Az enciklika kibocsátásakor a *Wall Street Journal* „túlhevült marxizmusként" utasította el a pápai dokumentumot.[7] Egyesek szerint a pásztorlevél csöpögött a képmutatástól: ha „a jómódú országok vagyoni feleslegét a szegény nemzetek szolgálatába kellene állítani", mi legyen a jómódú egyház vagyoni feleslegével? Mi akkor a teendő a Vatikán Bank páncéltermeiben elhelyezett temérdek vagyonnal?

VI. Pál tettei még a szavainál is nagyobb port vertek fel. Támogatást nyújtott Fidel Castro Kubájának, és szabad kezet adott a marxista püspököknek és papoknak Amerikában, Európában és Afrikában. Ugyanakkor visszautasította, hogy akár egy szóval is tiltakozzon a litván katolikusoknak a Szovjetunióban elszenvedett üldöztetése vagy a magyarországi, romániai és csehszlovákiai hívők elnyomása, és a kubai politikai foglyokkal való bánásmód ellen.

A kommunizmus szószólójaként fellépő VI. Pál nyilatkozataiban az egyház már nem az „Isten királysága" *(Regnum Dei),* hanem „Isten népe" *(Populus Dei)* megjelölést kapta. Az új meghatározás arról is árulkodott, hogy a pápa szemében a római katolikus egyház nem volt többé Jézus Krisztus egyedül üdvözítő egyháza. A meghatározás legalizálta a vallási pluralizmus elfogadását, és tartózkodásra intett bármiféle térítői vagy missziós tevékenységgel szemben. VI. Pál jelentősen hozzájárult, hogy elterjedjen a felfogás, mely szerint mindenki maga döntheti el, miben és hogyan hisz. Az egyháznak, „Isten népének" szerepe mindössze abban állt, hogy a tömegek társadalmi igényeit kiszolgálja, és a természetes szükségeiben segítségére siessen.

VI. Pál azonban mégsem volt forradalmi alkat, mint elődje, aki gyors döntéseket hozott, és azonnali reformokért lépett fel. Az új pápa napokig fontolgatott egy-egy kérdést, és habozásával gyakran mulasztott el nagy lehetőségeket, amiért nem lépett időben a tettek mezejére. Így történt a német területeken kibontakozó teológiai válság kezelése, és a közel-keleti konfliktus értékelése kapcsán is. Személyében szokatlanul döntésképtelen férfiú ült a pápai trónuson, akire a vatikáni tisztviselők egy idő után a „hamleti" jelzőt ragasztották.[8]

A pápa ezenfelül gyakran ellentmondásosnak mutatkozott. A „minden népek egyházáról" hangoztatott álláspontja ellenére VI. Pál megtartotta hivatalának hatalomelvű felfogását. Az 1962-es zsinati ülésen határozottan kiállt az egyházi hierarchia piramisszerű elrendezése mellett, és hangsúlyozta a pápai vezetésnek a püspököktől és az egyháztól való függetlenségét, döntési és cselekvési szabadságát. Ezzel a pápa feltartóztatta a kollegialitás, az egyházvezetés demokratizálása érdekében tett erőfeszítéseket. Vatikáni megfigyelők képtelenek voltak felfogni, hogyan lehet az egyházfő ilyen „haladó" a politikai, és ugyanakkor ilyen maradi az igazgatási kérdésekben.

Sajátos konzervativizmusa leginkább a *Humanae vitae* 1968-as kibocsátásakor mutatkozott meg. Az enciklika előkészületei során a pápa senkivel sem tanácskozott, még annak a bizottságnak a tagjaival sem, amelyet XXIII. János éppen a születésszabályozás által felvetett kérdések vizsgálatára állított fel. Egyszemélyi döntést hozott, méghozzá olyan szellemben, mintha az alig három évvel azelőtt lezárt II. vatikáni zsinat soha meg sem történt volna. A *Humanae vitae* nem csak az abortuszt és a sterilizálást ítélte el, hanem minden, „a szexuális érintkezés előtt, közben vagy után végzett tevékenységet is, melynek célja a gyermeknemzés megelőzése".[9]

A pápát készületlenül érte a körlevél által kiváltott felzúdulás. A brit *Guardian* „a modern kor egyik legvégzetesebb melléfogásának" ítélte meg a pásztorlevelet.[10] Az *Economist* így írt: „Jóllehet várhatóan ezután is heves viták középpontjában fog állni, az enciklikát kritikusai már most olyan alaposan szétboncolták, hogy néhány nappal a kibocsátása után egy szikrányi élet sem maradt benne."[11] Még a *The Tablet* című katolikus hetilap is követelte a választ: „Hol van az az újszerű és mélyebb átgondoltság, amire az egyház ígéretet kapott?"[12]

Mintha maga a pokol szabadult volna el VI. Pál ellen. A pápának, aki a „népek egyházáról" értekezett, ahol mindenki szavának azonos súlya van, most minden irányból támadásokat kellett hárítania: Montini autonómiát követelő püspökökkel, pappá szentelésüket sürgető apácákkal, házasodni kívánó papokkal, a szentségek kiosztására való felhatalmazást szorgalmazó világiakkal, tudományos szabadságért fellépő teológusokkal, valamint az egyház elfogadását számon kérő homoszexuális és elvált hívőkkel találta magát szemben. Az „új nép" szabadjára lett engedve a „régi egyház" ellen, a pápának pedig nem volt védelme vele szemben. Az újabb és újabb követelések hallatán egyre gyakrabban könnyekben tört ki.

Ekkor azonban újabb, sokkalta súlyosabb válsághelyzet alakult ki, amely mellett a pápa szemében az Anyaszentegyházzal járó minden más bosszúság és vesződség eltörpült. 1969-ben a kereszténydemokraták, a szocialisták és a kommunisták koalíciójából fennálló olasz kormány úgy határozott, hogy érvényteleníti Mussolini 1929-es konkordátumát, amely szavatolta a Vatikán összes olaszországi érdekeltségének adómentességét. A Vatikánra ezek után ugyanaz a bánásmód várt, mint bármely más üzleti vagy pénzügyi szervezetre. VI. Pál belesápadt a kilátásokba: az adótartozást ekkoriban 720 millió dollárt meghaladó összegre becsülték.[13] A Szentszéknek immár nemcsak az egyházban elharapódzott lelki zűrzavarral, hanem anyagi összeomlással is szembe kellett néznie. Az egyházfő rákényszerült, hogy belekapaszkodjon az utolsó szalmaszálba. Kapcsolatba lépett Michele Sindonával, a szicíliai maffia bankárával.

VI. Pál még milánói érsekként ismerkedett meg a pénzemberrel, amikor 1959-ben megpróbált előteremteni 2,4 millió dollárt a Casa della Madonnina, egy idősotthon számára. Sindona előállt, és egyetlen nap leforgása alatt megszerezte a szükséges összeget. A pénz egyrészt maffia-üzletemberektől származott, akik már várták az alkalmat, hogy munkakapcsolatba léphessenek a Szentszékkel, másrészt pedig – bármily különös is – a CIA-től. Victor Marchetti CIA-tiszt tizenkét évvel később nyilvánosságra hozta, hogy az amerikai hírszerzés igencsak mélyen belebonyolódott a római katolikus egyház parokiális ügyeibe: „Az '50-es és '60-as években a CIA a katolikus egyház számos tevékenységét támogatta pénzzel, árvaházaktól egészen a missziós térítőmunkáig. Minden évben dollármilliókat osztottak szét számos pap és egyházi méltóság között. Egyikük Giovanni Battista Montini bíboros volt. Lehetséges egyébként, hogy Montini bíborosnak fogalma sem volt róla, honnan származik a pénz. Talán abban a hitben élt, hogy az egyház barátaitól."[14]

Sindona 1969 tavaszának egy késő éjjelén jelent meg a pápa magán-dolgozószobájában, az apostoli palota negyedik emeletén. Az alacsony, karcsú és finom modorú *mafioso* kifogástalan szabású tengerészkék öltönyt, fehér inget, arany mandzsettagombokat és selyem nyakkendőt viselt. Friss és magabiztos benyomást keltett. A pápa ülve fogadta. Teste kissé meggörnyedt; törődöttnek és betegesnek tűnt. Az egyházfő nem nyújtotta Sindona elé csókra a kezét, ehelyett régi barátok módján, kezet rázva üdvözölték egymást.

„Van egy súlyos gondom – kezdte VI. Pál, utalva a kormánydöntésre, amely megfosztotta a Vatikánt a mindaddig élvezett adómentességétől. – Ha a Vatikán megengedné Olaszországnak, hogy megadóztassa a befektetéseit – folytatta –, az jelzés lenne más országoknak is, hogy kövessék az olasz példát, mindaddig, amíg az egyház számottevő vagyona mindenestől elvész. Nincs semmilyen más ügy – fejezte be –, ami ennél nagyobb jelentőséggel bírna."[15]

Sindona válaszában mentő stratégiát javasolt. A Vatikán anyagi javait offshore-cégek hálózatán keresztül ki kell vonni Olaszországból a jól jövedelmező, adómentes eurodollár-piacra. Ez a lépés nemcsak az *omertà* – a szervezett bűnözésben általános cinkos hallgatás – védelmével ruházná fel a vatikáni érdekeltségeket, hanem világos üzenetet adna más országoknak is, hogy a római katolikus egyház erős, és hogy a Vatikán pénzügyeibe való beavatkozás beláthatatlan következményekkel járhat a nemzetgazdaságok számára.[16] A javaslat óriási léptékű vállalkozást vázolt fel, olyan üzleti tranzakciót, amely lehetővé tehette a szicíliai pénzember számára, hogy ellenőrizze a Szentszéki Különleges Hivatal és a Vatikán Bank befektetett tőkeeszközeit.

Miután végighallgatta a javaslatot, VI. Pál egy előre elkészített szöveges megállapodást nyújtott át Sindonának. Az egyezmény szövegében több volt, mint amit a *mafioso* bármikor is javasolni, vagy csak remélni mert volna. A szerződés Sindonát idiomatikus kifejezéssel *Mercator Senensis Romanam Curiam,* „a római kúria sienai kalmárának", azaz bankárának nevezte ki, akinek szabad kezet adott a Vatikán kül- és belföldi befektetési politikája fölött.[17] A megállapodás értelmében Sindonának a Vatikán Bank elnökéül újonnan kinevezett Paul Marcinkus litván származású amerikai érsekkel, valamint Sergio Guerri bíborossal, a Vatikánváros kormányzójával kellett szorosan együttműködnie. A tisztviselők viszont mindössze a tanácsadói lehettek: a megállapodás Sindona egyszemélyi irányítása alá helyezte a Vatikán milliárdjait.

Amikor a maffia bankárja az utolsó oldalra ért, felnézett az olvasásból, és az egyházfőre mosolygott. A pápa már szignálta és lepecsételte a megállapodást. A feltétel nélküli bizalom ilyen magas szintű megnyilvánulását senki sem remélhette volna Krisztus helytartójától.

Miután Sindona is aláírta a dokumentumot, letérdelt a pápa előtt, és ajkaira szorította a Nagy Halász gyűrűjét. VI. Pál áldásában részesítette hívét. A sátán uralmi pozíciót kapott az egyházban.

10

AZ IFJÚ CÁPA

*Ne legyetek hitetlenekkel közös igában; mert szövetsége
van az igazságnak és a hamisságnak? Avagy mi közös-
sége a világosságnak a sötétséggel? És mi egyezsége le-
het Krisztusnak Béliállal? Avagy mi köze hívőnek hi-
tetlenhez, vagy mi egyezsége van Isten templomának
bálványokkal? Mert ti az élő Istennek temploma vagy-
tok, ahogy az Isten mondta: „Bennük lakom, és közöt-
tük járok; és leszek nekik Istenük, és ők az én népem
lesznek."*

Pál 2. levele a Korinthosziakhoz, 6:3—10

Michele Sindona, miután 1942-ben diplomát szerzett a
Messinai Egyetemen adójogból, nagy haszonnal kecseg-
tető üzérkedésbe kezdett a feketepiacon. Palermói amerikai hely-
őrségi kantinokból ellopott, majd pedig Messinába csempészett
élelmiszert és ellátmányt vásárolt fel, amit jövedelmezően lehetett
értékesíteni az éhező lakosság között. Az üzlet megindításához

azonban mindenekelőtt engedélyre volt szüksége. Sindona a messinai érsekhez fordult segítségért, aki bemutatta Vito Genovese maffiafőnöknek.

A széles körben csak Don Vitone néven ismert Genovese Manhattan kábítószer- és emberkereskedelmét irányította Lucky (Salvatore) Luciano maffiafőnök helyetteseként. Genovese és Luciano voltak, akik kitervelték és kivitelezték az amerikai maffiavezér, Joe Masseria, „minden főnökök főnöke" meggyilkolását.[1] Genovese később azért tért haza Szicíliába, mert rá terelődött Ferdinando „Árnyék" Boccia – egy tiszavirág életű amerikai gengszterfőnök – ellen megrendezett alvilági leszámolás gyanúja.[2]

Az egyezség olajozottan működött. Sindona nyereségéből százalékos részesedést juttatott Genovesének, aki cserébe szavatolta az ifjú vállalkozó védelmét és szabad tevékenységét, hogy más maffiózók ne keresztezzék az útját. Sindona nem volt a piac egyedüli szereplője. A szicíliai maffia minden tagja a *capó*któl a legkisebb *picciottó*ig megcsinálhatta a maga szerencséjét. Szinte minden, amit az olaszok a szövetséges megszállás idején ettek, viseltek, elfüstöltek vagy vezettek, amerikai katonai bázisokról származott. „Azt kérdik, honnan származott a vagyonom? – dobta vissza a labdát ügyészeinek Don Luciano Leggio sok évvel később. – Hát a háború utáni feketepiacról. Gondoljanak csak bele! Az ember vehetett egy mázsa búzát 2000–2500 líráért az Élelmezési Tanácstól, amit aztán el lehetett adni 15 ezerért a feketepiacon."[3]

Don Luciano Leggio nem csupán maffia-*capo* volt, hanem az Anonima Sequestri palermói félfasiszta politikai csoport vezetője is. Leggio pártfogásába vette Sindonát és befogadta a bűnszövetkezetébe. A *capó*n keresztül Sindona megismerkedett Agostino Coppola atyával, akit később több vezető olasz üzletember és politikus elrablásáért, valamint egy merénylet kiterveléséért helyeztek vád alá. Coppola katolikus papként nem volt fehér holló a szicíliai maffia soraiban.[4] Szerzetesek és a klérus tagjai rendszeresen kerültek szembe a törvénnyel. 1962-ben négy ferences atyát állítottak bíróság elé összeesküvés, zsarolás és emberölés vádjával, akiket egyenként tizenhárom évi börtönbüntetésre ítéltek.[5] 1978-ban Fernando Taddeit, a Basilicata tartománybeli Sant'Angelo apátság vezetőjét azzal a váddal tartóztatták le, hogy a maffiacsoporttól, amelyhez tartozott, óvadéki letétdíjakat vásárolt fel névértékük 70 százalékáért, majd pedig nyereségét vatikáni pénzintézményeken keresztül mosta tisztára.[6] Az ilyen jellegű pénzmosásra a bűnszövetkezeteknek azért volt szüksége, mert az óvadéki letétek bankjegyeinek számát rögzítették, és így azok könnyen nyomon követhetőek voltak. Sindona már pályafutásának kezdetén megtanulta, hogy a katolikus papi méltóságokra ne csak mint lelkipásztoraira nézzen, hanem mint potenciális bűntársaira is.

1946-ban Sindona Milánóba költözött, ahol adószakértőként és üzleti tanácsadóként nyitott irodát. Mialatt az amerikai tőke a De Gasperi és a Kereszténydemokrata Párt nevével fémjelzett „gazdasági csoda" idején a háború sújtotta Olaszországba áramlott, Sindona arra szakosodott, hogy az olasz adójog szövevényes útvesztőiben befektetőket igazítson el. Tehetséges volt, ambiciózus, azonfelül pedig bármire megvásárolható. Vito Genovesével ápolt barátságából pedig megtanulta az *omertà* fontosságát.

Don Luciano Leggióval kötött társulása révén Sindona a római katolikus egyházzal ápolt kapcsolatok fontosságát is megtanulta. Milánói munkatársai révén barátságba került Amleto Tondini *monsignoré*val, a római kúria egyik tisztségviselőjével. A prelátus húga, mint kiderült, Sindona egyik unokaöccséhez ment férjhez. Tondini *monsignore* ezért már mint „családtagot" mutatta be Sindonát Massimo Spadának, a „feketenemesség" néven ismert arisztokrácia egyik előkelő tagjának, aki a Vatikán Bankban Bernardino Nogara *delegato* jobbkeze volt.[7] Spadán keresztül Sindona megismert egy „megújító" prelátust is, akit XII. Pius száműzött Milánóba. A prelátus neve Giovanni Battista Montini volt.

Vito Genovese a háború végén visszatért Amerikába, amikor Ferdinando „Árnyék" Boccia meggyilkolásának már az összes tanúja eltűnt. Lévén hogy Lucky Lucianót emberkereskedelem miatt kitoloncolásra ítélték, Genovesének esélye nyílt rá, hogy egy gyilkosságsorozat révén kivívja a „minden főnökök főnöke" címet. Ezért került sor Willie Moretti és Steve Franse bűnbanda-főnökök 1951-es és 1953-as, valamint Albert Anastasia fő maffia-ítéletvégrehajtó 1957-es meggyilkolására. Hatalmának megszilárdítása és a nemzetközi drogkereskedelem kiépítése érdekében Genovese társulást hozott létre Carlo Gambinóval, a New York-i, nagy nevű Gambino család *capó*jával. Ezen évek alatt Genovese mindvégig kapcsolatban maradt Sindonával, akit „ifjú cápának" nevezett el.

Egyszer csak meghívó érkezett magas szintről. Sindonát megkérték, hogy 1957. november 2-án vegyen részt egy családi vacsorán a palermói Grand Hotel et des Palmesban. A vacsora tizenkét és fél órán át tartott a tengeri ételekre specializálódott étterem egy lezárt, tengerpartra néző részlegében. Az előkelő teremben, kikeményített damasztabroszokon nyugvó díszes étlapok, gyertyák és behűtött borok, *pasta alle sarde* és *pesce arrosto*tálak között megszületett a *La Cosa Nostra* („A Mi Ügyünk"), a nemzetközi maffia.

Két kontinens maffiacsillagai emelték a ragyogó esemény fényét. A vendégek között volt Lucky Luciano, Joseph (Joe Bananas) Bonanno, Carmine Galante, Tommaso Busceto, a Gambino család képviseletében megjelent Frank Costello, valamint a New York-i Lucchese és Genovese családok képviselői. Az Egyesült Államokból úgyszintén megjelent Antonio, Giuseppe és Gaspare Magadino – akikhez Buffalo városa tartozott –, valamint a detroiti felségterületű John Prizziola. Don Giuseppe Genco Russo vezette a szicíliaiak küldöttségét. Vele együtt tucatnyi szicíliai *figli di mammasantissima* („a legszentebb anya fiai") volt jelen, köztük Salvatore „Cichieddu" („Kismadár") Greco, a nagy hatalmú Greco család sarja, Calcedino di Pisa (Greco főnökhelyettese) és a La Barbera fivérek.[8]

A fényűző munkavacsora célja a nemzetközi kábítószer-kereskedelem megszervezése volt. A szicíliaiak kapták a megbízatást, hogy a Burma-Laosz-Thaiföld „arany háromszögből" érkező kábítószert törökországi és bulgáriai feldolgozóközpontokba juttassák, onnan pedig lengyel, portugál és olasz tengeri kikötőkbe továbbítsák. Az amerikaiak voltak felelősek, hogy az egyesült államokbeli „felségterületek" között felosszák a beérkező szállítmányokat, és hogy a drogelosztóktól beszedjék a galeritagok részesedését.[9]

Mivel az áruforgalom hatalmas nyereséget hozott, a családoknak szükségük volt egy bankárra, aki számottevő készpénzmennyiséget tudott Olaszországból ki- és Olaszországba bevinni anélkül, hogy azzal felkeltené az adóellenőrzési hivatalok érdeklődését. Olyasvalaki kellett, aki a bevételüket köztiszteletben álló vállalkozásokba tudja befektetni a világ bármely részén, hogy ezek révén a tevékenységük legitim megjelenést nyerjen. A bankárnak feltétlenül jól kiépített maffia-kapcsolatokkal rendelkező szicíliainak kellett lennie, aki gyakorlott üzleti és jogi szakértőként kiigazodik a banki és pénzügyi élet labirintusaiban. Michele Sindona volt az ő emberük.

Néhány héttel a maffia-csúcstalálkozót követően Sindona az alvilágból származó pénzből létrehozott egy liechtensteini holdingcéget, a Fasco A. G.-t. Az új részvénytársaság megvásárolta a Banca Privata Finanziaria (BPF) milánói bankot, a genfi Banque de Financement-t, valamint Sindona szülőföldjén, Szicíliában megszerezte a Banca di Messinát. A pénzember a saját bankjain keresztül értékesítette a részvénycsomagjait más bankoknak, köztük a londoni Hambros Banknak, a Continental Illinois-nak és a Vatikán Banknak.[10]

Sindona banki vállalkozása virágzásnak indult a nemzetközi kábítószer-kereskedelemből eredő, Szicíliából Svájcba áramló dollármilliárdokból. Sindona ugyanakkor a fehérgalléros bűnözés egyik aranyszabályát is elsajátította: a legegyszerűbben úgy lehet lopni egy bankból, ha az ember megvásárolja a bankot. Amikor 1966-ban az alvilági kapcsolatokkal és több millió dolláros devizaügyletekben szerzett többéves gyakorlattal rendelkező Carlo Bordoni kivizsgálta a BPF tevékenységét, megdöbbentő eredményekre jutott. Tizenkét évvel később Bordoni tapasztalatairól egy caracasi börtönkórházban tett jelentést a milánói hatóságok számára. „Amikor 1966 nyarán elkezdtem látogatni a BPF-et, mélyen megdöbbentett a zűrzavar, ami a bank egyes területeit uralta – áll Bordoni eskü alatt, közjegyző előtt tett írásbeli nyilatkozatában. – Kis bank volt, és csak a Credito Italiano, a Banca Commerciale Italiana és más jelentős nemzeti bankok számára elvégzett – természetesen jól álcázott – számtalan sötét ügylet árfolyamnyereségéből tudott megélni. Az ilyen tekintélyes mennyiségű illegális tőkekivitel mindennapos volt, és nagy összegekben zajlott. A devizabűntettek a legnyersebb módszerrel zajlottak, amit csak el lehet képzelni."[11]

Bordoni olyan garanciák nélküli tőkeáttételre bukkant, amely jóval meghaladta a törvényileg megengedett mértéket, vagyis a tőke és a tartalékok összegének egyötöd részét. Emellett számottevő mennyiségű lopásokra is fényt derített. A BPF alkalmazottai nagy pénzösszegeket utaltak át a betétesek bankszámláiról, azok tudta nélkül. Ezeket a pénzeket a Vatikán Bank egyik számlájára továbbították. A Vatikán Bank pedig – 15 százalékos jutalék levonása után – továbbutalta az összegeket Sindonának a genfi Banque de Financement-ben nyitott számlájára. A „Cápa" bankszámláját ebben a bankban két fia után MANI-nak nevezte el: MA a Marco, NI pedig a Nino rövidítése volt.[12]

Ha a BPF egyik ügyfele panaszt emelt, amiért a számlaegyenlege erősen ingadozott, vagy amiért a számláján többnek kellett volna lennie, mint ami a kivonaton szerepelt, válasz helyett felkérték, hogy válasszon magának más pénzintézetet. Aki tovább verte az asztalt, annál megjelent az egyik banki vezető, hogy közölje: csak egy könyvviteli problémáról van szó, amit természetesen ki fognak igazítani. Ha az ügyfél fenyegetőzni kezdett, hogy kapcsolatba lép a hatóságokkal, utolsó perceiben „úszhatott egyet a halakkal".

Bordoninak a genfi Banque de Financement-ra vonatkozó tényfeltáró munkája hasonlóan hajmeresztő eredményeket hozott. A menedzsment tagjai egész nap a részvény-, áru- és valutapiacon spekuláltak az elhelyezett pénzekkel, Sindona javára. Amikor veszítettek, a veszteséget egy ügyfél számlájára terhelték. Amikor nyertek, a nyereséget Sindona számlájára utalták át.

A Vatikán Bank – túl azon, hogy a Banque de Financement 29 százaléka a tulajdonában volt – jó néhány bankszámlával is rendelkezett a genfi pénzintézetben. Bordonit megdöbbentette a felfedezés, hogy ezek a számlák „kizárólag spekulatív műveleteket tükröztek, amelyek kolosszális veszteségekkel végződtek".[13] Ezeket a veszteségeket – csakúgy, mint más, nagyobb spekulatív befektetők veszteségeit – a Liberfinco (Liberian Financial Company) nevű fantomcég finanszírozta. Bordoni vizsgálatai idején a Liberfinco 30 millió dolláros veszteséggel rendelkezett. Amikorra pedig svájci banktisztviselők 1973-ban vizsgálatot indítottak, a látszatvállalkozás vesztesége 45 millió dollárra emelkedett. Miután a svájciak közölték Sindonával, hogy negyvennyolc órája van a Liberfinco felszámolására, máskülönben a Banque de Financement-nak csődöt kell jelentenie, Sindona lehúzta a Liberfinco rolóit, és egy másik fantomcéget nyitott, a panamai Aran Investmentet, amely 45 millió dolláros azonnali deficittel kezdett.[14]

Miután felfedezte a Sindona bankjaiban zajló visszásságokat, Bordoni megpróbált eltávolodni munkaadójától. Sindona klasszikus eszközei egyikével, zsarolással válaszolt: Bordoni törvényszegően járt el a devizaspekulációk alkalmával, főnöke pedig megfenyegette, hogy a Banca d'Italiának jelentést tesz a törvénysértésről. Bordoni tehát maradt Sindona mellett, és segítségére volt egy nagy, nemzetközi brókercég, a Moneyrex ügyvezetésében.

A Sindona által 1964-ben alapított Moneyrex 850 ügyfélbankkal alakított ki kapcsolatot szerte a világon, és évi több mint 200 milliárd dollárnyi forgalmat bonyolított le.[15] Ezen a brókercégen keresztül Olaszország leggazdagabb és legnagyobb hatalmú közéleti és üzleti szereplői törvénytelenül, de teljes biztonságban menekíthették külföldi bankokba temérdek vagyonukat. Sindona 15 és 20 százalék közötti jutalék fejében végezte el szolgáltatásait. Vezetett egy titkos főkönyvet is, amely terhelő bizonyíték lehetett „bizalmi ügyfelei" ellen. A listát később valóban mentőövnek akarta használni, amikor társaságának túlterhelt hajója léket kapott, és süllyedni kezdett.

1969-re Sindona volt a legnagyobb hatalommal bíró pénzember Olaszországban, és a legmegfelelőbb személy a Vatikánnak az olasz kormánnyal meggyűlt gondjainak kezelésére. A „Gruppo Sindona" hat különböző országban található hat bankból, a nemzetközi CIGA szállodaláncból, a Libby Foodsból és még vagy ötszáz másik cégből állt. A milánói tőzsdét Sindona teljes irányítása alatt tartotta: a kereskedett részvények 40 százaléka minden kereskedési napon az ő ellenőrzése alatt volt. Sindonát az olasz pénzügyi helyzetre gyakorolt befolyása miatt Giulio Andreotti akkori kereskedelmi miniszter, későbbi kormányfő „a líra megmentőjének" nevezte el.[16]

Sindona ekkorra már *uomo rispettato,* „tiszteletben álló férfi" volt a szicíliai és az amerikai Cosa Nostra köreiben. Ebbéli minőségében felkérést kapott, hogy csatlakozzon a *Propaganda Due* (P-2) elnevezésű szupertitkos szabadkőműves társasághoz, amelynek nagymestere a zsarolás művészetének legnagyobb olaszországi alakja, Licio Gelli, a „Bábjátékos" volt.

11

A TITKOS TÁRSASÁG

Mert régen sötétség voltatok, most pedig világosság vagytok az Úrban: mint a világosság fiai, úgy járjatok (mert a világosságnak gyümölcse minden jóságban és igazságban és valóságban van), meggondolván, mi a kedves az Úrnak. És ne legyen közösségetek a sötétség gyümölcstelen cselekedeteivel, hanem inkább meg is feddjétek azokat; Mert amiket azok titokban cselekszenek, éktelen dolog csak mondani is.

Pál levele az Epheszosziakhoz, 5:8—12

Licio Gelli egyik kedvenc szófordulata szerint „a banki páncéltermek ajtói jobbra nyílnak". Megjegyzésével a „Bábjátékos" azt kívánta érzékeltetni, hogy a jelentős tőkéjű gazdasági érdekcsoportokra mindig számíthatott, valahányszor befektetőket keresett az általa hangszerelt jobboldali aknamunkákhoz. Gelli a Feketeinges Zászlóalj parancsnokaként vette ki a részét a spanyol polgárháborúból, amelyben az arisztokrácia és a katolikus egyház

133

támogatta Francisco Franco tábornokot. A II. világháború idején Gelli a Hermann Göring tábornagy parancsnoksága alatt álló elit SS-hadosztály kulcsfontosságú összekötő tisztjeként katonáskodott. Szolgálata fontos részét képezte, hogy olasz partizánok után kémkedjen, és feljelentse őket német parancsnokainak.[1]

Gelli komoly vagyonra tett szert, amikor egységét az Adriaitenger partjára, a montenegrói Kotor (Cattaro) városához vezényelték, ahol az egykori Jugoszlávia nemzeti kincsei vártak behajózásra. A rúdaranyba olvasztott zsákmány sohasem tért vissza Jugoszláviába, miután elhagyta a partvidéket. 1998-ban az olasz rendőrség 150 ilyen aranyrúdra bukkant Gelli toscanai villájában, a belső udvart díszítő virágcserepekben és a begóniák között.[2] Ezek összértéke több mint tizennégymillió dollár volt.

Licio Gellinek további vagyona származott a Krunoslav Draganović páter vezetése alatt működő vatikáni „patkányjáratok" üzemeltetésében való részvételéből. Minden, a segédletével elmenekülő náci után a teljes fejpénz 40 százaléka ütötte Gelli markát. Busás jutaléka – no és a Vatikán 40-50 százalékos díjszabása – miatt a „patkányok" teljesen megkopasztva értek partot Argentínában vagy más semleges országokban. Az egyik legjelentősebb alak, aki Gelli segítségével nyert „patkányutat", Klaus Barbie volt, a „lyoni hóhér". A Vatikán több hónapon át rejtegette a Gestapofőnököt, mielőtt Gelli gondoskodására bízta volna. A számlát azonban nem magának Barbie-nak kellett állnia a Vatikán és Gelli felé. Kiszabadítóit az Egyesült Államok Hadserege Kémelhárító Alakulata *(US Army Counter-Intelligence Corps)* fizette ki, amely 1951-ig alkalmazásában tartotta Barbie-t.[3]

A hidegháború idején Gelli a „Gladio-művelet" elnevezésű CIA-akció egyik parancsnoka lett, amely egy egész Európára kiterjedő, a kommunizmus térnyerését akadályozni hivatott hálózat kiépítésére törekedett. 1972-re, amikor Gelli baráti kapcsolatba került Alexander Haig fehér házi vezérkari főnökkel és egykori NATO-főparancsnokkal, a Gladio-hálózat már szerte a világon elterjedt, és több mint 15 ezer ügynököt számlált. Titkosszolgálati források szerint Haig jóváhagyta, hogy több millió dollárt szabadítsanak fel Gelli tevékenységének támogatására a kommunizmus megfékezése érdekében.[4]

Gelli arról álmodott, hogy feltámaszthatja a fasiszta rendszert a modern Olaszországban, ennek megvalósítása érdekében a frissen rehabilitált szabadkőműves mozgalomhoz fordult. A sors iróniája, hogy a szabadkőművességet éppen a Gelli által rajongva szeretett vezér, maga Mussolini tiltotta volt be, azzal az indokkal, hogy az „állam az államban". A demokratikus Olaszország kormánya azonban lehetővé tette a szabadkőművesek újjászerveződését, így a páholyok újraalakultak az ország területén.

Gelli 1963 novemberében csatlakozott egy hagyományos szabadkőműves páholyhoz. Rövid idő alatt harmadik szintű tagságig emelkedett, amely fokozat lehetővé tette, hogy saját páholyt vezessen. Giordano Gamberini nagymester bátorította Gellit, hogy hozzon létre egy befolyásos páholytagokból álló kört, akik egész Olaszországban előmozdíthatnák a szabadkőműves rend hatalmának növekedését. A volt SS-tiszt a Raggruppamento Gelli („Gellicsoportosulás") néven is ismert Propaganda Due (P-2) páholy megalakításával teljesítette a felhívást.[5] A titkos társaságon belül létrejött szupertitkos társaság még egy fasiszta kormányzati forma olaszországi restaurációjánál is nagyra törőbb célokat dédelgetett. Arra törekedett, hogy szerte a világon szélsőjobboldali kormányokat juttasson hatalomra.

Gelli ambiciózus programja inkább egy botcsinálta filmrendező kémtörténetébe illett volna, ennek ellenére jelentős anyagi támogatást tudott felhajtani a terveihez. 1969-ben, amikor Sindona csatlakozott a páholyhoz, a P-2 olyan tagokat tudhatott a sorai között, mint Giovanni Torrisi, az olasz fegyveres erők parancsnoka; Giuseppe Santovio és Giulio Grassini titkosszolgálati parancsnokok; Orazio Giannini és Raffaele Giudice tábornokok, az olasz pénzügyőrség parancsnokai; Vito Miceli tábornok, a Védelmi Hírszerző Szolgálat (SID) parancsnoka; Ugo Zilletti, a Legfelsőbb Bíróság Tanácsának elnöke; valamint miniszterek; a kommunisták kivételével minden táborhoz tartozó politikusok; harminc katonai vagy rendőrtábornok; nyolc admirális; hírlapszerkesztők; televízió-igazgatók és vezető üzletemberek.[6]

Titkos társasága számára Gelli egyik legnagyobb fogása azonban kétségkívül Carmelo Spagnuolo milánói bíró beszervezése volt, aki később az olasz Legfelsőbb Bíróság elnöke lett.[7] Spagnuolo megnyerésével Gelli bebiztosította, hogy a törvény mindenkor a P-2 oldalán álljon.

Gelli számos módszerhez folyamodott, hogy szervezetébe új tagokat toborozzon. Az egyik szokványos eljárás a személyes kapcsolatfelvétel és a jelölt bemutatása volt, amelyet páholytagok ajánlása előzött meg. A másik forgatókönyv során a „Bábjátékos" aljasabb eszközöket alkalmazott. Amikor egy-egy újonc csatlakozott a P-2-höz, kötelezték, hogy Gelli iránti lojalitását olyan dokumentumok bemutatásával tanúsítsa, amelyek saját magát, és más tagjelölteket is kompromittálhatnak. Amikor egyes jelölteket szembesítettek botlásaik bizonyítékaival, általában megtörtek, és csatlakoztak a rendhez. Mint utóbb kiderült, így történt Giorgio Mazzantival, az Ente Nazionale Idrocarburi (ENI) nemzeti olajtársaság elnökével is. Miután perdöntő bizonyítékokat mutattak neki arról, hogy egy még folyamatban lévő szaúd-arábiai olajüzlet kapcsán hatalmas vesztegetési összegeket fogadott el, Mazzanti letette a titoktartási esküt, csatlakozott az elit szabadkőműves rendhez, és további, másokat is rossz hírbe hozó információt szolgáltatott ki Gellinek.[8]

A megalapításától számított tíz éven belül a P-2 Argentínában, Venezuelában, Paraguayban, Bolíviában, Franciaországban, Portugáliában, Nicaraguában, az NSZK-ban és Nagy-Britanniában alakított ki neki engedelmeskedő szervezeteket. Az Egyesült Államokban tagjai a Gambino és a Lucchese bűncsaládokból kerültek ki. Nyomozóriporterek, akik a maffia és az illegális hulladékipar kapcsolatát kutatták, 1996-ban felfedezték, hogy Pennsylvaniában és New Jersey-ben a legnagyobb szemétlerakó és -szállító vállalkozások tulajdonosai közül többen nem csak a New York-i bűnszövetkezetekhez, hanem a P-2-höz is kötődtek.

Gelli volt a felelős Juan Perónnak a hatalomba való visszatéréséért, Anastasio Somoza nicaraguai diktatúrájáért, valamint az argentínai, kolumbiai és brazíliai „Tripla-A" néven hírhedtté vált halálbrigádok létrejöttéért. Dél-Amerikában Gelli közeli kapcsolatban állt Klaus Barbie-val, akivel a bolíviai „Halál Jegyesei" elnevezésű csoport megszervezésén dolgozott, amely később megbízást adott Marcelo Quiroga szocialista vezető meggyilkolására, és hatalomra juttatta Garcia Meza tábornokot. A nagymester és a volt Gestapo-parancsnok – a bolíviai katonai junta támogatásával – időközben ahhoz is hozzáfogtak, hogy megrendszabályozzák a kokainipart. Szétverték a kisebb elosztókat, a szicíliai maffia által működtetett nagybani kábítószer-kereskedőket pedig magánhadseregekkel körülvett nagy hatalmú kokainbárókká emelték.[9]

Gelli és Barbie Bolívia, valamint más dél-amerikai országok jobboldali rezsimjeivel fegyverkereskedelembe is fogott. Kapcsolataik olyannyira kiterjedtek, hogy – bármilyen meglepő – még Izraelnek is el tudtak adni modern haditechnikai eszközöket.[10]

A CIA szerint a P-2 Olaszországban is aktív maradt: szabotázsakciókkal igyekezett megakadályozni az általa legszörnyűbb katasztrófának tartott fordulatot, egy demokratikusan megválasztott kommunista kormány hatalomra jutását. Nemrégiben napvilágra került CIA-dokumentumok Gelli szabadkőműves csoportját terrorcselekményekkel kapcsolják össze, köztük a Róma-München között közlekedő expresszvonat, az Italicus 1969-es felrobbantásával, amely 12 ember életét követelte, 48 utast pedig megsebesített. Szintén a nagy hatalmú páholyhoz kötik a milánói Piazza Fontanán 1969-ben történt robbantást, amelyben 16-an meghaltak, 88-an pedig megsebesültek, valamint a bolognai vasútállomás elleni merényletet, amelyben 85-en haltak meg, és 182-en sebesültek meg. A P-2 1978-ban szintén gyanúba keveredett a Vörös Brigádok által elrabolt és meggyilkolt Aldo Moro ügyében, mint ahogy Vittorio Occorsio bíró meggyilkolása kapcsán is érintettnek bizonyult.[11] A megfélemlítésre épülő stratégia beváltotta a hozzá fűzött reményeket. A terrorcselekmények elkövetésével a Vörös Brigádokat és más baloldali szervezeteket vádolták meg, ami miatt a kommunisták és kereszténydemokraták közötti „történelmi kiegyezés" folyamata hirtelen megtorpant.

Ezalatt Gelli tovább bővítette baráti körét. 1981-ben a P-2 nagymesterének már olyan kiterjedt összeköttetései voltak, hogy különmeghívót kapott Ronald Reagan washingtoni beiktatási ünnepségére.[12] A római katolikus egyházon belül is szerzett magának barátokat, köztük egy toszkán földijét, Paolo Bertoli bíborost. Gelli rajta keresztül ismerkedett meg Sebastiano Baggio, Agostino Casaroli, Ugo Poletti és Jean Villot bíborosokkal. Az egyházi méltóságok révén Gelli elérte, hogy VI. Pál pápa több magánkihallgatáson is fogadja. Olyan nagy benyomást tett a pápára, hogy az Gellit a Máltai Lovagrend és a Jeruzsálemi Szent Sír Lovagrend lovagjává ütötte.[13] E rendek tagjait hagyományosan a pápa védelmezőinek tekintik, így az egyházfő szemlátomást nem volt tisztában azzal, hogy Gelli nem római katolikus, és ráadásul még szabadkőműves nagymester is.

A szabadkőművességet a római katolicizmus mélyen elítéli. Az 1917. évi Kánonjogi Kódex kiközösítéssel sújtotta mindazokat, akik szabadkőműves páholyhoz csatlakoznak. Ezt a rendelkezést az 1983-as új Kánonjogi Kódex is megtartotta. „Az Egyház elítélő állásfoglalása a szabadkőműves szerveződések felől változatlanul elítélő maradt – jelenti ki a II. János Pál pápasága alatt életbe lépett egyházi törvénykönyv –, mivel az egyház a szabadkőműves elveket tanításaival mindig is összeegyeztethetetlennek ítélte." Az egyházjogi kódex a továbbiakban így rendelkezik: „A szabadkőműves társaságokba belépő katolikusok súlyos bűnben élnek, és nem lehet részük a Szentáldozás közösségében." A határozott ítélet ellenére a P-2 páholy tagjainak túlnyomó többsége római katolikus volt, akik ebben a szervezetben láttak lehetőséget a szocializmus és a kommunizmus terjedésének a megfékezésére, valamint kiváló eszközt a hatalmi kapcsolataik kiépítésére.

A P-2 növekedését vizsgáló nyomozók mindazonáltal megdöbbentek, amikor felfedezték, hogy vezető vatikáni tisztviselők, köztük a Kúria bíborosai és a katolikus hierarchia előkelő papi méltóságai, számos püspök és érsek szabadkőműves páholyokhoz tartozott, amelyek közül sok közvetlenül a P-2-höz kötődött. A nevek azt követően kerültek nyilvánosságra, hogy az olasz kormány határozatot hozott, amely elrendelte a titkos társaságokhoz – így a szabadkőműves páholyokhoz – tartozó személyek nevének közzétételét. 1976-ban a *Bulletin de l'Occident Chrétien* nyilvánosságra hozta a római katolikus egyházban magas pozíciót betöltő szabadkőművesek listáját, beavatásuk dátumával, kódszámaikkal, és – ahol tudni lehetett – szabadkőműves fedőnevükkel együtt. Az alábbiakban következzen egy válogatás az ismertté vált nevek közül:

Alberto Alboni, Livorno püspöke. Beavatás: 58-8-5; azonosítási szám: 7-2431.

Pio Abrech, a Püspöki Kongregáció tagja. Beavatás: 67-11-27; azonosítási szám: 63-143.

Alessandro Gottardi, a Máriás Testvérek *(Fratelli Maristi)* világi ifjúsági szervezet elnöke. Beavatás: 59-6-14.

Fiorenzo Angelini, a görögországi Messenia címzetes püspöke, a római kórházi lelkészek általános helynöke. Beavatás: 57-10-14; azonosítási szám: 14-005.

Augustin Bea bíboros, XXIII. János és VI. Pál pápasága alatt vatikáni államtitkár. (A Pápai Bibliai Intézet rektoraként Bea bíboros irányította azt a bizottságot, amelyet a II. vatikáni zsinat megbízott a Vulgata szövegrevíziójával és új kiadásának elkészítésével.)

Sebastiano Baggio bíboros, a Püspöki Kongregáció pre-

fektusa. Beavatás: 67-8-14; azonosítási szám: 85-1640; fedő-
név: „SEBA". II. János Pál pápasága alatt vatikáni államtitkár.

Salvatore Baldassarri, Ravenna püspöke. Beavatás: 58-2-
19; azonosítási szám: 4315-19; fedőnév: „BALSA".

Cleto Belluchi, Fermo segédpüspöke. Beavatás: 68-6-4;
azonosítási szám: 12-217.

Luigi Bettazzi, Ivera püspöke. Beavatás: 66-5-11; azono-
sítási szám: 1347-45; fedőnév: „LUBE".

Franco Biffi, a Pápai Lateráni Egyetem rektora, VI. Pál
magántanára. Beavatás: 59-8-15; fedőnév: „BIFRA".

Gaetano Bonicelli, Albano püspöke. Beavatás: 59-5-12;
azonosítási szám: 63-1428; fedőnév: „BOGA".

Alberto Bovone, a Hittani Kongregáció helyettes titkára.
Beavatás: 67-3-30; azonosítási szám: 254-3; szabadkőműves
fedőnév: „ALBO".

Mario Brini érsek, a Keleti Kongregáció titkára, az Orosz-
országi Pápai Bizottság tagja. Beavatás: 68-7-7; azonosítási
szám: 15670; fedőnév: „MABRI".

Annibale Bugnini érsek, A liturgikus reform (La riforma
liturgica) c. könyv szerzője, iráni apostoli pronuncius. Beava-
tás: 63-4-23; azonosítási szám: 1365-75; fedőnév: „BUAN".

Michele Buro püspök, a Latin-Amerikai Pápai Bizottság
tagja. Beavatás: 69-3-21; azonosítási szám: 140-2; fedőnév:
„BUMI".

Agostino Cacciavillan, a Szentszéki Vagyonkezelőség el-
nöke. Beavatás: 60-11-6; azonosítási szám: 13-154.

Umberto Cameli, az Olaszországi Iskolai Hitoktatás
Hivatalának igazgatója. Beavatás: 60-11-17; azonosítási szám:
9-1436.

Agostino Casaroli bíboros (később, II. János Pál pápasá-
ga alatt a kelet-európai ügyekben is kulcsszerepet játszó vatiká-
ni államtitkár, 1979–1989). Beavatás: 57-9-28; azonosítási
szám: 41-076; fedőnév: „CASA".

Flaminio Cerruti, a Szentszéki Nevelési Kongregáció hivatalvezetője. Beavatás: 60-4-2; azonosítási szám: 76-2154; fedőnév: „CEFLA".

Luigi Dadaglio, Lero címzetes érseke, spanyolországi pápai nuncius. Beavatás: 67-9-8; azonosítási szám: 43-B; fedőnév: „LUDA".

Enzio D'Antonio, Lanciano-Ortona érseke. Beavatás: 69-6-21; azonosítási szám: 214-53.

Donate De Bous püspök. Beavatás: 68-6-24; azonosítási szám: 321-02; fedőnév: „DEBO".

Aldo Del Monte, Novara püspöke. Beavatás: 69-8-25; azonosítási szám: 32-012; fedőnév: „ADELMO".

Giuseppe Ferraioli, a Közügyek Kongregációjának tagja. Beavatás: 69-11-24; azonosítási szám: 004-125; fedőnév: „GIFE".

Vito Gemmiti, a Püspöki Kongregáció tagja. Beavatás: 68-3-25; azonosítási szám: 54-13; fedőnév: „VIGE".

Alessandro Gottardi, a Máriás Testvérek (Fratelli Maristi) világi ifjúsági szervezet prokurátora, Trento (Trident) érseke. Beavatás: 59-6-13; azonosítási szám: 2437-14; fedőnév: „ALGO".

Carlo Grazinai, a Vatikáni Kisszeminárium rektora. Beavatás: 61-7-23; azonosítási szám: 156-3; fedőnév: „GRACA".

Antonio Gregnanin, a Boldoggá- és Szenttéavatási Ügyek Kongregációjának tagja. Beavatás: 67-10-19; azonosítási szám: 8-45; fedőnév: „GREA".

Pio Laghi, argentínai apostoli nuncius. Beavatás: 69-8-24; azonosítási szám: 0-538; fedőnév: „LAPI". (Laghi később, II. János Pál pápasága alatt, 1995-ig az Egyesült Államokban szolgált.)

Giovanni Lajolo érsek, németországi apostoli nuncius, vatikáni külügyminiszter. Beavatás: 70-7-27; azonosítási szám: 21-1397; fedőnév: „LAGI".

Angelo Lanzoni, a vatikáni államtitkárság hivatalvezetője. Beavatás: 56-9-24; azonosítási szám: 6-324; fedőnév: „LANA".

Virgilio Levi (alias Levine), a Vatikán hivatalos lapjának, a *L'Osservatore Romano*-nak főszerkesztő-helyettese. Beavatás: 58-7-4; azonosítási szám: 241-3; fedőnév: „VILE". (Később, II. János Pál pápasága alatt Levi a Vatikáni Rádió igazgatója lett.)

Lino Lozza, az Aquinói Szent Tamás Római Katolikus Akadémia rektora. Beavatás: 69-7-23; azonosítási szám: 12-768; fedőnév: „LOLI".

Achille Lienart bíboros, a franciaországi Lille püspöke, szabadkőműves nagymester. (Lienart a II. vatikáni zsinaton a „megújító" erők élén áll.)

Pasquale Macchi bíborosérsek, VI. Pál magántitkára. Beavatás: 58-4-23; azonosítási szám: 5463-2; fedőnév: „MAPA".

Francesco Marchisano érsek, az Egyház Kulturális Javai Pápai Bizottságának elnöke. Beavatás: 61-2-4; azonosítási szám: 4536-3; fedőnév: „FRAMA".

Salvatore Marsili, a finalpiai (Modena) bencés apátság apátja. Beavatás: 63-7-2; azonosítási szám: 1278-49; fedőnév: „SALMA".

Antonio Mazza, Velia címzetes püspöke, az 1975. évi Jubileumi Szentév általános titkára. Beavatás: 71-4-14; azonosítási szám: 054-329; fedőnév: „MANU".

Dino Monduzzi, a Pápai Ház prefektusa. Beavatás: 67-3-11; azonosítási szám: 190-2; fedőnév: „MONDI".

Marcello Morgante, Ascoli Piceno püspöke. Beavatás: 55-7-22; azonosítási szám: 78-3601; fedőnév: „MORMA".

Teuzo Natalini, a Vatikáni Titkárság Levéltárának igazgatóhelyettese. Beavatás: 67-6-17; azonosítási szám: 21-44d; fedőnév: „NATE".

Carmelo Nigro, a Pápai Nagyszeminárium rektora. Beavatás: 70-12-21; azonosítási szám: 23-154; fedőnév: „CARNI".

Virgilio Noé, az Istentisztelet Kongregációjának prefektusa. Beavatás: 61-4-3; azonosítási szám: 43652-21; fedőnév: „VINO".

Vittorio Palestra, a Sacra Romana Rota bírói testület jogi tanácsosa. Beavatás: 65-6-6; fedőnév: „PAVI".

Salvatore Pappalardo bíboros, Palermo érseke. Beavatás: 68-4-15; azonosítási szám: 234-07; fedőnév: „SALPA".

Michele Pellegrino bíboros, Torino érseke. Beavatás: 60-5-2; azonosítási szám: 352-36; fedőnév: „PALMI". (Pellegrino kardinálist VI. Pál az „Egyház Védelmezőjének" nevezte ki.)

Mario Pimpo, a Közügyek Hivatalának helynöke. Beavatás: 70-3-15; azonosítási szám: 793-43, fedőnév: „PIMA".

Pio Vito Pinto, a Vatikáni Államtitkárság attaséja és az Apostoli Szignatúra Legfelsőbb Bíróságának ülnöke. Beavatás: 70-4-2; azonosítási szám: 3317-42; fedőnév: „PIPIVI".

Ugo Poletti bíboros, a római egyházmegye püspöki helynöke. Beavatás: 69-02-17.; azonosítási szám: 32-1425; fedőnév: „UPO". (Poletti a Hit Megőrzésének Pápai Tanácsa és a Liturgikus Akadémia elnöki tisztét is betöltötte.)

Mario Rizzi püspök, a Keleti Egyházak Kongregációjának tagja. Beavatás: 69-9-16; azonosítási szám: 43-179; fedőnév: „MARI" és „MONMARI" (a *monsignore* címmel egybevonva).

Florenzo Romita, a Papi Kongregáció tagja. Beavatás: 56-4-21; azonosítási szám: 52-142; fedőnév: „FIRO".

Pietro Rossano, a Nemkeresztény Vallások Kongregációjának tagja. Beavatás: 68-2-12; azonosítási szám: 3421-a; fedőnév: „PIRO".

Aurelio Sabbatani, Giustiniana érseke, az Apostoli Szignatúra Legfelsőbb Bíróságának titkára. Beavatás: 69-6-22; azonosítási szám: 87-43; fedőnév: „ASA".

Franceso Santangelo, a pápai jogtanácsos általános helyettese. Beavatás: 70-11-12; azonosítási szám: 32-096; fedőnév: „FRASA".

Gaetano Scanagatta, a Papi Kongregáció tagja. Beavatás: 71-9-23; azonosítási szám: 42-023; fedőnév: „GASCA".

Mario Schierano, Acri címzetes püspöke, az olasz fegyveres erők vezető tábori lelkésze. Beavatás: 59-7-3; azonosítási szám: 14-3641; fedőnév: „MASCHI".

Domenico Semproni, a római helynökségi bíróság tagja. Beavatás: 60-4-16; azonosítási szám: 00-12; fedőnév: „DOSE".

Giuseppe Mario Sensi, a törökországi Sardis címzetes érseke, portugáliai pápai nuncius. Beavatás: 67-11-2; azonosítási szám: 18911-47; fedőnév: „GIMASE".

Léon Joseph Suenens belga bíboros prímás, brüsszeli érsek. Beavatás: 67-6-15; azonosítási szám: 21-64; fedőnév: „LESU". (A 2004-ben elhunyt Suenens volt a katolikus karizmatikus megújulási mozgalom legtekintélyesebb támogatója – a mozgalom felügyeletével XXIII. János és később II. János Pál is őt bízta meg –, valamint a protestáns karizmatikus egyházakkal való együttműködés fő előmozdítója.)

Dino Trabalzini, Rieti püspöke, római segédpüspök. Beavatás: 65-2-6; azonosítási szám: 61-956; fedőnév: „TRADI".

Antonio Travia, Termini Imerese címzetes érseke, a Katolikus Iskolák (Scuole Cattoliche) szervezet elnöke. Beavatás: 67-9-15; azonosítási szám: 16-141; fedőnév: „ATRA".

Vittorio Trocchi, a Világiak Pápai Tanácsának titkára. Beavatás: 62-7-12; azonosítási szám: 3-896; fedőnév: „TROVI".

Roberto Tucci, a Vatikáni Rádió főigazgatója. Beavatás: 57-6-21; azonosítási szám: 42-58; fedőnév: „TURO".

Piero Vergari, az Apostoli Szignatúra protokollvezetője. Beavatás: 70-12-14; azonosítási szám: 3241-6; fedőnév: „PIVE".

Jean Villot bíboros, államtitkár (VI. Pál pápasága alatt). Fedőnevek: „JEANNI", „ZURIGO".

A névjegyzék nyilvánosságra hozatala letartóztatások sorozatát, két kormánytag elbocsátását és Adolfo Sarti igazságügy-miniszter lemondását vonta magával (maga Gelli is lakat alá került, de megszökött a börtönéből, miután egy őrt megvesztegetett). Sarti neve ugyan nem szerepelt a listán, de a Gelli otthonában talált iratok tanúsították, hogy korábban tagságért folyamodott.[14]

Amikor Michele Sindona 1964-ben csatlakozott a P-2-höz, a következő esküt kellett letennie Licio Gelli nagymester előtt: „Esküszöm mindazoknak, akik itt jelen vannak, és esküszöm a Propaganda Due mindazon tagjainak, akiknek kiléte rejtve maradt előttem, és mindenekfölött esküszöm Neked, hódolatra méltó Mester, Nadzsa Hannah [szanszkrit: királykobra; Gelli szabadkőműves neve], hogy hűséges maradok a testvéreimhez és a közös ügyünkhöz. Esküszöm erre az acélra [ekkor Gelli egy fejszét nyújtott át Sindonának], hogy harcolni fogok a kommunizmus gonosz erői ellen, hogy a liberalizmus arcába fogok sújtani, és küzdeni fogok egy elnöki kormány megalakulásáért. Esküszöm, hogy segíteni fogom a testvéreimet, és sohasem fogom elárulni őket. Ha pedig cserbenhagynám őket és megszegném az eskümet [Gelli a szertartásnak ezen a pontján négy darabra vágta Sindona fényképét], a testem vágassék darabjaira [Gelli tűzbe hajította a fényképdarabokat] és égjen hamuvá, mint ahogy ez a kép hamuvá ég."[15]

A P-2 tagjaként Sindona hamarosan barátságot kötött Paul Casimir Marcinkusszal, egy bárdolatlan modorú, tagbaszakadt, chicagói katolikus pappal. Marcinkus szülei litván bevándorlók voltak, akik alig beszélték az angolt, és nehezen éltek meg szegényes keresetükből: apja ablakokat tisztított, anyja pedig egy pékségben végzett kisegítő munkát. Középiskolai tanulmányai alatt Marcinkus kiváló rögbijátékos volt, akitől minden ellenfele rettegett a pályán. 190 cm magas, és 105 kilós volt. Érettségi után ösztöndíjakat ajánlottak fel neki, ő azonban a papi hivatás mellett döntött. Marcinkust 1947-ben szentelték fel. Előbb Chicagóban volt plébános, majd pártfogója, Samuel Stritch bíboros közbenjárása révén 1952-ben a vatikáni államtitkársághoz rendelték. 1964-ben VI. Pál egy római külvárosi látogatása során közvetlen életveszélybe került, amikor felhevült hódolóinak tömege kis híján halálra tiporta. Marcinkus sietett ekkor a segítségére. Vállaival, könyökeivel és ökleivel vágott utat a tömegben, hogy kiszabadítsa a félelmében a földre kuporodó egyházfőt. VI. Pál a következő napon pápai tanácsadónak és „nem hivatalos testőrének" jelölte ki. Attól a naptól fogva egyházi körökben Marcinkust csak „Gorilla" néven emlegették.

Marcinkus Indiába, Portugáliába, Törökországba és az Egyesült Államokba utazott a „zarándok pápával". VI. Pálnak a Fülöp-szigetekre tett látogatása alkalmával egy merényletkísérlet során újra megmentette az egyházfő életét. Természeténél fogva társaságkedvelő ember volt, és gyorsan kötött barátságot. Kedvelte a jófajta likőrt, valamint a minőségi szivarokat, és jobban golfozott, mint akármelyik skót kálvinista. Nem csoda hát, hogy a hierarchia tagjai – köztük az egyházfő is – úgy képzelték, hogy ezt a szeretetre méltó fickót a Jóisten is üzletembernek teremtette. 1964-ben a *prelato d'onore di Sua Santità* különleges címmel felruházott püspökké szentelték, és Alberto di Jorio bíboros segédjéül jelölték ki. 1967-ben csatlakozott a Propaganda Due elnevezésű szabadkőműves rendhez. 1969-ben ismerte meg páholytársát, Michele Sindonát, akit korábban VI. Pál pénzügyi tanácsadójává neveztek ki, és aki szabad kezet kapott a vatikáni pénzügyek fölött. A páratlanul kedvező egybeesésben a Gondviselés kezét vélték felfedezni. Paul Marcinkusnak kellett ugyanis felváltania Vagnozzi bíborost a Vatikán Bank igazgatói székében. Sindona számára el sem lehetett volna képzelni ideálisabb munkatársat Marcinkusnál. „Nem rendelkezem banki tapasztalattal" – ismerte el kinevezése után nyíltan a „Gorilla" a sajtó képviselőinek.[16]

12
BARÁTOK KÖZT

*És megkérdezte őt egy főember, mondván: „Jó Mester,
mit cselekedjem, hogy az örök életet elnyerhessem?"
Mondta pedig neki Jézus: „Miért mondasz engem jó-
nak? Nincs senki jó, csak egy, az Isten. A parancsolato-
kat tudod: Ne paráználkodjál; ne ölj; ne lopj; hamis ta-
núbizonyságot ne tégy; tiszteld atyádat és anyádat." Az
pedig mondta: „Mindezeket ifjúságomtól fogva megtar-
tottam." Jézus ezeket hallván, mondta neki: „Még egy
fogyatkozás van benned: Add el mindenedet, amid van,
és oszd el a szegényeknek, és kincsed lesz mennyország-
ban; és jer, kövess engem."*

Lukács evangéliuma, 18:18—22

Mivel a Vatikán olaszországi érdekeltségei adókötelesek
lettek, a városállam tőkekimentésre kényszerült. Az eh-
hez vezető első lépés a Società Generale Immobiliare eladása volt,
amely bevételei révén hatalmas vagyont termelt a római katolikus

egyház részére, amióta Bernardino Nogara megvásárolta a nagy gazdasági válság idején. 1969-ben az olasz építőipari cég részvényeinek forgalmi értéke 350 líra volt. Michele Sindona 143 millió részvényt vásárolt meg a Vatikántól a piaci ár kétszereséért – részvényenkénti 700 lírás áron – olyan pénzből, amelyet a Banca Privata Finanziaria betéteiből jogtalanul utaltak át Sindona bankszámlájára.[1] Sindona a Szentszék jóindulatának elnyerése érdekében hajlandó volt jóval többet adni a részvények valós értékénél. Könnyen is tette, hiszen lopott pénzből fizetett, amivel bankjainak betéteseit rövidítette meg.

Sindona ugyanígy vásárolta meg a Vatikán többségi tulajdonát a Condotte d'Acqua vállalatban – Olaszország vízszolgáltatójában – és a Cermica Pozzi vegyszer- és porcelángyártó cégben is.[2] Mivel meg akarta kímélni a pápát egy kínosnak látszó helyzetből, megvásárolta a Serenót, a Vatikán gyógyszeripari vállalatát, amely fogamzásgátló tablettákat gyártott.

A tranzakciók az olasz adóhatóságok figyelmét elterelve teljes titokban zajlottak. Az Immobiliare részvényeit először a luxembourgi Paribas Transcontinentalba – a Banque de Paris et des Pays-Bas egy leánybankjába helyezték át, onnan pedig Sindona holdingcégéhez, a liechtensteini Fasco A. G.-hoz vándoroltak.

Az alattomos módszerek ellenére a sajtó kiszimatolta a „pult alatti" eladásokat, és a Szentszékre nyomást helyezve követelt magyarázatot. VI. Pál szóvivőjén keresztül így nyilatkozott: „A befektetési politikánk átalakulóban van: a korábbiakkal szemben szeretnénk elkerülni a vállalataink fölötti közvetlen ellenőrzést. Ennek révén akarjuk javítani a befektetési mutatóinkat, szemben az eddigi, alapvetően konzervatív befektetési filozófiánkkal. Nem lenne ugyanis kedvező az egyház számára, ha az üzleti spekulációk a tőkéje elveszítéséhez vezetnének."[3]

Amikor olasz újságírók a cégeladások felől kezdték faggatni Sindonát, azzal kerülte meg a válaszadást, hogy tartozik bizalmasan kezelni ügyfele, az Anyaszentegyház pénzügyeit.

A pápa bankára a következő lépésben az egyház olasz vállalatokban lévő további részvényeitől próbált megszabadulni: olyan ügyfeleknek értékesítette őket, mint a londoni Hambros Bank, a Continental Illinois és az amerikai Gulf & Western vállalatcsoport.[4] Sindona a Vatikán ezen tranzakciókból származó nyereségét a General Foods, a Chase Manhattan, a Colgate, a Standard Oil, a Westinghouse, a General Motors, a Procter and Gamble, a Dan River és más amerikai vállalatokba fektette.[5]

A Vatikán hatalmas érdekeltségeinek Sindona által levezényelt likvidálása katasztrofális következményekkel járt Olaszország gazdaságára nézve. A líra árfolyama meredeken zuhanni kezdett, a munkanélküliség ugrásszerűen megnövekedett, a megélhetési költségek pedig egyre csak emelkedtek. Családok millióinak megtakarítása értéktelenedett el szinte egyik napról a másikra.

Ez idő alatt Sindona szoros munkakapcsolatba került Charles Bludhornnal, a Gulf & Western igazgatójával. Az újdonsült cimborák azzal teremtettek fiktív piacot, hogy névértéken adtak-vettek értéktelen részvényeket egymás között. 1972-ben már az amerikai Értékpapír- és Tőzsdefelügyelet (US Securities and Exchange Commission) követelte, hogy a két üzletember szüntesse be az értékpapírok véget nem érő tőzsdei csereforgalmát.[6]

Szintén ez idő tájt készítette el a Gulf & Western filmgyártó vállalata, a Paramount Pictures a Keresztapa-trilógia, a maffia működését feldolgozó filmsorozat első részét. A hollywoodi Paramount Studios – amely a filmet forgatta – az Immobiliare ingatlankereskedelmi és építésügyi óriásvállalathoz tartozott, amelyet korábban Sindona vásárolt meg a Vatikántól.[7] Bludhornnal kötött megállapodása alapján a Coppola-eposz jegyeladásaiból származó bevételek – a nemzetközi kábítószer-kereskedelemből lefölözött profit mellett – Sindona bankjaiba és vállalataiba áramlottak. Az élet ebben az esetben követte a kitalált történet forgatókönyvét.

Sindona más fontos barátokat is szerzett magának, köztük a

P-2-beli páholytárs Roberto Calvit, a milánói Banco Ambrosiano elnökét, és David Kennedyt, Nixon elnök első pénzügyminiszterét, a Continental Illinois National Bank and Trust Company elnökét. Sindona a Vatikán befektetéseinek zömét a Continental Illinois-on átfolyatva tudta amerikai részvényekbe helyezni. Kennedy pedig megvásárolta a Continental Illinois számára Sindona milánói pénzintézetének, a Banca Privata Finanziariának 20 százalékát.[8] Kennedy a Fasco International, Sindona egyik holdingcégének igazgatója lett. Később pedig amiatt perelték be 54 millió dollár összegben, hogy törvénytelenül összejátszott Sindonával, amikor utahi üzletemberek egy csoportjának eladták a Talcott Corporationt, a Banca Privata Finanziaria egyik vagyoni érdekeltségét.[9]

Sindona Richard Nixonnal is barátságba került, olyannyira, hogy a két férfiú több alkalommal is együtt ebédelt. Nixon számos ügyfelének és munkatársának ajánlotta, hogy használják ki Sindona tapasztalt befektetési és banki szolgáltatásait.[10]

Befolyásos barátai mellett Sindona egy sor fiatal szeretőt is maga köré gyűjtött, köztük a babaarcú hollywoodi filmcsillagot, Lana Turnert is. A nyolcszor elvált Turner később riportereknek elmesélte, hogy Sindona volt az egyetlen férfi az életében, aki mellett sohasem unatkozott. „Michele nem ismert félelmet – emlékezett vissza. – Igazi bajnoktípus volt és csodálatos szerető, a barátaihoz pedig végtelenül kedves. Ugyanakkor viszont minduntalan hajtotta valami, hogy istenhez legyen hasonló. Mindent megtett, amit csak akart, de úgy, hogy nem élt mások törvényei vagy erkölcse szerint. Hogyan is tudott volna? Ő mindannyiunk fölött állt. Egy élő képzelet volt, olyan, mint a Keresztapa."[11]

Michele Sindona saját bevallása szerint 1970-re ellenőrzése alá vonta a milánói értéktőzsdét. Befolyását pedig újra és újra tisztességtelen haszonszerzésre használta fel. Mivel a tőzsdén forgó részvények 40 százaléka közvetlenül a tulajdonában volt, bármelyik kereskedési napon elérhette, hogy a részvényárfolyamok lendüljenek ki, akár felfelé, akár lefelé.[12] A piac manipulálását ékesen példázza az, amit Sindona egy kicsi, jelentéktelen kereskedelmi vállalattal, a Pacchettivel tett, miután megvásárolta.

Sindona ugyanis elhatározta, hogy a Pacchettiből a Gulf & Western arányaihoz mérhető vállalatcsoportot hoz létre. Ám ahelyett, hogy amerikai mintájához hasonlóan filmstúdiókban, kiadóvállalatokban és légitársaságokban vásárolt volna érdekeltségeket, Sindona cége eleinte csak azzal volt elfoglalva, hogy kereskedelmileg nem kifizetődő acélárukat vásárolt fel, valamint olyan vállalatokat, amelyek – szintén veszteséges – háztartási eszközöket gyártottak. A Pacchetti így egy idő után kereskedelmi szemetesláda lett. Rendelkezett viszont egy számottevő értékű eszközzel: elővásárlási joga volt egy tekintélyes regionális bankra, a Banca Cattolica del Venetóra. Sindonának sikerült a katolikus pénzintézet elővételi jogát a tervbe beavatott Marcinkus érseken keresztül megszereznie.[13] A Banca Cattolica del Veneto tele volt a legmódosabb északolasz régió hívőinek megtakarított vagyonával, azon kívül roppant értékű ingatlantulajdonnal is rendelkezett, beleértve a pénzintézet fiókjainak otthont adó páratlan, középkori épületeket.

Roberto Calvi, aki Marcinkus mellett Sindona másik cinkostársa volt a bűntettben, megállapodott a pénzemberrel egy dátumban, amely napon meg fogja vásárolni Sindona befektetési vállalatát, a Zitropo Holdingot. Megállapodásukkal Sindonának ismét lehetősége nyílt, hogy törvénytelenül manipulálja a milánói értéktőzsdét.

1971-ben egy Pacchetti-részvény könyv szerinti értéke 250 líra volt. Sindona elrendelte a P-2 páholytag Ugo de Luca vezetése alatt álló Banca Unione értékpapír-kereskedelmi részlegének, hogy minden hozzáférhető Pacchetti-részvényt vásároljon fel.[14] A részvényeket azután – egy igencsak túlértékelt árfolyamon – néhány (Sindona tulajdonában álló) pénzintézménynek adták el. A részvények tőzsdei ára az egekig emelkedett: pár hónap leforgása alatt elérte az 1600 lírát.

1972 márciusában, amikor a Zitropo Holding megvásárlására kijelölt nap elérkezett, a Sindona-cégek hirtelen túladtak a Pacchetti-részvényeiken, és nagy mennyiségben kezdtek el Zitropo-részvényeket venni, amely cég időközben megszerezte a Banca Cattolica del Veneto vételi jogát. Ez a felvásárlási láz hirtelen felpumpálta a Zitropo értékét, amely teljes egészében Calvi tulajdonában volt. Sindona, miután a műveletet csak fiktív garanciákkal tartotta fenn, készpénztranzakciókat pedig nem végzett, 40 millió dollárt meghaladó bevételre tett szert. Ebből 6,5 millió dolláros jutalékot osztott ki: 3,25 millió dollárt Calvinak, 3,25 millió dollárt pedig Marcinkus érseknek.[15]

A velencei patriarchának, Albino Luciani bíborosnak valami igencsak szúrta a szemét az ügyletben, melynek végeredményeként a katolikus bank Calvi tulajdonába került. Azonfelül nehezményezte, hogy a bank, amely mindaddig katolikus karitatív szervezeteket és egyházi építkezési beruházásokat támogatott, mostantól egy kapzsi, nyerészkedő milánói bankár erszényét fogja hizlalni. Luciani bíboros ezért felkereste Marcinkus érseket a Vatikán Bankban. Marcinkus végighallgatta, majd megdorgálta kéretlen vendégét: „Eminenciádnak ma nincs ennél jobb dolga? Foglalkozzon a saját dolgával, én pedig majd foglalkozom a magaméval." Ezután egy határozott mozdulattal a kijárat irányába tessékelte a patriarchát.[16] A meggondolatlan mozdulatot a Vatikán Bank igazgatója később töredelmesen meg fogja bánni. 1978-ban ugyanis Lucianiból I. János Pál pápa lett, akiben mély nyomot hagyott a Marcinkusszal való megbeszélés megalázó emléke.

A Pacchetti értékét, amely hirtelen részvényenkénti hetvenöt lírára zuhant, Sindona bankjainak szerencsétlen ügyfeleinek pénzével pumpálták fel, akik legtöbbje sohasem adott felhatalmazást a banki műveletekhez. Az ügyfelek némelyike – köztük egy Jacometti nevű betétes, aki több mint 500 ezer dollárt veszített a tranzakció során – pert indított. A keresetek azonban rendre szétforgácsolódtak Licio Gelli bírósági összeköttetéseinek ellenállásán, vagy maguk a sértettek álltak el a pereskedéstől, miután a Gruppo Sindona képviselői „a lelkükre beszéltek".[17]

1976-ra Calvi Sindonával kötött társulása révén több mint 50 millió dollárt harácsolt össze, amit az Union des Banques Suisses-nél és a zürichi Bank Creditnél nyitott négy titkos számláján (a 618934, a 619112, a Ralrov/G21 és az Ehrenkranz jelű számlá-kon) helyezett el.[18]

Az Anyaszentegyház gazdasági felvirágoztatásán buzgólkodó Sindona arra biztatta Marcinkust, hogy a Vatikán olaszországi ér-dekeltségeinek eladásából származó vagyon egy tekintélyes hánya-dát a genfi Banque de Financement-ban, Sindona svájci bankjában fektesse be. A maffia drogkereskedelmének Sindona és néhány tár-sa által irányított központi pénzmosodája így került vatikáni rész-tulajdonba.

A banki befektetés azt is lehetővé tette a katolikus egyház számára, hogy hasznot húzzon a „kettős számlázásból", amire Sin-dona szintén felhasználta a svájci pénzintézetet. Carlo Bordoni az ilyen üzelmekről vallomásában később így emlékezett: „Bár nem volt ugyanolyan zsíros falat, mint a piszkos pénzek illegális kivite-léből származó profit, de azért ez is csinos kis bevételeket tudott produkálni."[19]

A „kettős számlázás" gyakorlata, ahogyan Sindona űzte, meg-lehetősen egyszerű művelet volt. Az exporttételek olyan költségen lettek kiszámlázva, amelyek messze alulmúlták azok valós értékét. A hamisított számlákat a Banca d'Italián keresztül fizették ki. A kifizetésekről készült feljegyzéseket azonnal továbbították az olasz adóhivatalnak, ennek következtében az exportőr az alacsonyabb összeg után adózott. A különbözetet az exportált javak átvevői közvetlenül a Banque de Financement-nak fizették ki. Sok eset-ben Sindona exportcégei veszteséget mutattak ki, így a törvényte-len tranzakciók révén hatalmas összegű adójóváíráshoz is jutottak az olasz államtól.[20]

Sindona hosszú évekig kenegette politikusok és megválasztott államhivatalnokok tenyerét, hogy a „kettős számlázás" hatósági ellenlépés nélkül folytatódhasson. Számára egyébként megszokottak voltak az ilyen jellegű kifizetések. A pénzember még arra is kísérletet tett, hogy „Amerikába vetett hitét" egymillió dollár készpénzzel „nyilvánítsa ki", amelyet egy bőröndben nyújtott át a Nixon 1972-es elnökválasztási kampányát vezető Maurice Stansnek. Amikor Sindona ragaszkodott hozzá, hogy az ajándéknak titokban kell maradnia, Stans visszautasította a bőröndöt, mondván, hogy az új amerikai jogszabályok törvényen kívül helyezték a névtelen választási adományokat.[21]

Sindona csillaga magasan ragyogott az égbolton. 1972-ben, amikor Milánóból Genfbe költözött át, a világ egyik leggazdagabb embere volt, aki bármit megvehetett vagy megtehetett, ami csiklandozta a fantáziáját. Hűséges felesége mellett egy seregnyi szebbnél szebb kitartott szeretője is volt. Nagy hatalmú barátai, akiket a zsebében tartott, készségesen várták az utasításait. 1972. február 17-én a *Wall Street Journal* úgy írt róla, mint „az olasz Howard Hughes, a világ egyik legnagyobb, megbecsülésnek örvendő pénzembere". 1974 januárjában John Volpe, az Egyesült Államok olaszországi nagykövete egy, a római Grand Hotelben tartott ceremónián „az év emberének" nevezte ki Sindonát. Giulio Andreotti, Olaszország miniszterelnöke megcsókolta Sindona kezét, és „a líra megmentőjének" szólította. A csillag azonban kisvártatva elhomályosult, és lehullott a magasból. Ugyanazon év októberében Sindona már menekült volt, a Vatikán pedig hamisított értékpapírok kapcsán kirobbant botrányba bonyolódott.

13

A MEGHAMISÍTOTT EGYHÁZ

Ne adjátok azt, ami szent, az ebeknek, se gyöngyeiteket ne hányjátok a disznók elé, hogy meg ne tapossák azokat lábaikkal, és nektek fordulván, meg ne szaggassanak titeket.

Máté evangéliuma, 7:6

Vincent Rizzo, a Genovese család egyik helyettes főnöke 1971. június 29-én a londoni Churchill Hotelbe utazott, hogy találkozzon Leopold Ledl osztrák szélhámossal. Egy nagy horderejűnek ígérkező üzlettel kapcsolatban kellett tanácskozniuk, ami még Matteo di Lorenzo *capo* figyelmét is felkeltette. Di Lorenzo („Marty nagybácsi") Charles „Lucky" Luciano és Vito Genovese utódja volt a bűnszövetkezet élén.[1] A hatvankét éves *capo* alacsony, keménykötésű ember volt, kerekded arcán nyílt tekintettel és kincstári mosollyal. Ártalmatlan, barátkozó kedvű fickó benyomását keltette, akit az ember a sarki csemegeüzlet pultja mögött is otthonosnak képzelne el. Marty nagybácsi azonban sem ártalmatlan, sem barátkozó kedvű nem volt. A Lower East Side nyomornegyedeiből kapaszkodott fel; a '30-as, '40-es és '50-es évek véres bandaháborúi alatt emelkedett ki, időközben pedig ki-tanulta az alkoholcsempészet, az uzsorakamatra adott kölcsönzés és a hamisítás mesterségeit is. Nem az a fajta ember volt, akinek az útját bárki szívesen keresztezné: Marty nagybácsi képes volt mosolyogva elrendelni bárkinek a kivégzését.

Michele Sindona, a Gambino és Genovese családok által a leg-nagyobb megbecsüléssel övezett emberek egyike hívta fel Marty nagybácsi figyelmét a szóban forgó ügyre. A római katolikus egy-ház – közölte vele Sindona – meg akart vásárolni egymilliárd dol-lárnyi hamisított értékpapírt egy kipróbált közvetítőn, Leopold Ledlen keresztül. A pápa bankára pedig Marty nagybácsit tartotta a megfelelő személynek, hogy fogadja a megrendelést. A puszta gondolattól, hogy az Anyaszentegyház ilyesféle ügyletbe bonyo-lódna, Rizzo hüledezve rázta meg a fejét. Marty nagybácsi viszont biztosítékokat kapott, hogy az üzlet „le van zsírozva", vagyis tel-jesen megbízható. Rizzo pedig nem volt abban a helyzetben, hogy megkérdőjelezze Marty nagybácsi szavahihetőségét, még ke-vésbé egy olyan megbecsült családtag megbízhatóságát, mint ami-lyen Don Michele, a *Santo Padre* bankára.

Rizzo egy sötét képű uzsorás volt, aki a Columbia Civic League Club elnevezésű társadalmi szervezetet használta fel tevékenysége számára: manhattani üzletembereknek, étteremtulajdonosoknak és más ügyfeleknek adott kölcsönöket, a visszatérítés határidejének tiszteletben tartatására pedig felfegyverzett gengsztereket alkalma-zott. Rizzo bűnlajstroma jó néhány oldalt megtöltene. Letartóztat-ták már autólopásért, államközi piacokon mozgatott lopott kötvé-nyek miatt, rablásért, illegális fegyvertartásért és egy sor, husángok-kal vagy lőfegyverekkel kivitelezett támadásért. Az FBI és az Inter-pol arról is tudott, hogy Rizzo egy fegyvercsempész-hálózatot is működtet, amely Dél-Amerikába juttat el fegyvereket; hogy mindemellett jelentős kokain- és heroinelosztó; és hogy hamis kötvényekkel is üzletel, amelyeket a világ több pontján bocsát ki.[2]

A férfi, akihez Rizzo találkozóra utazott – a körmönfont, alakoskodó modorú Leopold Ledl – már szintén az FBI és az Interpol látószögébe került. Fegyver- és kábítószercsempészettel, valamint értékpapír-hamisítással keveredett gyanúba. Az osztrák milliomosnak fontos összeköttetései voltak Olaszországgal. Barátai között volt Mario Foligni, a magát „San Francisco bárójának" kiadó szélhámos, aki a római és müncheni irodákkal rendelkező Nuova Sirce befektetési és pénzügyi céget vezette; Dr. Tommaso Amato milánói ügyvéd és csaló, aki hamisított festményekben, okiratokban és értékpapírokban utazott; valamint Remigio Begni vezető római tőzsdebróker, aki sohasem firtatta, hogy honnan származnak és kihez kerülnek a részvények, amelyeket értékesít.[3]

A vatikáni teológiai díszoklevéllel kitüntetett Foligni révén Ledl seregnyi egyházi méltósággal kötött ismeretséget, köztük Giovanni Benelli bíborossal, firenzei érsekkel és vatikáni helyettes államtitkárral; Egidio Vagnozzi kardinálissal, a Szentszék Vagyonkezelése Prefektúrájának vezetőjével; Amleto Giovanni Cicognani bíborossal, címzetes államtitkárral; és Eugène Tisserant-nal, a bíborosi kollégium dékánjával.[4] Ők és más kiemelkedő egyházférfiak Ledl rendszeres vacsoravendégei voltak Bécs melletti, pazar birtokán.

A szóban forgó év elején Tisserant bíboros azzal invitálta vatikáni irodájába Ledlt, hogy egy halaszthatatlanul fontos ügyet kell megvitatniuk. Tisserant – ahogy Ledl később a beszélgetés részleteiről beszámolt Richard Tamarro FBI-ügynöknek és Joe Coffeynak, New York város nyomozójának – a Vatikán kincstárának gondjairól számolt be osztrák vendégének, valamint beszélt Paul Marcinkus érseknek, a Vatikán Bank igazgatójának „meggondolatlan" befektetéseiről is, amelyek dollármilliókba kerültek az egyháznak. A bíboros azután megkérdezte Ledlt, van-e valamilyen ötlete vagy javaslata, hogyan lehetne kisegíteni a Vatikánt a pénzzavarból. Ledlnek ugyan számos ötlete lett volna, de azok közül keveset talált tanácsosnak megosztani nagy hatalmú vendéglátójával, egy kiemelkedő, köztiszteletben álló egyházi méltósággal.

„Hát nincs semmi ötlete, a leghaloványabb sem, bécsi barátom? – noszogatta vendégét Tisserant. – Pedig biztos vagyok benne, hogy egy ilyen tapasztalatokkal és összeköttetésekkel rendelkező üzletember képes lenne nagy mennyiségben értékpapírt szerezni, ami kisegítené a Vatikánt a jelenlegi kedvezőtlen helyzetből."

Ledl megkérdezte, miféle értékpapírokra gondol a bíboros.

„Első osztályú értékpapírokra, természetesen – felelte Tisserant. – Nagy amerikai vállalatokban."

„Az ilyen értékpapírok sokba kerülnek, és a beszerzésük is körülményes" – figyelmeztetett Ledl.

„No és ha hamisak?" – érdeklődött nyájasan Tisserant.

„Pontosan milyen mennyiségre is gondol eminenciád?" – tudakolta rövid szünet után Ledl.

„Közel egymilliárd dollárra" – felelte a bíboros. Egészen pontosan 950 millió dolláros összeget képzelt el.

Ledl azonban tovább akadékoskodott: vajon cseppet sem aggasztja a Vatikánt, hogy mi történik, ha ilyen irdatlan összegű hamis bizonylatokkal rajtakapják? Az csekélység, hogy egy ilyen kockázatos vállalkozás, ha balul sül el, milyen következményekkel járhat egy hozzá hasonló üzletember, vagy akár egy nagyvállalat számára. De egészen más a helyzet, ha egy olyan szent intézmény játszik nagy tételben, mint a római katolikus egyház.

Tisserant azt felelte, hogy egyáltalán nem aggódik. Az amerikai kormány sohasem vádolná meg az Anyaszentegyházat azzal, hogy hamis részvényekkel és kötvényekkel üzletel, a puszta feltételezés is abszurdnak tűnne a nyomozók előtt. Ha pedig felfedeznék, hogy a Vatikánnak fals értékpapírok voltak a tulajdonában, az amerikai hatóságok egyszerűen arra következtetnének, hogy az egyház gátlástalan szélhámosoknak esett áldozatul, az Egyesült Államok pedig minden esetleges veszteségért igyekezne kárpótlást nyújtani.

„Mennyit lenne hajlandó a Vatikán fizetni az első osztályú áruért?" – kérdezte Ledl.

Tisserant a névérték 65 százalékát vagy 625 millió dollárt helyezett kilátásba. Ledlnek természetesen az összeg egynegyedét – 150 millió dollárt – a terv értelmi szerzőinek, Tisserant-nak és Marcinkus érseknek kell majd átadnia. Ezzel Ledl és társai 450 millió dollárt tarthatnának meg.[5]

A csábító ajánlat ellenállhatatlan volt. Ledl haladéktalanul nekilátott, hogy teljesítse az egyház megrendelését. Felvette a kapcsolatot a New York-i Manuel „Ricky" Jacobsszal, aki a Gambino család elé tárta az üzleti lehetőséget. Ezzel egyidejűleg Sindona kapcsolatba lépett Marty nagybácsival, hogy biztosítsa: a hamisított értékpapírok iránti kereslet valós, és Ledl egy megbeszélt találkozón „megfogható bizonyítékkal" is fog szolgálni a Szentszék felhatalmazásáról.[6] Sindona tisztában volt vele, hogy az ilyen bizonyíték szükséges. Az ügylet egyrészt rendkívüli költségekkel fog járni: a nyomólemezek, az alappapír, a vésnökök, a nyomda és a futárok egytől egyig sokba kerülnek. Másrészről pedig Leopold Ledl neve sem Marty nagybácsinak, sem a Gambino család más tagjainak nem mondott semmit.[7]

Ahogy a New York Times oknyomozó riportere, Richard Hammer feljegyzi a *The Vatican Connection* című könyvében, a Churchill Hotel egy fényűző lakosztályában tartott találkozóra Ledl Maurice Ajzent vitte magával, aki tolmácsolt a megbeszélésen. Rizzo mellett három férfi ült az asztalnál. Az egyik Ricky Jacobs volt – akivel Ledl legelőször érintkezésbe lépett –, jobbján pedig Rizzo fia, Jerry, egy nagyra törő fenegyerek. Rizzo balján egy alacsony, testes, idősebb férfi ült, aki a szemeit félig behunyva tartotta. Őt Rizzo Dr. Greenwald néven mutatta be, mint egy Los Angeles-i „üzlettársát".[8]

Ledl a szükséges formaságok után kinyitotta diplomatatáskáját, és elővett egy iratot, amit még aznap reggel Rómában kapott kézhez. A *Sacra Congregatio pro Religiosis et Institutis Saecularibus* (Szerzetesek és Világi Intézmények Kongregációja) fejlécével ellátott levélpapíron – amely most az FBI tulajdonában van – ez az üzenet állt:

Mai találkozónkat követően meg kívánjuk erősíteni a következőket:

950.000.000 USD értékben teljes árucsomagot akarunk vásárolni.

Megegyezés történt az alábbiakban megjelölt tételek és átadási időpontok felől:

71.09.03., 100;

71.09.10., 200;

71.10.10., 200;

71.10.11., 250;

71.10.12., 200.

A megállapodás értelmében a két utolsó tételt 71.10.11-én egyszerre át lehet adni.

Szavatoljuk, hogy az áru 72.01.06-ig újraértékesítésre fog kerülni.

Tiszteletteljes üdvözlettel,

[olvashatatlan aláírás]

Róma, 1971. június 29.

Rizzo átböngészte a dokumentumot, majd megmutatta Dr. Greenwaldnak, aki elmosolyodott, és elismerően biccentett a fejével. A család megkapta a megígért biztosítékot. Miután Rizzo négyszemközt is tanácskozott Dr. Greenwalddal, tájékoztatta Ledlt, hogy az üzlettársai késedelem nélkül hozzálátnak a hamisítványok előállításához, hogy képesek legyenek tartani a megszabott határidőket. Rizzo azt is közölte, hogy a család hajlandó egy százalék – vagyis 9,5 millió dollár értékű – kötbért fizetni, ha egy átadással megkésnének. A szokatlanul magas kötbér felajánlásával a bűnszövetkezet jóindulatát, és az Anyaszentegyházba vetett bizalmát juttatta kifejezésre.[9]

Ledl tájékoztatta Rizzót: a Vatikán látni kíván egy mintacsomagot, hogy megvizsgálja, elfogadható-e az áru minősége. A próbadarabokat a lehető leghamarabb kellett elkészíteni. Rizzo kérdő tekintettel fordult Dr. Greenwald felé, aki beleegyezése jeléül bólintott.

Ledl és Rizzo megállapodott, hogy egy különböző típusú értékpapírokból álló, 14,5 millió dolláros árumintának elegendőnek kell lennie, és hogy maffiafutárok a római Cavalieri Hiltonban fogják kézbesíteni Ledlnek és társainak a csomagot.[10]

Miután ezekben megállapodtak, Rizzo és kísérete elhárították Ledl vacsorameghívását: mihamarabb vissza akartak térni az Egyesült Államokba, hogy elkezdhessék a szükséges intézkedéseket. Mire megérkeztek a limuzinok, hogy a gengszterküldöttséget a repülőtérre szállítsák, már az árnyalatnyi részleteket is sikerült letisztázniuk. Ledl megmámorosodott. Megcsinálta élete üzletét. Az osztrák svindler néhány hónap leforgása alatt 250 millió dollárt készült megkeresni. Annyira dörzsölt azonban mégsem volt, hogy rájött volna: a titokzatos Dr. Greenwald nem volt más, mint Matteo di Lorenzo, *alias* Marty nagybácsi, a Genovese család minden hájjal megkent, öreg *capó*ja.[11]

Amint Rizzo visszatért New Yorkba, a munka gőzerővel megindult. Az okmányok nyomólemezeit Louis Milo készítette el Little Italyban, az olasz negyedben, az Avenue »A« és a Twelfth Street sarkán álló nyomdaszaküzletében. Milo munkájában Ely Lublin vésnökmester szakértelmére támaszkodott, aki a Los

Angeles-i Melrose Avenue-n található műhelyében „feketenyom-dászokkal" (vagyis hamisítvány-szakértőkkel) dolgoztatott. Végül a philadelphiai William Benjamin, a Genovese család saját okirat-hamisító mestere végezte el az utolsó simításokat. A mintacsomag az American Telephone and Telegraph (AT&T) 498 db, 4 millió 980 ezer dollár értékű kötvénycsomagjából; a General Electric 259 db, 2 millió 590 ezer dollár értékű kötvényéből; a Chrysler 412 db, 2 millió 60 ezer dollár értékű kötvényéből; és a Pan American World Airways 479 db, 4 millió 780 ezer dollár értékű kötvényéből állt.[12] A hamis értékpapírok teljes névértéke 14 millió 410 ezer dollárra rúgott.

A próbapéldányokat Marty nagybácsi futárjai kézbesítették Ledlnek, azután Ledl a Vatikánnak továbbította a kötvényeket, hogy Tisserant bíboros megtekinthesse őket. A francia bíboros elégedett volt az eredménnyel.

Mialatt a Vatikán a hátralevő értékpapírok kikézbesítésére várt, Marcinkus érsek meg akart bizonyosodni róla, hogy a kötvények átmennek-e az eredetiségvizsgán. Július végén arra utasította Mario Folignit, hogy próbaképpen helyezzen el 1,5 millió dollárt a zürichi Handelsbankban. Amikor Foligni számlát nyitott, Mario Fornasari *monsignorét*, vatikáni titkárt nevezte meg kedvezménye-zettnek. Az értékpapírok – a Genovese család okirathamisítási szakértelmének igazi elismeréséül – sikeresen átjutottak a svájci bank tisztviselőinek ellenőrzésén.[13]

Szeptemberben Marcinkus megkérte Folignit, hogy egy má-sodik próbaletétet is helyezzen el, ezúttal 2,5 millió dollár érték-ben, a Banca di Romában, kedvezményezettként Alfio Marchinit, a Hotel Leonardo da Vinci tulajdonosát, Marcinkus közeli barátját nevezve meg. Az értékpapírokat itt is bevizsgálták, és az eredeti-ségük ismét igazolást nyert.[14]

A bonyodalmak akkor kezdődtek, amikor mindkét bank az Egyesült Államokba küldött mintát az értékpapírokból. A New York-i Bankers Association megállapította, hogy a papírok hamisak. Az eredményről az Interpol értesítést kapott. Amikor Folignit kihallgatták, úgy dalolt, akár egy kanári: bevallotta, hogy Leopold Ledltől szerezte be az értékpapírokat. Kihallgatásán Ledl is „köpött": „bemártotta" Vincent Rizzót, a Genovese családot, a Vatikánt és még Tisserant bíborost is. Ledlt és Rizzót letartóztatták, bíróság elé állították és elítélték, csakúgy, mint Ricky Jacobst, Jerry Jacobst, William Benjamint, Tommaso Amatót, Remigio Begnit és Marty nagybácsit. Louis Milo okirat-hamisító mestert holtan találták meg autójának csomagtartójában. Folignínak sikerült kibújnia az igazságszolgáltatás karja elől, miután kijelentette, hogy a vatikáni államtitkárság képviseletében járt el, és ezért diplomáciai védettséget élvez.

Amikorra William Lynch, az amerikai Igazságügyi Minisztériumon belül működő *Organized Crime and Racketeering Division* (Szervezett Bűnözés és Bűnszövetkezetek Elleni Részleg) igazgatója és William Aronwald, a *New York Strike Force* (New York-i Akciócsoport) helyettes igazgatójának sikerült átküzdenie magát a Vatikán nehézkes hivatali bürokráciáján, és egyeztettek egy megbeszélést Tisserant-nal, a bíboros már természetes halállal jobblétre szenderült. A nyomozók azután Paul Marcinkus érseket próbálták meg kihallgatni. Több mint egy évbe telt, mire kérelmüknek eleget tettek, és belépést nyertek a Vatikán Bankban lévő „Szentek Szentjébe".

A kikérdezés – amelyet Lynch és Aronwald magnószalagra rögzített – Marcinkusnak Sindonával való kapcsolatait firtató kérdésekkel indult.

„Michele és én jó barátok vagyunk – felelte Marcinkus, miközben hosszú, kubai szivarjával pöfékelt. – Jó pár éve ismerjük egymást. Viszont a pénzügyi kapcsolataink meglehetősen korlátozottak. Ő, maguk is biztosan tudják, a legvagyonosabb iparmágnások egyike Olaszországban. Pénzügyi kérdésekben mindig jóval megelőzi a korát."

Amikor a nyomozók a „meglehetősen korlátozott" pénzügyi

kapcsolataik felől tudakozódtak, Marcinkus kitért a válaszadás elől: „Nem hiszem, hogy szükséges lenne a banki titoktartási törvényeket megszegnem, hogy megvédjem magamat."

„Kész arra, hogy tanúskodjon az Egyesült Államok bírósága előtt, ha szükséges lesz?" – kérdezte Lynch.

„Hát igen – felelte Marcinkus –, ha feltétlenül szükséges lesz."

Lynch a következő kérdésével tért a tárgyra: „Rendelkezik titkosított magánbankszámlával a Bahamákon?"

„Nem" – felelte Marcinkus.

„Rendelkezik szokványos magánbankszámlával a Bahamákon?"

„Nem" – válaszolta Marcinkus a magától értetődő válasz hanghordozásával.

„Egészen biztos benne, érsek úr?" – tamáskodott Lynch.

„A Vatikán rendelkezik pénzügyi érdekeltséggel a Bahamákon – válaszolta Marcinkus –, de ez egy szorosan vett üzleti érdekeltség, mint sok másik, amit a Vatikán ellenőriz. Ezek pedig nem magánszemélyek privát anyagi nyereségét szolgálják."

„Nem – csökönyösködött Lynch. – Bennünket az ön saját bankszámlái érdekelnek."

„Nincsen egyetlen magánbankszámlám, sem a Bahamákon, sem bárhol másutt" – zárta rövidre a vitát Marcinkus.[15]

A nyomozóknak tudniuk kellett, hogy Marcinkus minden szava hazugság. Az érsek 1971 óta a nassaui Banco Ambrosiano Overseas igazgatótanácsának tagja volt, rendszeresen utazott el a Bahamákra, a nassaui bank részvényeinek nyolc százaléka pedig a személyes tulajdonában volt. Az érseknek Sindona bankjaiban nyitott magánbankszámláiról is bizonyára volt tudomásuk, mint ahogy arról a kisebbfajta vagyonról is, amihez Marcinkus a Sindonával és a P-2-vel lefolytatott üzelmei révén jutott, s amit az érsek a genfi Banque de Financement-ban helyezett biztonságba.[16]

A találkozót követően az amerikai nyomozók megkísérelték vád alá helyezni Marcinkust. Az érsek végtére is amerikai állampolgár volt, s mint ilyen, az amerikai igazságszolgáltatás előtt felelnie kellett. A kiadatása és bíróság elé állítása szükségszerűnek látszott: a Vatikánban még mindig több mint 10 millió dollár értékben tartottak hamisított értékpapírokat, és nagy volt az esélye, hogy a maffiózók a közel egymilliárd dolláros megrendelésből további tételeket is aláírtak, lepecsételtek és kézbesítettek a városállam illetékeseinek.

A Nixon-kormányzat viszont lefújta az eljárást. Félő volt ugyanis, hogy a túlságosan kényes ügy az amerikai katolikusok részéről politikai ellenhatást fog eredményezni,[17] ezért célszerűbbnek tűnt szemet hunyni a 10 millió dollár, a bűnbanda és Marcinkus esete fölött. Elvégre is a kormány nem dobhatott át ügynököket a Tiberisen 0,45-ös félautomata fegyverekkel, házkutatási igazolványokkal és bilincsekkel felszerelve. „Nem akartunk az ügyre ilyen hatalmas összegeket fordítani az adófizetők pénzéből – mondta később Aronwald –, hacsak nem vettük volna nagyon komolyan a bizonyítékokat. A nyomozás végén azonban a Marcinkus-ügyet meggyőző bizonyítékok hiányában kellett lezárni."[18]

14

A „VATIKÁN RT." ÖSSZEOMLÁSA

Valaki azért hallja tőlem e beszédeket, és megcselekszi azokat, hasonlítom azt a bölcs emberhez, aki a kősziklára építette az ő házát: és ömlött az eső, és eljött az árvíz, és fújtak a szelek, és beleütköztek abba a házba, de nem dőlt össze, mert a kősziklára építtetett. És valaki hallja tőlem e beszédeket, és nem cselekszi meg azokat, hasonlatos lesz a bolond emberhez, aki a fövenyre építette házát: és ömlött az eső, és eljött az árvíz, és fújtak a szelek, és beleütköztek abba a házba, és összeomlott, és nagy lett annak romlása.

Máté evangéliuma, 7:24—27

Mialatt Marcinkus érsek az amerikai nyomozók előtt Sindona gazdasági éleslátását méltatta, a „Cápa" pénzügyi birodalma már omladozni kezdett. Alapvető fiskális szabályszerűség, hogy aki nagy összegeket lop el egy banktól, ezzel rést nyit a pénzintézeten. Az egyre növekvő hiányt pedig lehetetlen csupán a nem létező nyereségekről szóló nyilatkozatokkal betömködni. A pótláshoz készpénzre van szükség; bevétel kell a mérleg kiegyensúlyozására, hogy ismét létrejöjjön a szükséges pénzügyi stabilitás. Amikor viszont két legnagyobb bankjában – a Banca Unione és a Banca Privata Finanziaria pénzintézetekben – ilyen hézagok jelentek meg, Sindona azzal próbálta orvosolni a válságot, hogy a kettőt Banca Privata néven egyetlen gigantikus intézménybe olvasztotta. A két nagy hézag akkora tátongó lyukká növekedett, hogy még a legrövidlátóbb milánói könyvvizsgálónak is szemet szúrt volna. 1974 júliusára Sindona új bankja 200 milliárd lírás veszteséget halmozott fel.[1] A pénzember mégis meg tudta győzni a Banca di Roma igazgatótestületét, hogy az aggasztóan nagy lyuk betömésére injekciózzanak 200 millió dollárt a Banca Privatába. Erőfeszítésük hiábavalónak bizonyult; a pénzösszeg ugyanis nem volt elegendő, hogy feltartóztassa a pénzintézet összeomlását. 1974 szeptemberére – alig három hónappal a megalapítása után – a Banca Privatat több mint 300 millió dolláros vesztesége miatt kötelező érvényű csődeljárás alá vonták. A Banca di Romára a Sindonának nyújtott meggondolatlan segély miatt szintén gyors összeomlás várt. A Vatikán – saját beismerése szerint – 27 millió dollárt veszített a bankkölcsönön, azokon az összegeken kívül, amelyeket már korábban a Banca Unione és a Banca Privata Finanziaria pénzintézetekbe fektetett. Az egyház teljes vesztesége svájci szakértői becslések szerint meghaladta a 240 millió dollárt,[2] más számítások alapján azonban az egymilliárd dollárt is megközelítette.[3]

Ezzel egyidejűleg a Sindona által 1972-ben megvásárolt amerikai Franklin National Bankban is hatalmas hiány keletkezett a „Cápa" tisztességtelen pénzfelvételei miatt. A hatalmas összegű mínuszokra nem lehetett magyarázatot találni, a Franklin National ugyanis a tizennyolcadik legnagyobb bank volt az Egyesült Államokban, 3,3 milliárd dolláros mérlegfőösszegével pedig az egyik legvagyonosabb.[4] Sindonának azonban két év leforgása alatt sikerült kisöpörnie a Long Island-i pénzintézet páncéltermeit. Az amerikai kormány, abbéli aggodalmában, hogy a bank összeomlása az egész országban éreztetné kedvezőtlen hatásait, korlátlan hitelkeretet biztosított Sindonának, hogy a bank megőrizhesse a fizetőképességét. 1974 szeptemberében és októberében az Amerikai Központi Bank, a Federal Reserve több mint egymilliárd dollárt pumpált a Franklinbe. Az erőfeszítések azonban mit sem használtak. Október 8-án a Franklin National összeomlott, és ezzel több mint kétmilliárd dolláros kárt okozott a Federal Reserve Insurance Company számára. A bukás az amerikai történelem legnagyobb – és egyben a nagy gazdasági válság óta az első – banki csődje volt.

A Franklin National maradványai között kotorászó pénzügyi tisztviselők felfedezték, hogy Sindona további 45 millió dollárt emelt el a bankból közvetlenül a széthullása előtt, amely összeget azután devizaspekulációkra, és a szintén omladozó olaszországi érdekeltségeinek aládúcolására herdálta el.[5]

A Banca Privata és a Franklin National fiaskója után egész Európa a Sindona-birodalom összeomlásának robajától volt hangos. Néhány héten belül a hamburgi Bankhaus Wolff, a kölni Bankhaus Herstatt és a zürichi Amincor Bank is romokban hevert.[6] Milliárdok tűntek el nyomtalanul abban a hatalmas hasadékban, amely az olasz sajtóban az *il crack Sindona* („a Sindona-krach") néven vált ismertté.

Az olasz hatóságok letartóztatási parancsot adtak ki Sindona ellen, ezért a „Cápa" Svájcba szökött, onnan pedig New Yorkba távozott, ahol a Fifth Avenue-n álló, szerény eleganciájú Hotel Pierre-ben vett ki magának lakosztályt, és ahol a Johnny Gambino-féle G&G (Gambino és Genovese) Company „pénzügyi főtanácsadója" lett.[7] Nixon egykori elnök pénzügyminisztere, David Kennedy tanácsára Sindona felbérelte Richard Nixon és John Mitchell jogi cégét, a Mudge, Rose, Guthrie & Alexandert, hogy nyújtson jogi segítséget a kiadatása elleni küzdelemben.[8] Emellett egy PR-tanácsadót is felfogadott, aki elintézte, hogy Sindona vezető amerikai egyetemeken tarthasson előadásokat.

A University of Pennsylvania katedráján Sindona meglengette az amerikai zászlót, és szónoklatában gazdasági idealistaként tüntette fel magát. Beszédét a következő szavakkal kezdte: „Rövid előadásom célja meglehetősen ambiciózus: hozzá kívánok járulni, hogy az amerikaiaknak helyreálljon a bizalmuk a gazdasági és pénzügyi szektorokban, valamint emlékeztetni kívánom önöket arra, hogy a szabad világnak szüksége van az Egyesült Államokra.”9

Néhány nappal azután, hogy egy milánói bíróság *in absentia* három és fél évre ítélte sikkasztásért, Sindona a Columbia University-n a pénzügyi erkölcsiség és felelősségtudás fontosságát hangsúlyozta: „Magától értetődően közfelháborodásnak kell kísérnie, hogyha valaki a törvény előtti felelősségre vonás elkerüléséért, vagy tisztességtelen előnyszerzés érdekében fizet. Ilyenkor egyaránt meg kell büntetni azt, aki a pénzt adta, és azt is, aki elfogadta.”10

A rangos egyetemeken erkölcsről szónokló Sindona megdöbbentő jelenség volt. A szicíliai maffia pénzügyi *capó*ja a közgazdászhallgatókat – Amerika jövendőbeli gazdasági vezetőit – üzleti etikára, pénzügyi stratégiákra, és az általa ideálisnak tartott nemzetközi cégek létrehozására okította.

1975 szeptemberében képek járták be a világsajtót, amelyeken Abraham Beame New York-i polgármester forrón köszönti Sindonát. Olaszországban ekkor betelt a pohár; a félszigeten a mély felháborodás hangjai hallatszottak. A *Corriere della Sera* milánói székhelyű lap így füstölgött: „Sindona amerikai száműzetésében – jobban mondva menedékében – továbbra is nyilatkozatokat és interjúkat adhat, és továbbra is találkozgathat a politikai elittel. A kiadatás törvényei és mechanizmusa nem egyformán érvényesek mindenkire nézve. Ha valaki almát lop, hónapokig, talán évekig is börtönben sínylődhet. Ha valaki külföldön dolgozik,

és nem válaszol a sorozóbizottság felszólítására, hazatérésre köte-
lezik, és katonai bíróság elé állítják. Az ilyenek számára ismeret-
len a bürokrácia aktatologató halogatása."

Az Egyesült Államokban tartózkodó Sindonáról leperegtek
az efféle panaszok. Johnny Gambino és más New York-i maffió-
zók részéről az *uomo rispettato*, vagyis „tiszteletre méltó férfinak"
kijáró megbecsülés övezte. E barátai Don Michelének szólították,
és banketteket rendeztek a tiszteletére. Nino Gambino, Johnny fia
későbbi visszaemlékezése szerint a bűnszövetkezet tagjai rendsze-
sen felkeresték Sindonát, akit harsányan dicsértek: „Don Michele,
te vagy minden szicíliai közül a legnagyobb. Büszkék vagyunk
rád. Hadd segítsünk rajtad, ha gondjaid vannak! Mondd meg ne-
künk, kit akarsz holtan látni! Mondd meg nekünk, ki az a kurafi.
Megtesszük neked, mert tisztelünk téged. Pénzről szó sem lehet,
Don Michele. Mi csak a barátaink kedvéért ölünk."[11]

Sindona át is adhatott egy ilyen feketelistát, mert a „pápa
bankárának" ügyeit kutató állami tisztségviselők közül öten maf-
fia-stílusú bosszúhadjárat áldozatai lettek, köztük a Banca Privata
felszámolójának kinevezett Giorgio Ambrosoli ügyvéd, akit a la-
kása ajtajában bérgyilkos lőtt agyon.[12] Akik tanúskodni mertek
Don Michele ellen, hasonló sorsra jutottak. Graziano Verzottóra,
a Kereszténydemokrata Párt volt regionális titkárára Palermóban
lőttek rá, miután kifecsegte a hatóságoknak, hogy Sindonától
vesztegetési összeget kapott. Verzotto végül túlélte a merényletet,
de vette az üzenetet, és Bejrútba menekült a *vendetta* elől.[13] Má-
sok, mint Giuseppe di Cristina, akik átlátták Sindona szövevényes
kapcsolatait a nyugati világot behálózó heroinkereskedelemmel,
nem voltak ilyen szerencsések. Di Cristinával a nyílt utcán szá-
moltak le Palermóban, holttestére pedig gyilkosai Sindona egyik
svájci bankjában kiállított elismervényeket terítettek.[14]

1976 szeptemberére az olasz hatóságoknak sikerült elérniük,
hogy Sindonát New Yorkban letartóztassák. A barátainak és tá-
mogatóinak gyűrűjében nyilatkozó Sindona kifejezte felháboro-

dását és megdöbbenését, amiért „az Egyesült Államok most úgy döntött – mintegy két évvel azután, hogy Olaszországban hamis vádakkal ellenem támadtak –, hogy megkezdi a kiadatási eljárást. Hangsúlyozni akarom, hogy a vádakat Olaszországban minimális nyomozás alapján vagy éppenséggel nyomozás hiányában fogalmazták meg, és hogy azok teljességgel hamisak." A „Cápát" a New York-i Bűnügyi Törvényszék fogházában vették őrizetbe, majd hárommillió dolláros óvadék fejében szabadlábra helyezték.

Sindona és a Genovese család minden lehetséges eszközzel igyekezett megakadályozni a kiadatást. Az olasz negyedben pénzgyűjtési rendezvényeket tartottak Sindona jogi védelmének fedezésére. Sajnálatos módon a családtagok, lévén maguk is tolvajok, elfelejtették az estélyekből és bankettekből befolyt teljes összeget továbbítani Sindona ügyvédi csapatának, ehelyett a támogatás 50 százalékát általában saját maguknak fölözték le.[15]

Rangos személyiségek jelentek meg a bíróság előtt, hogy Sindona védelmében felemeljék a szavukat. Carmelo Spagnuolo, a Római Legfelsőbb Bíróság elnöke eskü alatt vallotta, hogy a szicíliai ellen felhozott vádak egy kommunista összeesküvés részét képezik, amellyel a baloldal az olasz ipar vezető tőkéseit próbálja ellehetetleníteni. Kijelentette, hogy az összeesküvést az olasz taláros testületben helyet foglaló szélsőbaloldali bírók eszelték ki, és hogy Sindonát – „a munkások nagy védelmezőjét" – abban a pillanatban meggyilkolnák, mihelyst olasz földre tenné a lábát.[16] Spagnuolo tanúskodását Licio Gelli is megerősítette: „A kommunisták azért gyűlölik Sindonát, mert antikommunista – mondta Gelli a bíróság előtt –, és mert mindig is támogatta a demokratikus Olaszország szabad vállalkozási rendszerét."[17]

A törvény betartásán fáradozó olasz tisztviselők kezük közé akarták kaparintani, az amerikai maffia pedig sehogyan sem akarta a karjai közül kiengedni Michele Sindonát, eközben azonban a Szentszék bronzkapui bezárultak a pénzember előtt. Olasz nyomozók ugyanis felderítették a vatikáni szálat, amely azzal fenyegetett, hogy VI. Pál gúny és megvetés tárgya lesz. A sajtóban napvilágot látott híradások szerint a Vatikán egymilliárd dollárt bukott el a maffiával való titkos üzelmein. A teológiai spektrum baloldaláról a jezsuiták azért támadták a pápát, amiért belekeveredett az olasz politika fertőjébe, s amiért „átadta az egyház jövőjét a sátán kezébe”. Jobboldalról pedig a II. vatikáni zsinat reformjait elutasító konzervatívak, köztük Marcel Lefebvre francia érsek követelte VI. Pál lemondását. A „tridenti” katolikusok hetilapja, a *Traditionalist* egy 1973 februári száma azzal zárta a Sindona-ügyről szóló részletes tudósítását, hogy a pápát „az egyház árulójának” nevezte.

Marcinkus érseknek abban a megaláztatásban volt része, hogy alapos kihallgatásoknak kényszerült magát alávetni, amelyeken az olasz nyomozók a Sindonával lebonyolított ügyletei felől faggatták. Marcinkus hozta a formáját. 1973 áprilisában amerikai nyomozók előtt így vallott: „Michele és én remek cimborák vagyunk, sok-sok éve ismerjük egymást.” Két évvel később az olasz *L'Espresso* magazinnak már másként nyilatkozott: „Az igazság az, hogy nem is ismerem Sindonát. Akkor meg hogyan is bukhattam volna el pénzt miatta?”

VI. Pál pánikba esett és kapkodó, kiszámíthatatlan lépéseket tett. Bizalmi emberei előtt kilátásba helyezte, hogy lemond a pápaságról – mielőtt viszont levenné fejéről a tiarát, jóvá akarja tenni a pénzveszteséget, amit egyházának okozott. Megkövetelte, hogy ő nevezhesse ki utódját, és kezdeményezte egy négyszáz éves statútum felfüggesztését, amely megtiltotta a pápáknak, hogy Krisztus helytartóiként eladhassák hivatalukat annak, aki a bíborosok közül a legtöbbet kínálja érte.[18] Ez a változtatás lehetővé tette volna VI. Pál számára, hogy egyháza számára vagyont gyűjtsön, visszaszerezve mindazt, ami a maffiával való ügyletei során elúszott.

A pápa folyvást álmatlanságra panaszkodott. Már a pirkadat előtti órákban a lateráni palota folyosóin bolyongott, és gyakorta panaszkodott, hogy egy baljóslatú jelenlétet érez a Vatikán épületeiben. „A sátán füstje beszivárgott a szentélybe. Körüllengi az oltárt" – lepte meg az őt kiszolgáló személyzetet a bejelentéssel.[19]

Végül azonban az egyházfő visszanyerte régi önmagát, és felismerte, hogyan kell kilábalnia a gondjaiból. Engedélyt adott Marcinkus érseknek, hogy új, előnyösebb üzleteket kössön, ez alkalommal Roberto Calvival, a Banco Ambrosiano elnökével, aki Sindona helyettese lett mint pénzügyi maffia-*capo* és a P-2 „kifizető embere".

Roberto Calvi azonban nem vesztegette arra az idejét, hogy beavassa a Vatikánt az egymást követő sötét ügyletei minden részletébe. 1976. november 19-én Calvi megszerezte a Vatikán Bank részére a firenzei Banco Mercantile 53,3 százalékát. December 17-én a részvényeket a Giammei & C. milánói brókercéghez továbbította. A részvényeket egy bűvészmutatvánnyal még ugyanazon a napon a Vatikán Banknál „parkoltatták le". Volt azonban egy probléma. A Vatikán Bank nem rendelkezett elegendő szabad pénzeszközzel azon a számlán, amelyre a részvényeket áthelyezték. Ezt a nehézséget úgy oldották meg, hogy hirtelen nyolcmilliárd lírás (több mint tízmillió dollár) áthidaló hitelkerettel új számlát nyitottak. Hat hónappal e különös tranzakciók után, 1977. június 29-én a Giammei & C. a milánói Credito Commerciale cégen keresztül visszavásárolta a részvényeket. Calvi ezután a Credito Commercialétól megvásárolta a banki részvényeket cége, az Immobiliare XX Settembre részére.

A kártyatrükkök szemet kápráztató gyorsasággal követték egymást. Valahányszor ugyanis a részvények gazdát cseréltek, számottevő értéknövekedésen mentek keresztül. A Banca Mercantile részvényeinek eredeti értéke papíronként 26 ezer líra volt.[20] Azáltal, hogy a saját részvényeit az eredeti áruk kétszereséért önmagának adta el, Calvi mesterségesen megnövelte a banki részvények értékét; így a Banca Mercantile-részvények tűntek a legfelkapottabb papíroknak a milánói értéktőzsdén. Ez Calvi számára lehetővé tette, hogy mesterségesen felfújt áron, 33 milliárd líráért (40 millió dollárért) adjon túl a részvényeken üzleti vetélytársának, a lóvá tett Anna Bonominak. Azért a kiváltságért, hogy cselszövései során felhasználhatta a Vatikán nevét és intézményeit, Calvi kegyesen egymillió lírás részesedést juttatott a Vatikán Banknak.[21]

A Banca Mercantile-ügylet csak egyetlen volt Calvi számtalan pénzügyi zsonglőrmutatványa közül. A Vatikán Bank óriási éves nyereségekre tett szert a milánói pénzember révén, amiért részt vállalt a tisztességtelen vállalkozásokban. A pápai kincstár végre ismét megtelt. 1978. augusztusában viszont a pénzáramot hirtelen elzárták. VI. Pált Castel Gandolfo-i nyári rezidenciáján szívroham érte, és utódja – Albino Luciani, aki az I. János Pál nevet vette fel – az egyház reformjáért szállt síkra.

15

HALÁLRA SZÁNVA

*Kígyók, mérges kígyóknak fajzatai, miképpen kerülitek
ki a gyehennának büntetését? Azért én prófétákat, böl-
cseket és írástudókat küldök hozzátok, és azok közül né-
melyeket megöltök, és megfeszítetek, másokat azok közül
a ti zsinagógáitokban megostoroztok, és városról város-
ra üldöztök, hogy rátok szálljon minden igaz vér, amely
kiömlött a földön, az igaz Ábelnek vérétől Zakariásnak,
a Barakiás fiának véréig, akit a templom és az oltár kö-
zött megöltetek.*

Máté evangéliuma, 23:33—35

Röviddel a halála előtt VI. Pál elhatározta, hogy elköltözé-
se után komoly feladat elé állítja a bíborosait: megpró-
bálta a lehető legkörülményesebbé tenni utódjának megválasztá-
sát. Mivel tisztában volt vele, hogy az előző konklávékat „bepo-

loskázták",[1] kardinálisait kiközösítés terhe melletti ünnepélyes es-
kütételre kötelezte, amelyben megfogadták: nem fognak a szava-
zás kimeneteléről külső forrásokat értesíteni, és más egyházi mél-
tóságokkal sem vitatják meg az eredményt. Minden bejárat előtt
és ablak alatt svájci gárdisták strázsáltak, ha netalán valamelyik
élemedett korú bíboros arra vetemedne, hogy kötélhágcsóval pró-
báljon leereszkedni a magas faloromról, s azután kereket oldjon.

A Sixtusi kápolnában, a konkláve helyszínén a fejedelmi pom-
pához és luxuslakosztályokhoz szokott bíborosok különálló, ké-
nyelmi szolgáltatások nélküli szobácskákat – VI. Pál pápa szó-
használatával: cellákat – kaptak. Mielőtt lakókamráikba beléptek
volna, a bíborosokat „jeladó készülékek" vagy más kommunikáci-
ós eszközök után kutató porkolábok motozták végig, akik még a
ceruzákat és a jegyzetfüzeteket is elkobozták.

A konkláve kezdetén, 1978. augusztus 25-én a száztizenegy
bíboros néma csöndben vonult be a kápolnába. Az elnöklő kardi-
nális – a *camerlengo* – névsorolvasást tartott, majd elrendelte, hogy
a bíbortaláros csoport térdepeljen le, mielőtt elénekelné a *Veni
Creator Spiritus* kezdetű latin egyházi éneket. A szent gyűlés több
tagja, ha felháborodva nem is, de mindenesetre zsémbelődve fo-
gadta, hogy nem az Anyaszentegyház előkelő fejedelmeinek, ha-
nem inkább a San Quentin börtön fegyenceinek kijáró bánásmód-
ban kell részesülniük.[2]

A helyzetet súlyosbította, hogy a konkláve tikkasztó hőhul-
lám idején vette kezdetét. A hőmérők higanyszála Rómában 35
fok fölé kúszott, így bereteszelt ajtóival és leplombált ablakaival a
kápolna minden bizonnyal izzasztó katlanná alakult. Nincs is mit
csodálkozni, hogy a tradicionalista és a progresszív szárny gyorsan
megállapodásra jutott, és a szelíd természetű Albino Lucianit vá-
lasztották meg új pápájuknak. A történelem legrövidebb konklá-
véja mindössze egy napig tartott.

A pápaválasztók megelégedésére Luciani az I. János Pál nevet
vette fel, az első összetett nevet az egyház történetében: a Jánost

XXIII. János, a Pált pedig VI. Pál után. Ezzel – úgy tűnt – afelől akarja biztosítani a bíborosait, hogy megmarad az elődei által kijelölt kerékvágásban, és nem fogja megbolygatni a „Vatikán Rt." működését. A bíborosok súlyosan félreértették a helyzetet.

Amint a Sixtusi kápolna kéményéből felcsapó fehér füst hírül adta a szavazás eredményességét, az olasz sajtó arra szólította fel az új pápát, hogy állítsa helyre „a rendet és az erkölcsösséget" a Szentszék ügyvitelében. Az *Il Mondo* című vezető olasz gazdasági lap nyílt levelet jelentetett meg, amelyben kíméletlenül éles kérdések sorozatát szegezte János Pálnak. „Helyes, hogy a Vatikán spekulánsként jelenjen meg a piacokon? – követelte a választ az újság. – Helyes, hogy a Vatikán saját bankja műveleteivel elősegítse, hogy a tőke Olaszországból más országokba kerüljön át? Helyes, hogy ez a bank segédkezet nyújt olasz állampolgároknak az adócsalásban?"

Az *Il Mondo* a Vatikánnak a Michele Sindona-féle „leggátlástalanabb pénzügyi üzérekkel" való társulása kapcsán is kérdéseket fogalmazott meg. „Miért tűr el az egyház befektetéseket olyan nemzeti vagy nemzetközi vállalatokban, amelyek egyedüli célja a profitszerzés – kérdezett a levél –, olyan vállalatokban, amelyek, ha szükségesnek látják, lábbal tiporják a szegények millióinak emberi jogait, különösen a harmadik világban, amely olyannyira közel áll a pápa szívéhez?"

A levél, amely a lap gazdasági rovatvezetőjének aláírásával jelent meg, a Vatikán Bank elnökéről, Paul Marcinkusról is kíméletlen bírálattal fogalmazott: „Ő az egyedüli olyan prelátus, aki egy személyben egy világi bank igazgatótanácsi tagja is, amely banknak mellesleg a kapitalista világ egyik legnépszerűbb adóparadicsomában van leányvállalata, a nassaui Cisalpine Overseas [ebből lett később a Banco Ambrosiano Overseas]. Az adóparadicsomokból adódó előnyöket a földi törvények megengedik kihasználni, és egyetlen világi bankárt sem idéznek bíróság elé, amiért élt az általuk kínált lehetőséggel. De talán Isten törvénye alapján – amelynek pedig az egyház minden lépését vezérelnie kellene –

mégsem annyira egyenes dolog kihasználni őket. Az egyház egyen-
lőségről prédikál, de az adófizetés elkerülésével nem úgy tűnik,
hogy az egyenlőség útját járná. A laikus állam ugyanis az adóink-
ból próbálja megvalósítani azt az egyenlőséget, amelyért az egy-
ház a szószéken felemeli a szavát."[3]

Az új pápa szívére vette az észrevételeket, és elhatározta, hogy
a múltbeli hibákat helyrehozva a „Vatikán Rt.-t" Szent Péter és
Szent Pál apostoli egyházává alakítja. Augusztus 27-én, pápaságá-
nak második napján János Pál bejelentette Jean Villot bíboros ál-
lamtitkárnak, hogy szándékában áll a Vatikán pénzügyeit tüzetes
vizsgálatnak alávetni. „Semmilyen részleg, kongregáció vagy osz-
tály nem fog mentesülni" – ígérte az egyházfő.[4]

Egy héten belül János Pál asztalán feküdt egy előzetes jelentés
a Vatikán Bank működéséről. A pénzintézet, amelyet azért hoztak
létre, hogy előmozdítsa a „vallási képviseletek" munkáját, ekkorra
már határozottan világi jelleget öltött. A nyilvántartásában szerep-
lő 11 ezer számlából csak mintegy 1650 szolgált egyházi célokat.
A többi 9350 számlán a Vatikán „különleges barátainak" kenőpénz-
zeit tartották, olyanokét, mint Sindona, Calvi, Gelli és Marcin-
kus.[5]

Szeptember 7-én Benelli bíboros még kellemetlenebb hírek-
kel szolgált az egyházfőnek. A Banca d'Italia nyomozást indított
a Banco Ambrosiano igazgatója, Roberto Calvi és a Vatikán Bank
kapcsolatainak feltárására, beleértve az olyan ügyleteket, mint a
Banca Cattolica del Veneto megvásárlása és a firenzei Banca Mer-
cantile részvénymanipulációi. A nyomozók pedig már el is készí-
tettek egy előzetes jelentést a szabálytalanságokról Emilio Ales-
sandrini vizsgálóbíró részére. A pápa arcából kifutott a vér. Biztos
volt benne, hogy a jelentés nemcsak Calvira nézve lesz terhelő,
hanem vezető vatikáni tisztviselők, köztük Marcinkus érsek és két
közeli munkatársa, Luigi Mennini és Pellegrino de Strobel is
érintve lesznek. János Pál tisztában volt vele, hogy a kialakulóban
lévő botrány azonnali cselekvést igényel.

A pápa azonban nem tudott róla, hogy az ügy rendezése már biztos kezekben van. Licio Gelli és Roberto Calvi ugyanis értesültek a nyomozásról és a jelentésről. A nyugtalanító válsághelyzet azzal oldódott meg, amit Sindona „olasz megoldásnak" nevezett: öt fegyveres agyonlőtte Alessandrini vizsgálóbírót, miközben egy reggel a kisfiát iskolába vitte, és Renault 5-öse a római Via Muratorin, egy piros lámpa előtt vesztegelt.[6] Az akció elérte a célját: a Vatikán Bank és Calvi ellen folyó vizsgálat megszakadt, amivel az érintettek értékes időt nyertek.

János Pál legriasztóbb felfedezését viszont szeptember 12-én, egy csütörtöki napon tette, amikor dolgozóasztalánál kezébe vette a *L'Osservatore Politico* egyik példányát. A szabadkőműves rendből „kiugrott" Mino Pecorelli által szerkesztett kiadvány *A vatikáni nagypáholy* című cikkében százhuszonegy vezető katolikus papi és világi személy nevét közölte le, akik szabadkőműves páholyok tagjaiként Licio Gellihez és a P-2-höz kötődtek.[7] A pápa felismerte, hogy amennyiben a jegyzék pontos, drasztikus lépéseket kell tennie: magas rangú bíborosokat, érsekeket és püspököket kell megfosztania a címüktől és hivataluktól, és az egyházból is ki kell közösítenie őket. A rendbetétel így a pápai trónszékhez legközelebb állók megtizedelésével végződne.

Miközben János Pál a *L'Osservatore Politico*-t böngészte, egy ponton összerezzent. A listán államtitkára, Jean Villot bíboros nevét pillantotta meg, aki 1966. augusztus 6-án csatlakozott egy zürichi páholyhoz – „szabadkőműves név: »JEANNI«, páholy sz. 041/3".

A pápa tisztázni akarta, hogy az értesülés megbízható-e, ezért közeli barátai, Pericle Felici és Giovanni Benelli bíborosok révén – akiknek a neve nem szerepelt a hírlevélen – kapcsolatba lépett az olasz hatóságokkal. Minthogy a titkos társaságoknak Svájcban is államilag regisztráltatniuk kellett a tagságukat, az olasz tisztségviselők meg tudták erősíteni, hogy Jean Villot valóban felvételt nyert a szabadkőműves rendbe.

A listán Villot segédje, Sebastiano Baggio bíboros neve is szerepelt (fedőnév: „SEBA"; azonosítási szám: 85-1640; beavatás dátuma: 1967. augusztus 14.). A pápa Baggiót illetően is megerősítést kért – és kapott – az olasz hatóságoktól.

A nap végére János Pál szemmel láthatóan megrendült. Más előkelő pozíciókat betöltő Vatikáni tisztségviselőkről is beigazolódott, hogy titkos társaságokhoz tartoznak: köztük volt Agostino Casaroli *monsignore,* a Vatikán külügyminisztere; Ugo Poletti bíboros, a római egyházmegye helynöke; Pasquale Macchi *monsignore,* VI. Pál bizalmi embere és magántitkára; és végül, de nem utolsósorban az Anyaszentegyház vagyona fölötti sáfárkodással megbízott Paul Casimir Marcinkus érsek.[8]

Röviddel, miután Licio Gelli értesült róla, hogy a névsor a pápa kezébe jutott, Mino Pecorellit, a *L'Osservatore Politico* főszerkesztőjét a Via Orazio járdáján, az irodája előtt meggyilkolták: egy pisztoly csövét lenyomták a torkán, majd kétszer meghúzták a ravaszt.[9] A helyszínelő rendőrtisztek egy követ találtak Pecorelli szájában: a *sasso in bocca* klasszikus maffia-büntetés azokat sújtotta, akik „beszéltek", az üzenete pedig az volt, hogy az illető már soha többé nem fog titkokat kifecsegni.

A hét ezt követő napjain a pápa a Vatikán Bank háza táján tartott vizsgálódás után további információkhoz jutott. Értesült a Sindona által kivitelezett piszkos import-export üzelmekről, a Calvi által alapított fantomcégekről és a maffia drogkereskedelméből származó milliárdok pénzmosásáról.

Ahogy több és több adat került napvilágra a „Vatikán Rt." belső ügymenetéről, Marcinkusban úgy erősödött a meggyőződés, hogy a Szentszéknél eltöltött napjai meg vannak számlálva. „Nem hiszem, hogy túl sokáig maradnék itt" – tudatta egy kollégájával a Vatikán Bankban.

Nem Marcinkus volt az egyedüli vatikáni tisztségviselő, aki szorongással követte az új pápa ténykedését. A Villot bíboros által elfüstölt cigaretták száma jó fokmérője volt egyre növekvő feszült-

ségének. János Pál hivatalba lépése óta az államtitkár napi cigaret-
taadagja hatvanról nyolcvan szálra emelkedett, szeptember vége
felé pedig a takarítók reggelente már több mint száz csikket szá-
moltak meg a lakosztálya hamutartóiban.[10]

Szeptember 23-án, szombaton János Pált beiktatták Róma
püspökének. Szentbeszéde alatt egy ponton Marcinkus és a Vatikán
Bank tisztviselői felé fordulva így szólt: „Jóllehet húsz éven át Vit-
torio Veneto püspöke, utána pedig Velence patriarchája voltam, el
kell ismernem, hogy ez idő alatt nem tanultam meg mindent,
amit a hivatásomhoz tudnom kellene. Itt, Rómában ezért beírat-
kozom Nagy Szent Gergely iskolájába, aki azt írta: »A pásztornak
minden alárendeltje felé ugyanazon együttérzéssel kell viseltetnie.
Rangját is feledve a jókkal azonos szinten kell magát látnia, de ab-
béli joga gyakorlásától sem szabad visszariadnia, hogy a gonoszok
ellenében tekintéllyel lépjen fel.«" Marcinkus és munkatársai ké-
nyelmetlenül kezdtek fészkelődni a pápa átható tekintete előtt.[11]

A Vatikán küszöbön álló megtisztításának híre széles körben
elterjedt. A *Newsweek* arról számolt be, hogy János Pál részletes je-
lentést kért Villot bíborostól az egyház pénzügyeiről, valamint ar-
ról, hogy folyamatban van Marcinkus érsek eltávolítása a Vatikán
Bankból.

Szeptember 28-ra a pápa készen állt, hogy megtegye a szük-
séges lépéseket. Reggel lakosztályába hívatta Baggio bíborost,
akivel tudatta: tisztában van szabadkőműves páholytagságával, és
szándékában áll áthelyezni Velencébe, ahol legföljebb a lagúnák
vizét zavarhatja. Beszámolók szerint Baggio látványosan reszke-
tett a dühtől, és magából kikelve ordítozott. A pápa megőrizte a
nyugalmát.[12]

Délután a pápa egy teára invitálta Jean Villot bíborost. A Va-
tikán Bank ügyével kezdte. Villot teáscsészéje remegni kezdett.
Marcinkust – mondta a pápa – huszonnégy órán belül el kell
távolítani a bank elnöki székéből. Haza kell térnie Chicagóba,
ahol segédpüspöki szolgálat vár rá. Minden egyéb banki tisztvi-

selőt, aki Marcinkushoz, Sindonához és Calvihoz kötődik, szintén
el kell bocsátani, hogy alacsonyabb pozíciókba kerüljenek, távol a
Vatikántól.[13]

A pápa azután rátért Baggio esetére. A bíboros panaszait
mérlegelve arra a következtetésre jutott – mondta –, hogy Baggió-
nak a Vatikánból való eltávolítása után nem is Velencében, hanem
inkább Firenzében kell új hivatalt kijelölni. Velence, végtére is, túl
közel áll főpásztori szívéhez. Szeretett elődje, XXIII. János is a la-
gúnák városának püspökeként szolgált. Nem, nem – latolgatott
hangosan a pápa –, Baggiónak jobb helye lesz Firenzében, ahol
még kevesebb szabadkőműves barátot fog magának találni, és
ahol csak az egyházmegyei kérdésekben nyílik majd lehetősége
hatalmat gyakorolni.[14]

János Pál azután az asztala túloldalán reszkető idős férfira né-
zett. Villot bíborosnak – mondta ki az ítéletet – másnap reggelig
le kell mondania államtitkári hivataláról, és vissza kell vonulnia
szülőhazájába, Franciaországba. Villot végtére is hetvenkét esz-
tendős volt már, és az egészségében is megrendült. Egy szerzetesi
közösségben háborítatlan környezetre lelne, hogy zavartalanul el-
mélkedhessen, és lelki üdvét munkálhassa. Posztján pedig János
Pál közeli barátja, Giovanni Benelli bíboros fogja felváltani.[15]
Amikor Villot nehezményezte a „drasztikus intézkedést", Szent-
atyja emlékeztette, hogy X. Pius is elbocsátotta Rampolla bíbo-
rost, XIII. Leó államtitkárát a hivatalából, amikor tudomására ju-
tott, hogy Rampolla szabadkőműves. Ő tehát csupán tisztelt és
szent életű elődje példáját fogja követni.

Mielőtt elbocsátotta volna Villot-t, a pápa biztosította állam-
titkárát, hogy a „vatikáni szabadkőműves páholy" többi tagját is
el fogják távolítani a Szentszéktől, és mindnyájan plébániai kise-
gítő szolgálatokba fognak kerülni, ahol tevékenységüket olyan
püspökök tudják szemmel követni, akik „igazi katolikusok".

A találkozó 19:30-kor ért véget. Az egyházfő még elimádkoz-
ta breviáriuma esti fohászait, majd az est hátralevő részét két tit-

kára, John Magee és Diego Lorenzi jelenlétében töltötte el. Vincenza nővér, bizalmas szakács- és házvezetőnője húslevest, borjúhúst, friss babot és salátát szolgált fel nekik.

Vacsora után a pápa végignézte az esti híreket, visszavonult a dolgozószobájába, hogy átfussa a jegyzeteit, 21:30-kor pedig búcsút vett fiatal titkáraitól és idős házvezetőnőjétől: *„Buona notte. A domani, se Dio vuole."* („Jó éjszakát. Holnap találkozunk, ha Isten is úgy akarja.") Mindhárman jókedvűnek látták.

Másnap hajnalban Vincenza nővér a szokásos reggeli munkamenet szerint, 4:30-kor zörgetett a pápa hálótermének ajtaján, és egy csésze kávét helyezett az előszoba egy asztalára. Amikor fél órával később visszatért, a tálcát érintetlenül találta. Feltételezve, hogy János Pál még alszik, ismét kopogtatott, miközben keltegette a pápát: „Szentatyám! Késő van már!" Miután nem kapott választ, egyre növekvő aggodalommal kinyitotta a hálóterem ajtaját, és bekiáltott: *„Buon giorno, Santo Padre!"* A szobában csönd honolt. Vincenza nővér közelebb lépett az ágyhoz, és megkérdezte: „Szentatyám, minden rendben van? Jól érzi magát?"

A pápa az ágyán felülve helyezkedett el. Ujjai egy irattartót markoltak, az ágytakarón pedig papírlapok hevertek szanaszét szórva. Amint az ágy mellé lépett, Vincenza nővér hátratántorodott rémületében. A pápa ajkai ijesztő grimasszal szétnyíltak, a szemei pedig valószerűtlenül kidülledtek.[16]

Az apáca felsikoltott iszonyatában, és megrántotta a csengőzsinórt, hogy azonnal a helyszínre hívja Magee atyát. „Csoda, hogy egyáltalán túléltem – mondta később Vincenza nővér David Yallop brit újságírónak. – Eléggé gyenge a szívem."[17]

Amint Magee belépett a terembe, és meglátta a pápát, a telefonhoz sietett, hogy tárcsázza Villot bíborost, aki a lateráni palotában foglalt el egy lakosztályt. Vatikáni források szerint Villot meglepetésében anyanyelvén kiáltott fel: *„Mon Dieu, c'est vrais tous ca?"* („Ó, Istenem, hát ez mind igaz?") Azután pedig egy furcsa kérdést tett fel Magee-nek: „Tud még valaki más is róla, hogy a Szentatya halott?" „Senki sem tud róla – válaszolta Magee a telefonba –, leszámítva az apácát." Villot erre elrendelte, hogy Magee senkinek – még Vincenza nővérnek – sem engedheti meg, hogy belépjen a pápa hálószobájába, és hogy majd ő, a jog szerinti *camerlengo,* kézbe veszi az ügyeket, mihelyst megérkezik.[18]

Villot perceken belül ott termett, méghozzá – Magee legnagyobb meglepetésére – frissen borotváltan, ápoltan, teljes egyházi öltözetében. Határozottan úgy tűnt, mintha az államtitkár számított volna rá, hogy nyilvánosság előtt lesz jelenése. Az óra 5:00-t mutatott.

Még mielőtt az utolsó kenet szertartásába belekezdett volna, Villot nekiállt, hogy a pápa hálószobájából különböző tárgyakat egy táskába pakoljon – az alacsony vérnyomásra felírt gyógyszer üvegcséit, amelyeket János Pál az éjjeliszekrényén tartott, az ágytakarón szétszóródott papírokat és a mappát, amelyre a pápa ujjai görcsösen ráfonódtak. A bíboros kihúzta az asztali fiókot is, és elővette az előjegyzési naplót, az egyházi áthelyezések listáját és a pápa végrendeletét. Végül az elhunyt papucsai és az orrán félig lecsúszott szemüvege is Villot táskájában tűnt el. E tárgyak közül egyik sem került elő később.[19]

Villot még felhívta Dr. Buzzonettit, a Vatikán orvosát, s csak azt követően adta fel az utolsó kenet szentségét. Miután az elhunyt fejét szent olajjal megkente, Villot szólt Magee-nek, hogy Vincenza nővért haladéktalanul vissza kell küldeni a velencei zárdájába, hogy a sajtó ne zaklathassa.

Dr. Buzzonetti 5:45-kor érkezett meg, megvizsgálta a testet, majd közölte Villot-val és Magee-vel, hogy a pápa „szívkoszorúérelzáródás" következtében halt meg „előző este 10:30 és 11:00 között", és hogy „semmit sem szenvedett".[20] A pápa meredt szemei és grimasza éppenséggel másról árulkodott.

Villot előhúzott egy kicsiny ezüstkalapácsot bíbor öltözéke ráncai közül, megkopogtatta vele a pápa homlokát, és megkérdezte: „Albino Luciani, meghalt?" Miután háromszor elvégezte az előírásos rituálét, helybenhagyta Magee atyának, hogy az egyházfő örök dicsőségbe távozott.

Az aznapi további különös események azonban ezzel még nem értek véget. Kevéssel azután, hogy az orvos távozott, a római Orvosi Intézet két kegyeleti szakembere – Ernesto és Arnaldo Signoracci – került elő váratlanul, hogy a holttestet előkészítse a közszemlére tételre. Az óra 6:00-t mutatott. Úgy tűnt, Villot azonnal odarendelte őket, amint Magee atya hívását megkapta, vagyis még öt óra előtt, még mielőtt orvost hívott volna, és még mielőtt egyáltalán látta volna a testet.[21]

Villot útmutatására a két szakember tartósító folyadékot fecskendezett a pápa ereibe.[22] A Signoracci-fivérek helyére igazították a pápa állkapcsát is, kisimították eltorzult vonásait és lezárták a szemhéjait.

Miközben a pápa holtteste körül sürgölődtek, Villot kioktatta az elképedt Magee-t, milyen történettel kell a nyilvánosság elé állnia a reggel történtekről. Az ír származású titkárnak azt kellett mondania, hogy ő maga talált a pápa holttestére, nem pedig Vincenza nővér. A fiatal papnak sem az ágyon szanaszét heverő papírokról, sem a Villot táskájába gyűjtött tárgyakról nem volt szabad említést tennie. Mi több, hogy vallási szempontból is emészthetővé tegyék János Pál hirtelen elköltözését, Magee-nek azt kellett állítania, hogy a pápa Kempis Tamás *Krisztus követése* című munkájának egy példányát tartotta a kezében, amikor jobblétre szenderült.[23]

Villot 6:30-kor adott hírt a pápa elhalálozásáról Confalonieri bíborosnak, a bíborosi kollégium nyolcvanhat éves dékánjának, Casaroli *monsignoré*nak, a vatikáni diplomáciai testület vezetőjének és Hans Roggan őrmesternek a svájci gárdától.

6:45-kor Roggan őrmester a Vatikán Bank előtt Paul Marcinkus érsekbe botlott. Az eset több mint szokatlan volt: Marcinkus, aki a Vatikántól húsz percre, az amerikai papok szállásán, a római Villa Stritch-ben lakott, későn kelő típus volt, és reggel 9 óra előtt sohasem jelent meg az irodájában. Az őrmester hírül adta Marcin-kusnak: „A Szentatya meghalt. Az ágyában találtak rá." Marcinkus Rogganra meredt, de nem árult el érzelmet, és nem is kommentálta a hallottakat.[24] Később, amikor magatartása felől kérdezték, Marcinkus azt mondta, hogy úgy hitte, Roggannak „elborult az elméje".[25]

Végül reggel 7:27-kor, közel három órával azután, hogy Vincenza nővér rátalált a pápa holttestére, a Vatikáni Rádió a következő bejelentést tette: „A mai reggelen, 1978. szeptember 29-én, fél hat tájban a pápa magántitkára, miután a megszokottól eltérően nem találta a magánlakosztályához tartozó kápolnában, a szobájában kereste a Szentatyát. A pápát holtan találta az ágyában, felkapcsolt olvasólámpa mellett, könyvvel a kezében. Dr. Renato Buzzonetti orvos, aki azonnal a hálóterembe sietett, megállapította, hogy a váratlan halál feltehetőleg tegnap éjjel 11 óra felé következhetett be, okát pedig akut myokardiális infarktusként határozta meg."

Jóllehet Villot nagy műgonddal konstruálta meg a meséjét, a történet hamarosan tarthatatlanná vált. Az első gond a *Krisztus követésével* adódott. János Pál példánya ugyanis az egész lakrészében nem volt fellelhető: több más személyes tárgyával együtt Velencében hagyta, ahol patriarchaként szolgált. Október 2-án a Vatikán arra kényszerült, hogy elismerje: János Pál nem Kempis Tamás keresztény életbölcseleti művét olvasta az elhalálozásakor. Mint kiderült, az egyházfő ezzel szemben „bizonyos papírlapokat tartott a kezében, amelyek személyes írásait – szentbeszédei, előadásai és elmélkedései vázlatát, valamint egyéb jegyzeteket – tartalmaztak". Október 5-én, a sajtó folyamatos zaklatására a Vatikán színt vallott, és elismerte, hogy „a papírok, amelyeket a Szentatya a kezében tartott, a római kúria és az olaszországi püspökségek bizonyos kinevezéseire vonatkoztak".

A második kényes pontot a kegyeleti szakemberek munkája jelentette. Az olasz törvények szerint nem lehetett holttestet bebalzsamozni a halál beálltát követő huszonnégy óra során, kivéve, ha erre külön bírósági felmentés engedélyt adott. Ezenfelül sokan gyanúsnak tartották a kegyeleti szakembereknek a tetem tartósítása érdekében tett sietős erőfeszítéseit is. A Szentszékre egyre nagyobb nyomás nehezedett, hogy engedjenek külső halottkémeket is a holttesthez.

A milánói *Corriere della Sera* napilap „Mi szólhat a boncolás ellen?" címmel jelentetett meg vezércikket. Az írás a pápa halála körüli tények maradéktalan nyilvánosságra hozatalát követelte, és az alábbi zárszóval végződött:

> „Az egyháznak nincs félnivalója, következésképpen veszítenivalója sem. Ellenkezőleg, éppen hogy sokat nyerhetne. A pápa halálát kiváltó ok történelmi tény, része a saját megélt történelmünknek, és semmi köze sincs a halál lelki misztériumához. A testet, amit az ember hátrahagy, meg lehet vizsgálni a szegényes földi eszközeinkkel, hiszen az csak egy „sátorház"; a lélek viszont ekkor már – vagy inkább mindig is – más törvényeknek van alávetve, amelyek nem emberi törvények, és ezért kikutathatatlanok. Ne tegyünk egy misztériumot e világi okokból rejtegetett titokká, és ismerjük be a mi titkaink kicsinységét. Ne nyilvánítsunk szentnek olyasmit, ami nem az."[26]

A követelések felerősödtek, amikor János Pál magánorvosai kijelentették, hogy a néhai pápa kiváló egészségnek örvendett. „Egyáltalán nem voltak szívpanaszai – nyilatkozott Dr. Carlo Frizzerio. – Emellett az alacsony vérnyomása miatt elméletileg éppen hogy nagyobb védettsége volt a szív- és érrendszeri támadások ellen. Egyedül akkor kellett kezelésben részesítenem, amikor influenzában megbetegedett."[27] Frizzerio diagnózisát Dr. Giuseppe da Ros is megerősítette, aki szeptember 23-án, egyházfői hivatalba lépése napján vizsgálta meg János Pált, majd pedig azt mondta a sajtó képviselőinek: *„Non sta bene ma benone"* – „Az egészsége nem jó, hanem tökéletes".[28] János Pál remek fizikai állapotát orvosai az életvitelének tulajdonították. Rendszeresen tornázott, a legritkábban ivott alkoholt, soha nem dohányzott, és egészséges diétát tartott.

A világ számos szívspecialistája, köztük a dél-afrikai Dr. Christiaan Barnard és a londoni Dr. Seamus Banim kétségbe vonták Buzzonetti doktor diagnózisát a coronaria-elzáródás okozta heveny szívizomelhalásról, minthogy annak megállapítása boncolás hiányában „hihetetlen" és „abszurd".[29] Az ilyen állásfoglalások miatt Villot-nak egy másik történetet kellett fabrikálnia. Néhány bíborostársának, akik boncolást sürgettek, már azt állította, hogy János Pál valóban nem infarktusban halt meg. A Szentatya sajnálatos módon véletlenül túladagolta magának Effortil nevű vérnyomás-szabályozó gyógyszerét. Ha végrehajtanák a boncolást – bizonygatta Villot – olyan találgatások kelnének lábra, hogy a pápa öngyilkosságot követett el.[30]

Miután ezzel a magyarázattal sem csendesítette el a boncolást követelők lármáját, Villot kijelentette: a kánonjog kifejezetten tiltja, hogy egy pápa holttestét boncolásnak vessék alá. Megállapítása azonban csak további kétségeket támasztott. A kánonjog ugyanis sem tiltóan, sem jóváhagyóan nem rendelkezik a boncolás felől; egyszerűen nem tárgyalja a kérdést. Mi több, szemfüles újságírók utánajártak, hogy az 1830-ban elhunyt VIII. Pius testét annak idején bonckés alá vették.[31]

A sajtó azt is hamar kiderítette, hogy nem is Magee atya, hanem Vincenza nővér talált elsőként a pápa holttestére, és hogy az apácát kolostorba zárták az újságírók elől. Elterjedt a szóbeszéd, hogy János Pált megmérgezték. Némelyek feltételezték, hogy valaki halálos adag *digitalis*t adott az Effortilhoz, a folyékony gyógyszerhez, amelynek fioláit a pápa az éjjeliszekrényén tartotta. Az ilyen mérgezés hányást is előidézhetett, egyesek ebben vélték megtalálni a magyarázatot arra, miért távolította el Villot a holttest közvetlen közelében lévő tárgyakat.

A Vatikán a lehető legközelebbi dátumra, október 14-re jelölte ki a következő konklávét, és az ezt bejelentő sajtótájékoztatón igyekezett a kritikákat elfojtani és a spekulációkat minél előbb lezárni. A *novemdiales* – a pápa halálát követő kilencnapos gyászidőszak – lejártával a Szentszék sajtóosztályának igazgatója határozott rosszallásának adott hangot azok miatt, akik „az elmúlt napokban különös, ellenőrizetlen, gyakorta hamis, és időnként már a súlyos gyanúsítások szintjén álló szóbeszédeknek adtak tápot, amelyek még súlyosabb utóhatásokat okozhatnak azokban az országokban, ahol az emberek nincsenek hozzászokva az ilyen szélsőségesen szenzációhajhász feltételezésekhez."

Ezzel I. János Pál feltételezett meggyilkolásának aktája lezárult. Sem halotti anyakönyvi kivonatot nem adtak ki a néhai pápáról, sem halottkém nem vizsgálta meg a holttestet. A pápai lakosztály tizenkilenc szobájából minden arra utaló nyomot eltávolítottak, hogy János Pál valaha is ott élt, és az egyház fejeként uralkodott. A bíborosi kollégium hibát követett el, amikor megválasztotta – olyan hibát, aminek nem volt szabad megismétlődnie. A következő konklávé már teljes igyekezettel arra törekedett, hogy olyan pápa kerüljön Szent Péter székébe, aki lehetővé teszi, hogy a Vatikán visszatérjen a szokványos ügymenethez.

A körülmények a lengyel Karol Wojtyłának kedveztek.

16

AZ
AMBROSIANO-ÜGY

Ne tévelyegjetek, Istent nem lehet megcsúfolni; mert amit vet az ember, azt fogja aratni is. Mert aki vet az ő testének, a testből arat veszedelmet; aki pedig vet a léleknek, a lélekből arat örök életet.

Pál levele a Galatákhoz, 6:7—8

Amikor kihirdetésre került, hogy Karol Wojtyłát választották meg a római katolikus egyház fejéül, a Szent Péter téren tolongó sokaság között meglepett hangok hallatszottak. A hívek többsége a kúria egy régi hivatali bútordarabjának nevére számított, mint amilyen a „megújítók" közé sorolt Benelli bíboros vagy a konzervatív Siri. Maga a Wojtyła név is idegenül csengett. A sajtó tudósítói is egymás felé fordulva kérdezgették: „Kicsoda az a Wojtyła?" *„È un polacco"* („Egy lengyel") – hangzott az egyedüli válasz, ennél többet a bennfentesebbek sem tudtak.

Lehetett persze lengyel pápát választani – az antikommunizmusáról híres Wyszyński bíboros például közismert egyházi figura volt. De egészen más dolog volt egy olyan lengyelt a trónra emelni, aki ennyire kevéssé volt ismert. Kicsoda az a Wojtyła? Hogyan tudott egy fiatal bíboros alig kétnapos konklávé után az ismeretlenség homályából a pápai trónra lépni?

Nem elég, hogy a választás kimenetele ilyen váratlan volt: a hívek meglepetését tetézte, hogy egyházuk új vezetője meglehetősen szokatlanul festett pápaként. Hiányoztak belőle I. János Pál, VI. Pál és XII. Pius kifinomult jellemvonásai. Az új pápa esetlen, nehézkes testtartását és kifejezetten nem intellektuális gesztusait látva és hallva egyes megfigyelők összeegyeztethetetlen ellentétnek érezték a korábbi egyházfőktől megszokott, régi rómaiakat idéző méltóságteljes nemességgel szemben.[1] Rosszmájúak szerint ez már az első nyilvános fellépése során kiderült. A II. János Pállá lett Wojtyła amerikai riporterek egy csoportjához lépett, és öszszekulcsolt kezekkel, viccelődve kérlelte őket, hogy „legyenek jók" hozzá. A következő pillanatban – ismét csak a sajtó képviselőinek megnyerése érdekében – az újonnan megválasztott pápa kezeiből tölcsért formált, és úgy harsogta el áldását a megdöbbent sokaságnak, mint valami vezérszurkoló egy futballstadion lelátóján. Nem véletlen, hogy II. János Pál hamar úgy terjedt el a köztudatban, mint „bárdolatlan fajankó", aki híján van a csiszolt modornak, az árnyaltságnak és méltóságnak. Ezt a nem túl hízelgő képet pedig tovább erősítették az olasz bulvármagazinok is, amelyek fényképeket jelentettek meg a reverenda nélkül, csupasz felsőtesttel napozó egyházfőről. Licio Gelli, miközben megmutatta a képeket Vanni Nisitico szocialista pártelnöknek, megjegyezte: „Nézze csak, mennyire nincs könnyű dolga a titkosszolgálatoknak. Ha ezeket a képeket el lehetett kattintani a pápáról, képzelje csak el, mennyire egyszerű lehet lepuffantani."[2]

A közvélemény kisvártatva megtudta, hogy Wojtyła fiatalon nem papnak, hanem színésznek készült.[3] Emellett az is elterjedt róla, hogy Lengyelország II. világháborús náci megszállása alatt egy vegyi üzemben dolgozott; hogy marxista gerillákkal voltak kapcsolatai; és hogy több hölgyismerősével is közeli barátságot alakított ki. Sokáig tartotta magát a híresztelés, hogy meg is nősült: a mendemondának főként a II. János Pál életrajzában az 1939 és 1944 közötti éveket takaró „fehér folt" szolgáltatott alapot.[4]

Wojtyła trónra lépésének részletei csak később kerültek napvilágra. A megválasztása érdekében folytatott kampányt Villot és néhány másik „szabadkőműves bíboros" vezette, győzelmének örömére pedig nem az ilyenkor hagyományos *Te Deum*ot, hálaadó misét, hanem inkább pezsgős fogadásnak nevezhető díszünnepélyt „celebráltak", amelyen az új pápa töltötte meg a hozzá legközelebb álló bíborosok és apácák poharát, miközben kedvenc lengyel nótáját, „*A hegymászó*"-t énekelte.[5]

Beiktatása után II. János Pál félretette az elődje által célul kitűzött valamennyi változtatási javaslatot. A „Vatikán Rt." visszatérhetett a rendes kerékvágásba. Villot bíboros megtarthatta államtitkári székét; Marcinkus érsek a Vatikán Bank élén maradt; a Szentszék Roberto Calvihoz és Licio Gellihez való kötődése pedig megújult és megerősödött. A színpad készen állt a nemzetközi pénzügyek egyik leghírhedtebb üzleti trükksorozata számára, amely az „Ambrosiano-ügy" néven fog elhíresülni.

Az 1970-es évek során a Vatikán Bank szoros munkakapcsolatot alakított ki a Roberto Calvi vezette milánói Banco Ambrosianóval. Marcinkus érsek a bank egyik – a Bahamákon lévő – leányintézményének igazgatótanácsi testületében ült.[6] A Banco Ambrosiano katolikus bank volt, s mint ilyen, a hitelezésben a keresztény pénzügyi etikát próbálta megvalósítani, a vallási hovatartozás igazolására pedig számlanyitáskor lelkészi ajánlás felmutatását írta elő. Katolikus családok és szeretetszolgálatok részére nyújtott pénzügyi szolgáltatásokat, és belső szabályzata szerint senki sem birtokolhatta egymagában a részvények több mint öt százalékát. Mindennek köszönhetően az Ambrosiano tökéletes pénzmosodának ígérkezett a P-2 és a maffia számára. Két akadályt azonban még le kellett küzdeni. Először is meg kellett oldani, hogy a bank fölötti ellenőrzés átvétele ne keltsen gyanút az igazgatókban, másodszor pedig úgy kellett számottevő pénzösszegeket kiszipkázni a milánói bankból, hogy a bűnügyi nyomozók ne fogjanak szimatot.

Barátja, Paul Marcinkus érsek és a Vatikán Bank segítségével Calvi mindkét akadályt sikerrel vette. Az Ambrosiano hatalmas pénzösszegeket kezdett nyolc fantomcégnek „hitelezni". A vállalatoknak Calvi úgy adta a törvényesség látszatát, hogy a „hiteleket" a Vatikán Bankon keresztül juttatta el a fantomcégekhez – emiatt még az Ambrosiano igazgatói is abban a hitben voltak, hogy a vállalatok egyházi érdekeltségek.[7] A látszatvállalkozások közül hat (az Astolfine S. A., a United Trading Corporation, az Erin S. A., a Bellatrix S. A., a Belrose S. A. és a Starfield S. A.) Panamában, a hetedik (a Manic S. A.) Luxembourgban, a nyolcadik (a Nordeurop Establishment) pedig Liechtensteinben volt bejegyezve. A vállalatok a felvett hitelekkel Calvi és bűntársai személyes vagyonát gyarapították; Licio Gelli sötét tevékenységeit pénzelték; valamint Ambrosiano-részvényeket vásároltak. Amikor fedezetet kellett adniuk a felvett kölcsönökre, a panamai cégek a felvásárolt Ambrosiano-részvényekről és erősen eltúlzott tőkeeszközökről szóló nyilatkozatokat, továbbá hatalmas exportbevételekről szóló előrejelzéseket küldtek vissza.

A részvények értékének növelése érdekében Calvi hatalmas osztalékokat hagyott jóvá, valamint hangzatos nyilatkozatokat tett közzé, amelyek a Banco Ambrosiano ígéretes jövőjét és latin-amerikai terjeszkedésének terveit taglalták. A részvények emiatt elkezdtek felaprózódni. A látszatvállalkozások arra használták fel a megnövekedett részvényállományukat, hogy még több pénzt kölcsönözzenek, amelyen még több részvényt vásároltak, a további részvények révén pedig további kölcsönöket vettek fel. A vállalatok sohasem fizettek kamatot a kölcsöneik után. A megnövekedett kamatokat egyszerűen hozzáadták a hitelállományukhoz, és a fedezetek felmutatása iránti újabb és újabb kötelezettségeiket még több Ambrosiano-részvénnyel teljesítették. Ahogy a cégek egyre több részvényt birtokoltak, úgy nyert Calvi egyre nagyobb ellenőrzést a bank fölött.

Az egyik panamai fantomcéget, a Bellatrixet Calvi és Marcinkus mellett egy P-2-tagokból álló trió alapította – Licio Gelli, Umberto Ortolani (aki VI. Pál pápától a *Gentiluomo di Sua Santità,* „Őszentsége úriembere" megtisztelő címet kapta) és Bruno Tassan Din, a tekintélyes Rizzoli kiadóvállalat ügyvezető igazgatója.[8] Az Ambrosianóból kiszipkázott 184 millió dollár egy részét a Bellatrix arra használta, hogy Argentína számára Exocetrakétákat vásároljon a Nagy-Britannia ellen a Falkland-szigetekért vívott háborúhoz. A fantomcég ezt a papíron Ambrosianorészvényekkel fedezett kölcsönt kevesebb mint tízezer dollárnyi készpénztőkével kapta meg. Az Astolfine, egy másik panamai vállalat ugyanígy, tízezer dolláros tőkével 478 millió dollárt kapott a Banco Ambrosianótól.[9] A séma a többi fantomcég esetében is változatlan maradt: egyikük sem rendelkezett tízezer dollárt meghaladó törzstőkével, ennek ellenére mindegyikük többmilliós kölcsönöket vett fel. A Banco Ambrosianóval véghezvitt ügyletek végeredménye – vagyis a banki részvények értékének felpumpálása értéktelen vállalatoknak adott hitelek és hamis pénzügyi nyilatkozatok által – egy gigantikus pénzügyi léggömb lett, amelynek előbb-utóbb ki kellett durrannia.

A kétes üzelmek azonban hosszú ideig nem keltették fel a Banca d'Italia nyomozóinak gyanúját. Amikor a látszatvállalkozások természete felől kérdezősködtek, a nyomozók azt a választ kapták, hogy a cégeket a Vatikán Bank alapította, abból a célból, hogy egyházközségek javait exportálja. Állítása bizonyítására Calvi a nassaui Banco Ambrosiano Overseas igazgatói között helyet foglaló Marcinkus érsek fényképére mutatott. Úgy tűnt, ezzel meg is nyugtatta a nyomozókat. Végtére is kik voltak ők, egyszerű államhivatalnokok, hogy belekössenek az egyház karitatív tevékenységébe?

A banki csalás így tovább folytatódhatott. Több mint 1,3 milliárd dollár áramlott a milánói banktól a Vatikán Bankhoz, amely irreálisan magas jutalékot számolt fel a devizaátváltásokért. A Vatikán Banktól a pénz a panamai, luxembourgi és liechtensteini cégekhez került át. Néhányan meg is jegyezték, hogy a vatikáni bankjutalékok voltaképpen szükségtelenek voltak, hiszen a Banco Ambrosiano a kívánt pénzváltásokat egy további banki intézmény segítsége nélkül is elvégezhette volna.

1979-ben Calvi pénzügyi manőverei kezdtek visszájára fordulni. A Banco Ambrosiano kénytelen volt kamatot fizetni az egyre növekvő betétek után ahhoz, hogy legyen elegendő pénzeszköze további hiteleket nyújtani. Ahogy a kamatlábak a bankokban világszerte az égbe szöktek, Calvira jelentős fizetési kötelezettségek súlya nehezedett. 1981-ben az Ambrosiano tisztviselői meggyőző bizonyítékot követeltek, hogy a Vatikán Bank megtartotta az ellenőrzést az Ambrosiano-részvények fölött, amelyeket a nyolc vállalat felhalmozott. Ezzel egyidejűleg az olasz pénzügyőrség nyomozást indított a visszásságok tisztázására. Abbéli igyekezetében, hogy az egyházat megkímélje a kitörni készülő vihar pusztításától, Beniamino Andreatta olasz pénzügyminiszter találkozott Casaroli bíborossal, vatikáni külügyminiszterrel, hogy a Vatikán és Calvi között meglévő mindenféle kapcsolat felszámolását sürgesse.[10] Casaroli továbbította a figyelmeztetést az egyházfőnek. Mivel azonban a pénz egyre csak áramlott a vatikáni bankszámlákra, a pápa úgy döntött, hogy nem vesz tudomást az vészjelzésekről.

Ahogy a dollár árfolyama meredeken emelkedni kezdett a lírához képest, a hurok egyre szorult Roberto Calvi körül. 1980 júliusában a pénzügyőrség egy sor szabálytalanságot fedezett fel a Banco Ambrosianótól a nyolc külföldi vállalkozáshoz irányuló pénzforgalomban. A törvénytelenség gyanúját felkeltő esetekről jelentés készült Luca Mucci vizsgálóbíró számára, aki teljes körű nyomozást indíttatott meg, és bevonta Calvi útlevelét.[11]

Ügyletei folytatása végett Calvi felbérelte Flavio Carbonit, egy „elsimítót", hogy hárítsa el a nyomozást. Carboni megszokott módszereivel – vesztegetéssel és fenyegetéssel – „kezelte" a közhivatalok tisztviselőit és a banki ellenőröket, akik megkérdőjelezték Calvi egyenességét. 1984-ben, miután kétes üzleteléseiknek vége szakadt, az olasz pénzügyőrség felügyelői felfedezték, hogy az Ambrosiano egyik perui fiókjából több mint 30 millió dollár került át Carboni egyik titkosított svájci bankszámlájára.[12]

Ám Carboni minden erőfeszítése ellenére a nyomozás tovább folytatódott, ami miatt Calvi arra kényszerült, hogy lehajtott fejjel, alázatosan Marcinkus érsek elé járuljon segítségért. Jó esély van rá – közölte Calvi cinkostársával –, hogy a nyomozást lezárják, ha bizonyítást nyer: a fantomcégek a római katolikus egyház tulajdonai. Marcinkus eleget tett a kérésnek, és elkövette az egyháztörténelem egyik legnagyobb csalását. „Védnökségi" levelet bocsátott ki, amelyben tanúsította, hogy a látszatvállalkozások felelős pénzügyi vállalatok, amelyek célkitűzései ismertek az egyház előtt, és amelyek az egyház jóváhagyásával működnek. Az 1981. szeptember 1-jére dátumozott, hivatalos, vatikáni fejléces papírra írt levél így szól:

Tisztelt Uraim!

Megerősítjük, hogy közvetlenül vagy közvetve ellenőrizzük a következő vállalatokat:

Manic S. A., Luxembourg
Astolfine S. A., Panama
Nordeurop Establishment, Liechtenstein
United Trading Corporation, Panama
Erin S. A., Panama
Bellatrix S. A., Panama
Belrose S. A., Panama
Starfield S. A., Panama

Továbbá megerősítjük, hogy tudatában vagyunk az Önök felé 1981. június 10. óta fennálló tartozásainknak, ahogy a mellékelt számlakivonatok is tanúsítják.

A csatolt számlák egyedül a Banco Ambrosiano limai ága felé fennálló, 907 millió dolláros tartozást mutatták ki. A levelet Marcinkus érsek, valamint helyettesei, Luigi Mennini és Pellegrino de Strobel írták alá.[13] A csalást Calvi azzal tetézte, hogy Marcinkus levelét a sajátjával együtt mutatta be; ez utóbbi kinyilvánította, hogy a Vatikán Bankra a nyolc vállalat működtetésében való részvétele „nem ró kötelezettségeket", és hogy azok miatt a Vatikán Bank „nem fog kárt vagy veszteséget szenvedni".[14] Michele Sindona később újságíróknak és Nick Tosches nyomozóriporternek azt mondta, hogy Calvi 20 millió dollárt fizetett ki a Vatikánnak a „védnökségi" levél fejében.[15]

1981. január 21-én a Banco Ambrosiano milánói részvényeseinek egy csoportja – attól tartva, hogy a léggömb kidurran, és részvényeik csakhamar fabatkát sem fognak érni –, levélben fordultak II. János Pálhoz, akit arra kértek, hogy vizsgálja ki a Marcinkus, Calvi, Ortolani és Gelli közti szövetséget, valamint a Vatikán „védnöksége" alatti vállalatok felé irányuló hatalmas összegű tőkeáramlást. A levél, amelyet lengyel fordításban is kézbesítettek, hogy a pápa anyanyelvén olvashassa el, a következőket állapította meg: „Az IOR [a Vatikán Bank] nem csupán a Banco Ambrosiano egyik részvényese, hanem Roberto Calvi üzlettársa is. A bírósági ügyek egyre növekvő számából kiderül, hogy Calvi, aki Sindona köntösét öltötte magára, a legszélsőségesebb szabadkőműves rend (a Propaganda Due, P-2) és a maffiához kötődő körök metszéspontjában helyezkedik el. Tevékenységük a Vatikán által nagy becsben tartott személyek közreműködésével történik, mint amilyen Ortolani, aki a Vatikán és a nemzetközi alvilág nagy hatalmú szervezetei közötti átjárást biztosítja."[16]

II. János Pál sohasem méltatta válaszra a milánói részvényeseket. Ezzel szemben – mintha éppen a kérvénnyel szembeni dac vezette volna – úgy döntött, hogy a Szentszéknek tett szolgálataiért megjutalmazza Marcinkus érseket, és a Pápai Bizottság a Vatikán-város Államáért elnevezésű szerv elnökévé emeli. Új pozíciója ténylegesen a Vatikánváros kormányzójává tette a chicagói „Gorillát", aki a Vatikán Bank elnökségét is megőrizhette. A pápai gesztus azért is arculütésként ért többeket, mert az előléptetés 1981. szeptember 28-án, pontosan a Marcinkus és munkatársai elmozdításáért fellépő I. János Pál halálának harmadik évfordulóján történt.

Marcinkus azonban még hatalmi területének ilyen mérvű megnövekedésével sem volt képes megakadályozni, hogy Calvi kártyavára összeomoljon. Roberto Rosone, a Banco Ambrosiano igazgatóhelyettese a banki értekezleteken többször is felszólította Calvit, hogy mondjon le igazgatói posztjáról, és azonnal hívja vissza a Vatikánnak folyósított hiteleket. Calvi kifejezte nemtetszését Flavio Carboninak Rosone aggasztóan akadékos viselkedése miatt. Az „elsimító" radikális megoldást választott: felfogadta a római alvilágban működő szicíliai maffia-bérgyilkost, Danilo Abbruciatit. Rosonéra 1982. április 27-én reggel rálőttek, abban a pillanatban, hogy kilépett a Banco Ambrosiano épületéből.[17]

1982. május 31-én a Banca d'Italia levélben kérte Calvit és milánói igazgatótestületét, hogy a nyolc vállalatnak nyújtott kölcsönökről szolgáltasson teljes kimutatást. Az igazgatótestület, noha Calvi őrjöngve tiltakozott, a növekvő nyomás hatására 11-3 arányban úgy szavazott, hogy eleget tesz a kérésnek.

Az egyedüli kiútnak az mutatkozott Calvi számára, hogyha a Vatikán Banktól vesz fel kölcsönt, és azzal próbálja meg betömni az 1,3 milliárd dolláros lyukat. A kölcsönt Calvi teljességgel méltányosnak érezte volna, hiszen a Vatikán volt a látszatvállalkozások igazi tulajdonosa és a lába kelt milliók első számú haszonélvezője. „A Vatikánnak tiszteletben kell tartania az elkötelezettségeit – érvelt Calvi –, mégpedig úgy, hogy eladja az IOR [a Vatikán Bank] által ellenőrzött érdekeltségek némelyikét. Ezek hatalmas vagyont tesznek ki, amelyet tízmilliárd dollár értékűre becsülök. Az IOR elkezdhetné egymilliárdos tételenként egymás után eladni az érdekeltségeit, hogy kisegítse a Banco Ambrosianót."[18]

Calvi szavai sokat elárulnak. Ha volt olyan világi személy 1982-ben, aki belelátott a Vatikán pénzügyeibe, akkor az Roberto Calvi volt, az az üzletember, aki ügyletek százaiban volt a városállam üzlettársa. A bankárnak az IOR tízmilliárd dolláros vagyonára vonatkozó becslésénél azt is figyelembe kell venni, hogy az nem terjedt ki a Vatikánnak más, önálló pénzügyi igazgatással bíró részlegeire és szerveire, mint a Népek Evangelizációjának Kongregációja, az Apostoli Szék Javainak Kezelősége (APSA) vagy a Vatikánváros saját költségvetése.

Calvi egyre sürgetőbb kérései ellenére a Vatikán elutasította a vagyoni támogatást. Mi több, amikor az olasz pénzügyőrség tisztviselői kikérdezték, Marcinkus határozottan tagadta, hogy a legcsekélyebb mértékben is részt vett volna a piszkos ügyletekben, vagy hogy akár tudomása is lett volna a fantomcégekről. A Vatikán Bank – adta elő Marcinkus – mindössze letétkezelő, ahol vallási testületek biztonságosan elhelyezhetik a pénzüket. Mint hozzátette, a bank egy néhánymilliós vagyonnal rendelkező, szerény pénzintézet, és így még csak össze sem lehet hasonlítani bármelyik világi pénzintézettel.

Calvi végül elhatározta, hogy elmenekül az országból, és így kerüli el a letartóztatást. Miközben csomagolt, egyik fiának ezt mondta: „Olyan dolgokat fogok nyilvánosságra hozni, amelyek alapjaiban fogják megrázni a Vatikánt. A pápának le kell majd mondania."[19]

Azon a napon, amelyen Calvi egy dokumentumokkal megtömött fekete aktatáskával a kezében eltűnt, Graziella Corrocher, a bankár ötvenöt éves személyi titkárnője leesett – vagy ledobták – a Banco Ambrosiano milánói épületének ötödik emeletéről. A titkárnő teste tompa puffanással csapódott a banképület föld alatti garázsához vezető rámpába.

1982. június 17-én Roberto Calvi testét a londoni Black-friar's híd alatt, egy építési állványon, narancsszínű zsinórra akasztva találták; a lábai belelógtak a Temze kavargó vizébe. Könnyű, szürke öltönyt viselt, egy értékes Patek Philippe-karóra a csuklóján maradt, és húszezer dollár volt a pénztárcájába tömve. A karóra és a készpénz arra mutatott, hogy nem rablógyilkosságnak esett áldozatul. A zsebeiben összesen négy szemüveget és egy hamisított olasz útlevelet találtak, ezenfelül öt tégla volt a nadrágjába tömve.[20]

Calvi elhalálozásának helyszínét – a Blackfriar's Bridge-et, vagyis a „Fekete Szerzetesbarátok Hídját" – sokan beszédesnek találták, több olasz szabadkőműves páholy tagjai ugyanis fekete öltözéket viselnek, és „testvérnek" szólítják egymást. A „feketetestvérek" vagy „szerzetesbarátok" (*fratelli vagy frati neri*) az olasz nyelvhasználatban a szabadkőművesek ragadványneve lett. Egyesek számára a Calvi zsebeibe és nadrágjába gyömöszölt téglák nem csak nehezéknek szolgáltak, hanem a szabadkőművességre való utalást is hordoztak, mások pedig egy szabadkőműves esküre emlékeztettek, amely kiköti, hogy az árulókat a dagály közelében kell fellógatni.

Három héttel később egy halottkém megállapította, hogy Calvi öngyilkosságot követett el. Az ítéletet viszont nemsokára semmisnek nyilvánították, amikor egy orvosszakértői bizottság kijelentette, hogy nem lehet egyértelműen dönteni a gyilkosság vagy öngyilkosság ügyében. Tizenhat évvel később, 1998-ban Calvi testét exhumálták, egy igazságügyi orvosszakértő megállapította, hogy az „Isten bankárjaként" ismert férfit valójában meggyilkolták.

E kijelentés nyomában Francesco di Carlo (alias „Fojtogató Frank"), a szicíliai maffia heroinszállítmányokért felelős ügyintézője beismerte a bűntettet, s bevallotta, hogy a Corleone bűncsalád egyik tagja, Pippi Calò rendelte meg tőle a gyilkosságot. A merényletre azért került sor, mert Calvi megkísérelt milliókat elsikkasztani a bűnszövetkezettől. Di Carlo szerint Licio Gelli jelentős pénzösszeget adott át Calvinak, hogy az egy „pénzmosó számlán" letétbe kerüljön. Calvi azonban ahelyett, hogy elhelyezte volna a letétet, arra használta a vagyont, hogy a Banco Ambrosiano deficitjét megpróbálja ellensúlyozni. Miután megtudta, hogy a pénzember befektetők kifizetésére herdálta el a milliókat, Gelli találkozott a Corleone család tagjaival, és segített nekik azonosítani Calvi londoni tartózkodási helyét. A „Bábjátékos" a rajtaütés megszervezésében is közreműködött. Gelli ezen a gyűlésen – ahogy a nyomozók később megtudták – „vatikáni pénzügyi szereplőként" jelent meg.[21]

17

TÁJKÉP
CSATA UTÁN

És bement Jézus az Isten templomába, és kiűzte mind-
azokat, akik árultak és vásároltak a templomban, és a
pénzváltók asztalait és a galambárusok székeit felfor-
gatta. És mondta nekik: „Meg van írva: Az én házam
imádság házának mondatik, ti pedig azt latroknak
barlangjává tettétek!"

Máté evangéliuma, 21:12—13

alvi halott volt. Az 1,3 milliárd dollár viszont változatla-
nul hiányzott. Az Ambrosianót hitelező bankok pedig ab-
béli erőfeszítésükben, hogy a pénzüknél maradjanak, a Vatikánt
jelölték meg az üzelmek egyik kulcsszereplőjének. Állításuk bizo-
nyítékául a „védnökségi" levelet hozták fel, amelyben a Szentszék
elismerte a nyolc látszatvállalkozás fölötti ellenőrzését. 1982 má-
jusában, egy hónappal Calvi halála után a Banca d'Italia megha-
talmazott tisztviselői megjelentek a Vatikánban, hogy felelősségre
vonják Paul Marcinkus érseket. A bűnrészesség vádjára válaszul

Marcinkus előhúzta Calvi neki címzett levelét, és kijelentette, hogy pusztán a védnökség elismerése „nem von maga után kötelezettséget" a Vatikán Bank számára. A Calvinak mint a Banco Ambrosiano vezérigazgatójának aláírását viselő válaszlevél záró bekezdése ugyanis biztosított afelől, hogy bármi történjék is a Banco Ambrosianóval és részvényeseivel a védnökségi megállapodásban említett nyolc vállalatnak felróható okból, a Vatikán „a későbbiekben nem fog kárt vagy veszteséget szenvedni". Miután ismertette a levél tartalmát, Marcinkus ajtót mutatott a banki tisztviselőknek, egyben pedig emlékeztette őket, hogy a Banca d'Italia nem illetékes törvénykezni a Vatikánváros megszentelt falai között.[1]

Az olasz kormány viszont ezentúl is nyomás alatt tartotta a Vatikánt, hogy hozza maradéktalanul nyilvánosságra az ügyben való szerepvállalásának részleteit. „A kormány – közölte Beniamino Andreatta pénzügyminiszter, miután találkozót tartott Marcinkusszal – elvárja az IOR-tól, hogy felelősséget vállaljon a tetteiért."[2] Mialatt egy ország várt a Szentszék válaszára, az olasz sajtó naponta közölt cikkeket a Vatikánnak a szicíliai maffiával és a P-2-vel ápolt kapcsolatairól; a Rómában megjelenő *La Repubblica* napilap pedig még szatirikus képregénysorozatot is indított „Paul Marcinkus kalandjai" címmel.

Az ügy hullámverését Agostino Casarolinak, II. János Pál új államtitkárának sikerült lecsendesítenie, azzal, hogy hattagú bizottság felállítására tett javaslatot az olasz kormánynak. A bizottságba, amelyet az eset kinyomozásával bíznának meg – állt a javaslatban –, három tagot a Vatikán, hármat pedig az olasz pénzügyminisztérium jelölne ki. A kormány beadta a derekát. Így a vizsgálatok, mint arra számítani is lehetett, végül nem hoztak eredményt: a vatikáni tisztviselők kitartottak amellett, hogy az egyháznak nem volt érdekeltsége a látszatvállalkozásokban, és nem vállaltak felelősséget a banki csalásokért; a pénzügyminisztériumi tisztviselők pedig az ellenkezőjét hangoztatták.[3]

Az eredménnyel érthetően elégedetlen Ambrosiano-részvényesek továbbra is rendezést sürgettek. Az olasz kormány bűnvádi eljárást indított az ügyben, és perdöntő bizonyíték után kutatott a szóban forgó cégek vatikáni tulajdonlása mellett vagy ellen. Az eljárás során napvilágra kerültek a svájci Banca del Gottardo jegyzékei is, amelyek egyértelműen tanúsították, hogy a nyolc fantomcég a városállam tulajdonában volt. Az egyik 1974. november 21-re dátumozott, vatikáni tisztségviselők aláírását viselő dokumentum egy hivatalos folyamodvány volt, amelyben a svájci pénzintézettől azt kérvényezték, hogy a Szentszék nevében kezelje a United Trading Corporation panamai vállalat pénzügyeit.[4]

Több más dokumentum is előkerült, amelyek szintén a Szentszék pénzügyeinek visszásságait fedték fel. Egyes iratokból kiderült, hogy a perui Banco Andino 1979. október 16-án két, egyenként 69 millió dolláros betétet helyezett el a Vatikán Bankban, majd amikor a betétek 1982-ben lejártak, vissza akarta venni a pénzét. A Vatikán Bank viszont elutasította a Banco Andino szándékát, azzal az indokkal, hogy a pénz már a panamai United Trading Corporationnál van, amely fölött a Vatikán Banknak nincs ellenőrzése.[5] Miután bizonyossá vált, hogy a United Trading minden részvénye vatikáni tulajdonban volt, a Szentszék arra kényszerült, hogy elismerje az adósságot, és felszabadítsa a perui pénzintézet vagyonát.

A nyomozati eredmények fényében az egyház nem rejtőzhetett többé a megtévesztés álarca mögé. Ezért történt, hogy II. János Pál végül egy 250 millió dolláros egyszeri jóvátételi kifizetést ajánlott fel az Ambrosiano hitelezőinek.[6] Az ajánlatot 1984. május 24-én az Európai Kereskedelmi Társulás (European Trade Association) genfi központjában a hitelezők hivatalosan elfogadták.

A genfi megállapodás mentesítette ugyan egy hosszú és káros bírósági procedúra alól a Vatikánt, de önmagában még nem tett pontot az eset végére. 1987. február 26-án a vizsgálóbírók megállapították, hogy a Vatikán Bank egyrészről védőernyőként működött Roberto Calvi törvénytelen tranzakciói fölött, másrészről a Banco Ambrosiano és a fantomcégek számottevő része a tulajdonában volt, és így az 1,3 milliárd dolláros lopásért is nagyfokú felelősség terheli. Három vezető vatikáni bankár – Paul Marcinkus érsek, Luigi Mennini és Pellegrino de Strobel – ellen letartóztatási parancsot adtak ki.

Letartóztatásokra azonban nem került sor. A tisztviselőit védelmező Vatikán a lateráni szerződés 11. cikkelyére hivatkozott, amely a Szentszék és a Vatikán kapcsolatait szabályozta. Ez a cikkely kikötötte, hogy „a katolikus egyház központi szervei (kivéve az olasz törvények határozatait a jogi személyek birtokszerzésére vonatkozólag) mentesek az olasz állam minden beavatkozásától". Az olasz legfelsőbb bíróság a Vatikánnak adott igazat, és kihirdette, hogy Marcinkust és két munkatársát nem tartóztathatják le, és nem állíthatják olaszországi bíróság elé. Az önálló Vatikán állam jogi sérthetetlensége révén a három vatikáni bankár megúszta a kiadatást.[7]

A letartóztatási parancsok, a csalásról, a visszaélésről és összejátszásról szóló vádak, valamint az Ambrosiano hitelezőinek tett kényszerű kifizetések ellenére Marcinkus széles hatalmi köre mit sem szűkült. A Vatikán Bank igazgatói székében maradt, II. János Pállal való kapcsolata pedig egyre szorosabbá vált. Olyannyira, hogy a pápa egy ízben az újonnan felavatandó bíborosok listájának élére helyezte chicagói pártfogoltja nevét. Tanácsadóinak viszont sikerült meggyőzniük az egyházfőt, hogy Marcinkus bíborossá avatása zajos felháborodást váltana ki nemzetközi banki körökben, ami komoly ellenhatásokkal járna a Szentszék számára. Némelyik vatikáni tisztviselő, köztük Benelli és Rossi bíborosok nyíltan kérték a lengyel pápát, hogy utasítsa ki Marcinkust a Vatikánvárosból. Az efféle kérelmek süket fülekre találtak II. János Pálnál, aki egyértelműen az indítványozók értésére adta, hogy felháborítónak találja és elutasítja a litván barátja ellen irányuló kritikákat.[8] Marcinkus a következő négy évben nem lépte át a Vatikánváros határát, tudva, hogy amint olasz földre tenné a lábát, letartóztatnák és börtönbe csuknák. II. János Pál egyetlen alkalommal sem kért magyarázatot a vatikáni bankártól az ellene felhozott vádakra és az igazságtételt sürgető követelésekre.

Marcinkus 1991-ig pápai védelem alatt maradt, amikor is az arizonai Sun Cityben telepedett le. Az olasz hatóságok a rá következő tíz évben hiába próbálták elérni az amerikai szerveknél, hogy adják ki Marcinkust Olaszországnak, ahol bíróság elé állíthatnák. Minden próbálkozásuk kudarcra volt ítélve: Marcinkus mindvégig vatikáni útlevelével takarózott, újra és újra elismételve, hogy nem az Olasz Köztársaság, hanem a Vatikánváros állampolgára. Sun Cityben Marcinkus nagy presztízsű országos klubokhoz csatlakozott, és ezekben újabb politikai szövetségeseket szerzett, akik révén elérte, hogy a vízumát többször is meghosszabbítsák. Napi rendszerességgel golfozott, és méregdrága szivarokat szívott.[9]

II. János Pál felelőssége a későbbiekben nyilvánosságra került adatok fényében vitathatatlanná vált. A fantomcégek és a svájci bankszámlák közötti tranzakciókat vizsgáló nyomozók felfedezték, hogy ezeken keresztül nemcsak az Argentína, Uruguay, Peru, Venezuela és Nicaragua katonai diktatúráit pénzelő Licio Gelli és a P-2 részesült támogatásban, hanem a pápa egy másik kulcsfontosságú „beruházása", a lengyelországi Szolidaritás szakszervezete is. A kommunista rezsim elleni küzdelem jegyében a Szolidaritás 100 millió dollárt meghaladó támogatásban részesült, s így valójában a csalások első számú haszonélvezője volt.[10]

A II. János Pál által a Szolidaritás számára biztosított vagyoni támogatásról Calvi még 1982 elején beszélt bizalmi barátjának, Flavio Carboninak, aki titokban diktafonra rögzítette a beszélgetést. „Marcinkusnak – közölte Calvi – szemmel kell tartania a vele szembenálló csoport hangadóját, Casaroli bíborost. Ha Casaroli netalán belebotlana egy olyan New York-i pénzemberbe, aki Marcinkusnak dolgozik, és pénzt küld a Szolidaritásnak, a Vatikán összeomlana. Vagy ha akár csak Casaroli kezébe kerülne egy olyan papír, amilyenekről tudomásom van... *adieu* Marcinkus, *adieu* Wojtyła, *adieu* Szolidaritás. Elég lenne hozzá, hogy csak a legutóbbi művelet kitudódjon, a húszmilliósra gondolok."[11]

Sindona, az érsek régi cimborája és bűntársa már nem volt ennyire szerencsés. 1980. március 27-én a maffiózót 68 rendbeli bűncselekmény elkövetéséért ítélték el a Franklin National Bank bevonásával elkövetett hűtlen kezelés, sikkasztás, hamis eskü és csalás miatt. 207 ezer dollár kártérítésre és huszonöt év börtönre ítélték, amelynek letöltését a New York állambeli otisville-i Szövetségi Fegyintézetben kezdte meg. Egy 1981. szeptember 1-jén kelt hosszú levelében Sindona elnöki kegyelmet kért Ronald Reagantől. David Kennedy, Nixon egykori pénzügyminisztere és Sindona régi barátja személyesen nyújtotta át a levelet a Fehér Házban. Három hónap elteltével Sindona választ kapott Reagan elnök ügyvédjétől, Fred F. Fieldingtől. „Köszönettel fogadtam a kérelmét – írta Fielding. – Utólagos engedelmével továbbítottam az anyagát David Stephenson kegyelmi kérvényekre szakosodott ügyvédnek."[12]

Miután Stephensontól semmilyen válasz nem érkezett, Sindona négyoldalas levelet küldött Richard Nixon volt elnök New York-i hivatalába. A maffiózó emlékeztette Nixont találkozóikra, és az 1972. évi választási kampány során tett „nagylelkű felajánlására". „Most segítségért fordulok Önhöz" – írta Sindona. Semmi válasz. Sindona ezután Rudolph Guthrie-t, Nixon korábbi jogi munkatársát kérte meg, hogy járjon közben az érdekében a volt elnöknél. Nixon azzal utasította el Guthrie-t, hogy bárminemű segítség, amit Sindonának nyújtana, kizárólag annyi eredménnyel járna, hogy rontaná vele a helyzetét.[13]

Don Michele szénája egyre rosszabbul állt. 1981. július 7-én az olasz kormány vádat emelt Sindona ellen, amiért megrendelte a Banca Privata felszámolójának kinevezett, a Vatikán és a maffia kapcsolatainak feltárásán dolgozó Giorgio Ambrosoli ügyvéd kivégzését. 1982. január 25-én Palermóban Sindonát – a Gambino, Inzerillo és Spatola maffiacsaládok hetvenöt tagjával együtt –

azért is vád alá helyezték, amiért évente 600 millió dolláros heroinkereskedelmet bonyolítottak le Szicília és az Egyesült Államok között. Két évvel később Sindonát kiadták Olaszországnak, ahol banki csalás és gyilkosság vádjával bíróság elé állították és elítélték. A maffia bankárja a Milánóhoz közeli Voghera börtönében kezdte meg életfogytiglani börtönbüntetését.

1986. március 20-án Sindona felkelt magánzárkája priccséről, hogy elköltse a reggelijét. Mint minden áldott reggel, műanyag tányérját és műanyag kávéscsészéjét leplombált ételhordó kocsiból az őrei vették elő. Fél kilenc volt. A maffiózó csészéjével a kezében a cella mosdójába lépett. Pár perccel később viszont kitántorgott a mosdóból, inge hányással borítva, arca a rémület görcsébe torzulva. *„Mi hanno avvelenato!"* – sikoltotta. – „Megmérgeztek!"[14]

Ezek voltak Sindona utolsó szavai. Rohammentő szállította egy közeli kórházba, ahol visszafordíthatatlan kómát diagnosztizáltak nála. A vérében halálos mennyiségű ciánkáli-adagot találtak. Még azon a délután egy pap feladta rá az utolsó kenetet. Negyvennyolc órával később a „Szent Péter bankáraként" emlegetett Michele Sindona már halott volt.

Senki sem volt képes választ adni arra, hogyan eshetett a legszigorúbb őrizet alatt, magánzárkában tartott Sindona mérgezés áldozatául.

1981 májusában, az Ambrosiano-ügy botrányának csúcsán az olasz rendőrség házkutatást tartott Licio Gelli házában, és a „Bábjátékos" papírjai között olyan iratokra bukkant, amelyek Gellit, Sindonát és a P-2 más tagjait az olasz állam ellen elkövetett pénzügyi bűncselekményekkel és összeesküvéssel hozták gyanúba. A P-2 szabadkőműveseinek listája – amely negyvennyolc parlamenti képviselő és négy kormánytag nevét tartalmazta – a II. világháború utáni negyvenedik olasz kormány bukásához vezetett.[15] Gelli, akit kémkedésért, politikai összeesküvésért, bűntársulásért és csalásért ítéltek el, a letartóztatás elől Argentínába szökött. 1982. szeptember 13-án visszatért Európába, hogy felvegyen 50 millió dollárt egy svájci bankszámláról – olyan vagyonból, amelyet a Banco Ambrosiano egyik fiókjából törvénytelenül utaltak át. Genfben letartóztatták, és őrizet alá helyezték, amíg az Olaszországnak való kiadatása megtörténik. A „Bábjátékos" azonban megvesztegetett egy börtönőrt, és ismét elmenekült az igazságszolgáltatás karja elől.

1987-ben Gelli, kijelentve, hogy „megette már a kenyere javát" és szívpanaszokkal küszködik, Dél-Amerikában feladta magát a svájci hatóságoknak. Tettéhez egy feltételt szabott: Olaszországba való visszatérése után kizárólag a pénzügyi törvénysértései miatt lesz vád alá helyezve. Miután alig két hónapot lehúzott a rácsok mögött, Gellit romló egészségi állapotára való tekintettel feltételesen szabadlábra helyezték. 1992-ben tizennyolc évi börtönbüntetést szabtak ki rá az Ambrosiano-ügyben való részvételéért. Fellebbezése után az ítéletet tizenkét évre változtatták.[16]

A rá következő hat évben Gelli házi őrizetben maradt toscanai luxusvillájában. 1998-ban, amikor a rendőrség megjelent, hogy fegyintézetbe szállítsa, Gelli ismét eltűnt. A villában a rendőrség ez alkalommal aranyrudakat talált, több mint 14 millió dollár értékben, amelyeket a P-2 nagymestere a jugoszláv nemzeti kincsekből lopott el, még amikor a vatikáni „patkányjáratok" működtetésében segédkezett.

Két hónappal később Cannes-ban, a francia Riviérán akadtak Gelli nyomára. A római Regina Coeli börtönbe szállították, ám miután ismét szívelégtelenségre panaszkodott, engedélyt kapott, hogy visszatérjen a villájába.

A tény, hogy Gelli alig két hónapot „sínylődött" egy olyan súlyos bűncselekményekkel terhelt életpálya után, amelyet a nemzetközi banki csalások sorozata, terrorcselekmények, gyilkosságok és „egy állam működtetése az államban" fémjeleztek, egyes kritikusok szerint „siralmasan gyenge bizonyítvány" az olasz igazságszolgáltatás számára.[17]

Mialatt mindezek történtek, a Vatikán II. János Pál pápasága alatt visszatérhetett a rendes kerékvágásba.

18

MINDEN
A RÉGIBEN

*És mikor látta Jézus, hogy az igen megszomorodott,
mondta: „Milyen nehezen mennek be az Isten országá-
ba, akiknek gazdagságuk van! Mert könnyebb a tevének
a tű fokán átmenni, hogysem a gazdagnak az Isten or-
szágába bejutni.” Akik pedig ezt hallották, azt mond-
ták: „Ki üdvözülhet tehát?”*

Lukács evangéliuma, 18:24—26

Mialatt a „Vatikán Rt.” II. János Pál hosszú pápasága alatt
a „normál ügymenet” szerint működött, további pénzü-
gyi botrányok vertek fel nagy port a Szentszék körül. Ezek egyike
az Ambrosiano-ügy amerikai kiadásának tűnt.

A sötét terv értelmi szerzője ezúttal az ohiói Martin Frankel,
egy kicsapott főiskolai hallgató volt. Frankel, aki Roberto Calvit
tekintette példaképének, tervbe vette, hogy a Vatikán Bank segít-
ségével dollármilliárdos biztosítási birodalmat hoz létre, méghoz-
zá olyat, amely nem fog biztosításokat nyújtani. Céljának megva-

lósítása érdekében megszerezte Tom Bolan ügyvéd támogatását. Bolan az antikommunista Roy Cohn – a New York-i Konzervatív Párt megalapítója –, valamint Ronald Reagan elnök és Alfonse D'Amato szenátor mellett működött jogi tanácsadóként.[1]

1998. augusztus 18-án Bolan a Vatikánba látogatott, hogy találkozzon Emilio Colagiovanni *monsignoré*val, a Sacra Romana Rota bírói szerv címzetes bírájával; Gianfranco Piovano *monsignoré*val, a vatikáni államtitkárság egy tisztségviselőjével; és Francesco Salerno püspökkel, a Szentszék Legfelsőbb Bíróságának titkárával. A találkozót egy római összeköttetésekkel rendelkező New York-i pap, Peter Jacobs hozta tető alá.[2]

Bolan közölte vatikáni vendéglátóival, hogy egy David Rosse nevű zsidó filantróp milliomos képviseletében jár el (az álnév Martin Frankelt takarta), aki a célból szeretne egy vatikáni alapítványt létrehozni, hogy százmilliókkal támogasson különböző katolikus ügyeket. A vatikáni tisztviselők el voltak kápráztatva. Miért is utasítana vissza a Szentszék ilyen nagylelkű felajánlást bárkitől, akár zsidó az illető, akár nem? Az ajánlat túl szép volt ahhoz, hogy igaz legyen. És tényleg nem is volt igaz.

A hivatalos, hatoldalas javaslat szerint – amelyet Bolan augusztus 22-én mutatott be a Vatikánnak –, Rosse (vagyis Frankel) egy liechtensteini székhelyű alapítványt fog létrehozni, amely „bizalmas belső szabályzat" alapján fog működni. Rosse egy 55 millió dolláros vagyon eredeti adományozója lesz. A pénzalapot egy svájci banktól fogják az alapítványhoz átutalni. Az 55 millió dollárból 50 milliót egy egyesült államokbeli közvetítői számlára utalnak át Rosse kizárólagos használatára, a fennmaradó ötmillió dollárt pedig egy Vatikán által ellenőrzött számlára helyezik.[3]

Rosse nagylelkű, ötmillió dolláros adománya nem a klerikusok két szép szeméért történt. „A megállapodásnak – utasította Rosse Bolant egy levelében – tartalmaznia kell a Vatikán abbéli ígéretét, hogy segítségemre lesz biztosítótársaságok megvásárlásában. Egy vatikáni tisztviselőnek felhatalmazást kell kapnia a

Vatikántól, hogy amikor szükséges, a hatóságoknak igazolni tudja, hogy az alapítványi pénzek a Vatikántól származnak."⁴

Ha az alku mindössze ötmillió dolláros nyereséget ígért volna, a vatikáni tisztviselők vélhetően – jogos felháborodásukban – kiábrándult fintorral keltek volna fel a tárgyalóasztaltól. A Frankel nevében eljáró Bolan viszont ennél sokkal többet kínált, amikor tulajdonképpen ugyanazzal a javaslattal kísértette meg a három vatikáni tisztviselőt, amivel annak idején Sindona és Gelli járult Marcinkus elé. A Vatikánnak ismét a pénzmosoda szerepét szánták, ennek fejében pedig 10 százalékos jutalékra számíthatott mindazokból a milliókból, amelyekkel Frankel – az Anyaszentegyház nevében – megkopasztja az amerikai biztosítótársaságokat. 90 százalékos részesedésével Frankel egyre nagyobb és nagyobb biztosítókat szándékozott megvásárolni az Egyesült Államokban, mígnem egy többmilliárd dolláros birodalmat épít maga köré. A vatikáni megbízólevéllel ellátott alapítványt – amelynek a biztosítási társaságok majd a tulajdonában állnak –, Frankel fogja irányítani, a társaságok tőkeeszközeit pedig álnéven, egy saját ellenőrzése alatt álló brókercégen keresztül fogja kezelni. A Vatikán pedig 100 millió dolláros vagyont készült megkeresni azzal a mozdulattal, hogy a pecsétgyűrűjét kölcsönadja a szélhámosoknak.

A megállapodás megkötése előtt Frankelt kötelezték: adjon kielégítő igazolást a Vatikán Banknak, hogy rendelkezik a terv végrehajtásához szükséges összeggel. Frankel megadta Jean-Marie Wery, a Banque SCS Alliance ügyvezetőjének magántelefonszámát. Wery biztosította a Szentszéket, hogy Rosse (Frankel) egy roppant vagyonnal bíró pénzember, és rendelkezik a megfelelő tőkével, hogy belevágjon egy dollármilliárdos nagyságrendű vállalkozásba.

1998. szeptember 1-jén Colagiovanni *monsignore,* Piovano *monsignore* és Salerno püspök kapcsolatba léptek Bolannal, hogy megerősítsék: II. János Pál beleegyezését adta egy új egyházi alapítvány létrehozásához David Rosse elnöksége alatt. Azt is öröm-

mel jelentették, hogy Rosse egy keveseknek kijáró megtisztelte-
tésben részesült: engedélyt kapott, hogy saját számlát nyisson a
Vatikán Bankban.

Egy hónappal később a három vatikãni tisztségviselő a terv
egy módosított változatával állt elő, amely lehetővé tette, hogy
megóvják a Szentszéket a lopás és bűnpártolás vádjától, a Vatikán-
nak viszont változatlanul nyeresége származzon az üzletből. Rosse-
nak létre kell hoznia saját karitatív intézményét – ez lett az Assisi
Szent Ferenc Alapítvány a Szegények Megsegítésére és a Szenve-
dések Enyhítésére.[5] A Szent Ferenc nem közvetlenül a Vatikán-
hoz, hanem egy másik alapítványhoz – a Monitor Ecclesiasticus-
hoz – kötődne, amely viszont közvetlenül pápai ellenőrzés alatt
állt. Colagiovanni *monsignore* levélben nyújtott biztosítékot Rosse-
nak, hogy „a Monitor Ecclesiasticushoz eljuttatott bármilyen
pénzalap vagy adományok" a Vatikán Bank ügyfeleire érvényes
„rendkívül szigorú bizalmi és titoktartási szabályzat" védelme alá
fognak esni. „Csak személyesen a pápa – fogalmazott a *monsignore*
– adhat ki betétekre vagy adományokra vonatkozó információ-
kat."[6]

Az egyház püspökei és bíborosai részére kánonjogi szakfolyó-
iratot is megjelentető Monitor Ecclesiasticus alapítvány fedésében
az egyház makulátlan megjelenést biztosított Frankelnek. A Szent-
szék segítségével így a zsidó származású szélhámos Assisi Szent
Ferenc, a szegények és szűkölködők védőszentjének több tisztelet-
re érdemes nevében tudott százmilliókat kicsalni amerikai bizto-
sítótársaságoktól.

Frankel haladéktalanul biztosítók felvásárlásába kezdett az
Egyesült Államok különböző részein. Amikor tárgyalásokba kez-
dett, hogy megvegye a Capitol Life coloradói biztosítási céget,
Kay Tatum ügyvéd aziránt érdeklődött, hogy a felvásárláshoz
szükséges összeg hogyan jutott az Assisi Szent Ferenc Alapítvány
birtokába. Tatum azt a választ kapta, hogy a pénz a Szentszéktől
származik, amely a Monitor Ecclesiasticuson keresztül 51 millió

dollárt adományozott Frankel alapítványának. A szükséges körültekintéssel eljáró ügyvéd felhívta Colagiovanni *monsignorét* a Vatikánban, a beszélgetésüket pedig feljegyzésben örökítette meg. Colagiovanni biztosította az ügyvédet, hogy a Monitor Ecclesiasticus vatikáni alapítvány, a pénz pedig a Szentatyától származik.[7]

A vatikáni tisztviselő nem mondott igazat: a Szentszék anyagilag nem járult hozzá a gondos aprólékossággal kimunkált félrevezetéshez, és egy árva garast sem juttatott az Assisi Szent Ferenc Alapítványnak. A pénzt Frankelnek kellett előteremtenie; az egyház csak a profitot várta.

A csalást Colagiovanni *monsignore* azzal tette teljessé, hogy saját aláírásával nyilatkozatot bocsátott ki, amely megállapította, hogy a Monitor Ecclesiasticus „a Legfőbb Ügyintéző [vagyis a pápa] akaratát szolgáló csatorna és eszköz".

Néhány nappal később Frankel lépéseket tett, hogy a Metropolitan Mortgage & Securitiestől megvásároljon egy biztosítótársaságot a Washington állambeli Spokane-ben. C. Paul Sandifur, a Metropolitan Mortgage & Securities elnöke levélben fordult a Vatikánhoz, amelyben a Monitor Ecclesiasticus és az Assisi Szent Ferenc Alapítvány felől érdeklődött. „A Szent Ferenc Alapítvány – írta Sandifur – a Szentszék képviselőjének állítja magát, és egy 120 millió dolláros üzletet kíván lebonyolítani. Az alapítvány szintén kijelenti, hogy a Monitor Ecclesiasticus hozta létre, amely állításuk szerint egy vatikáni alapítvány." Sandifur két héten belül választ kapott Giovanni Battista Re érsektől, aki rangban a harmadik vatikáni tisztviselő volt. Az érsek nem tett említést a Monitor Ecclesiasticus alapítványról és annak hivatalos státuszáról, mint a római katolikus egyház kiadóvállalata. Egymondatos válasza az Assisi Szent Ferenc Alapítványra korlátozódott, és így szólt: „Sem a Szentszék jóváhagyásával nem rendelkezik, sem a Vatikánban nem létezik ilyen alapítvány."[8]

Az aggódó Sandifur felhívta Kay Tatum figyelmét Re érsek válaszára, aki ismét kapcsolatba lépett Colagiovanni *monsignoré*val

a Vatikánban, és egy újabb hamis nyilatkozatot kapott. 1999. feb-
ruár 13-ra dátumozott válaszlevelében Colagiovanni ugyanis kije-
lentette, hogy a Monitor Ecclesiasticus egymilliárd dollárt jutta-
tott az Assisi Szent Ferenc Alapítványnak, amely pénz „római ka-
tolikus egyházi bíróságoktól és szeretetszolgálatoktól folyt be".[9]

Miután öt különböző államban hét biztosítótársaságot vásá-
rolt meg, Frankel hozzáfogott, hogy ezen érdekeltségek pénztar-
talékait off-shore befektetési társaságokba pumpálja át. Az egyik
ilyen cég a Jupiter Capital Growth Fund volt, amelyet Frankel a
Brit Virgin-szigeteken hozott létre. A Jupiter Capital nem rendel-
kezett igazi vagyonnal, és semmi másra nem szolgált, csak hogy
állandósítsa a vatikáni tisztviselők és Frankel társasjátékát, a „kifi-
zetősdit". A Jupiter Capital tranzakciói bepillantást engednek
Frankel nyerészkedésének pontos ügymenetébe. 1997 decembe-
rében 51 millió dollár került rá a Jupiternek a Merill Lynch & Co.
pénzintézetben nyitott számlájára; egy hónappal később innen
40,34 millió dollárt utaltak el Frankel svájci és olaszországi bank-
számláira. 1998. február 5-én 40,38 millió dollárt utaltak rá, 19
nappal később 40,38 millió dollárt utaltak el róla. 1998. április
14-én 90 millió dollár került rá; két nappal később 90 millió dol-
lár került le róla. 1998. április 28-án 50 millió dollárt utaltak rá;
tíz nap elteltével 50 millió dollárt utaltak el róla.[10]

Frankel a pénzből nemesi kúriákat, egy seregnyi drága autót,
gyémántot és aranyat vásárolt. A szélhámos a Connecticut állam-
beli két uradalmi kastélyának egyikében alakította ki főhadiszállá-
sát egy nyolcvan számítógépből álló, műholdkapcsolattal ellátott
hálózattal és egy több mint száz hölgyet számláló virtuális hárem-
mel, amelyet interneten és újságokban megjelent apróhirdetések-
ből mazsolázgatott ki magának. Némelyik „barátnéja" szerint, aki
megfordult a birtokon, Frankel viselkedésével kiérdemelte „a pénz-
ügyek Hugh Hefnere" (a Playboy-birodalom főnöke) elnevezést.
Az Assisi Szent Ferenc Alapítvány létrehozója hétvégenként gyak-
ran ellátogatott a Vault nevű New York-i nightclubba, amely szado-

mazochistákat szolgált ki, sőt egyes ismerősei szerint Frankel megszállottja volt a perverz szexnek és az asztrológiának.[11]

Frankel magánéletéről már 1997. augusztus 8-án részletek jelentek meg, amikor a huszonkét éves Frances Burge-öt a pénzember kastélyának hátsó falánál kötélre akasztva találták. A lány egyike volt Frankel „házivendégeinek", és úgy találkozott Frankellal, hogy a *Village Voice*-ban megjelent egyik apróhirdetésére válaszolt. Frankel szerint Burge-dzsel való kapcsolata már a kezdet kezdetén „rázósan indult". „Frances nem úgy nézett ki, ahogy szerettem volna – mondta a rendőrségnek a lány halála után. – Kövér volt, de valahogy mégis megnyerő. Azon az estén Frances kibújt a ruhájából és szórakozgatni akart velem. Én nem akartam."[12]

Ahogy a legtöbb nő, aki megfordult Frankel birtokán, Burge sem tartozott különösebb elszámolással senkinek, és anyjával is csak annyit közölt, hogy a pénzember „irodai asszisztenseként" dolgozik. Amikor a rendőrség átkutatta Burge szobáját a kastélyban, szadomazochista filmeket és könyveket, bőr lovaglóostort, valamint köteleket találtak. Egy notesz is előkerült, amelybe a lány egy apróhirdetés vázlatát firkantotta le: „Fiatal nő különleges kapcsolatot létesítene perverz hajlamú erotikus férfival".[13]

Frankel üzelmei fennakadás nélkül haladtak előre, mígnem George Dale, a Mississippi Insurance egyik ügyvezetője nagy öszszegű átutalásokra figyelt fel az Assisi Szent Ferenc Alapítvány tulajdonában álló három Mississippi állambeli biztosítótársaság tartalékalapjaiból. Dale-nek feltűnt, hogy a pénz a Liberty National Securities nevű New York-i céghez kerül át. Néhány telefonhívásába került, hogy kiderítse: a Liberty National nem egyéb, mint egy postafiók és egy telefonos üzenetrögzítő. Ahogy tovább tapogatózott, Dale rájött, hogy az Assisi Szent Ferenc Alapítvány, a társaságok tulajdonosa sem karitatív, sem egyházközségi célokat nem szolgált, mindössze azt, hogy svájci, olasz és vatikáni bankszámlákra pénzt utaljon át.[14]

Amikor a mississippi biztosítási meghatalmazott az ügyben

felkereste a Szentszéket, hivatalos levelet kapott a kúriától, amely kijelentette, hogy sem a Monitor Ecclesiasticus, sem az Assisi Szent Ferenc Alapítvány nem tartozik vatikáni hatáskörbe. Ez volt szám szerint a harmadik hazugság, amit az egyház az ügy kapcsán tett.

Mielőtt a letartóztatási parancsokat kiadták volna, Frankel egyik greenwichi lakosztályában asztrológusával tanácskozott, aki figyelmeztette, hogy a csillagok állása felettébb kedvezőtlen a számára. Sebtében összecsomagolt, kibérelt egy repülőgépet, és két barátnőjével Európába távozott.

1999 októberében egy szövetségi esküdtszék elítélte Frankelt, amiért hét biztosítótársaságtól összesen több mint 200 millió dollárt lopott el. Két hónappal később a szélhámost Németországban letartóztatták, amiért hamis útleveleket tartott magánál, és megpróbált többmillió dollár értékben gyémántokat becsempészni az országba.

Az FBI 2000 májusában lefoglalta Frankel egyik – hárommillió dollár értékűre becsült – greenwichi birtokát, azzal az indokkal, hogy a birtok pénzmosás és pénzügyi csalás központjául szolgált. Ezzel egy időben az Egyesült Államok adóhivatala, az Internal Revenue Service lefoglalta a másik greenwichi ingatlant is – ezt 2,5 millió dollárra értékelték –, mivelhogy a birtokot biztosítótársaságoktól lopott pénzből vásárolták meg.[15]

A következő hónapban Frankel egy hamburgi bíróság előtt beismerte bűnösségét abban a vádpontban, hogy elmulasztott 1,2 millió dolláros vámot befizetni az országba csempészett 5,35 millió dollár értékű gyémántok után. Beismerő vallomásával számottevően hátráltatta az Egyesült Államoknak való kiadatását. A tárgyalóteremben Frankel kijelentette, hogy szívesebben töltené le büntetését Németországban, mint az Egyesült Államokban, ahol a büntetés-végrehajtás állapotai „embertelenek". „A német alkotmány – közölte riportereivel – lehetővé teszi, hogy egy ember rehabilitációban részesüljön, engem pedig a német törvények szerint bírálnak el."[16] Frankelt háromévi börtönbüntetésre és 1,6 millió dolláros pénzbüntetésre ítélték.

2001 márciusában, amikor az Egyesült Államoknak való kiadatása már küszöbön állt, Frankel kétségbeesett próbálkozást tett, hogy megszökjön hamburgi börtönéből: egy darabka dróttal megpróbálta elvágni cellája rácsait. Az őrizetes nem vette észre, hogy egy biztonsági kamera minden mozdulatát szemmel tartja. Két héttel később már az amerikai hatóságok előtt kellett ártatlanságát bizonygatnia nagy összegű lopás, zsarolás, pénzmosás és csalás vádpontjaiban.

2001 májusában biztosítási cégek ügyvivői öt különböző amerikai államban adtak be nagy összegű keresetet a római katolikus egyház ellen, amiért a Vatikán fedőszervként asszisztált Frankel bűncselekményeihez. „Magas rangú vatikáni tisztségviselők felhatalmazásukat és jóváhagyásukat adták a csaláshoz – szólt a keresetlevél –, amelyben Frankel pénze a Monitor Ecclesiasticus csatornáján keresztül áramolhatott az Assisi Szent Ferenc Alapítványhoz, hogy egyesült államokbeli biztosítási társaságokat vásároljon meg." A felperesek több mint 200 millió dolláros kárra keresnek jogorvoslatot. A Vatikán szuverén státusza miatt viszont meglehetősen távolinak tűnik az a nap, amelyen a városállamtól akár egy centet is beszedhetnek. Frankel, aki az amerikai történelem legnagyobb biztosítási lopását követte el, a szicíliai maffiától tanulhatta el, hogy a Szentszék – Richard Beharnak a *Fortune* magazinban megjelent vezércikkének szavaival – kiváló segítőtárs „a piszkos pénzek tisztára mosásában".[17]

A Frankel-ügy azt bizonyította, hogy a római katolikus egyház az Ambrosiano-ügy hullámverésének lecsitulta után sem mondott le a profitszerzés tisztességtelen eszközeiről, és a nyerészkedés során változatlan mohósággal bonyolódott kompromittáló kapcsolatokba. A lateráni egyezmény aláírása láthatóan egy olyan nyomvonalat jelölt ki, amelyből az egyház azóta sem tudott kilépni. Ez a kényszerpálya vezetett a Hitlerrel kötött konkordátumhoz, a horvátországi fasiszta bábállam megalapításához, a náci „patkányjáratokhoz", a Sindonával és a szicíliai maffiával kötött megállapodásokhoz és I. János Pál halálához. Ezek során pedig az egyházat értékpapír-hamisításért, több száz üzleti vállalkozás csődjéért, népirtásokért, alvilági leszámolásokért és családok ezreinek anyagi ellehetetlenüléséért terheli – közvetett vagy közvetlen – felelősség. Az ördöggel kötött alkutól – amelyet még XI. Pius gondolt ki, miközben a lateráni palota odvaiban rágcsáló patkányok neszezését hallgatta – nem lehetett egykönnyen visszatáncolni.

19

BEVEHETETLEN ERŐDÍTMÉNY

*Ő pedig megfordult, és azt mondta Péternek: „Távozz
tőlem, Sátán; bántásomra vagy nekem; mert nem gon-
dolsz az Isten dolgaira, hanem az emberi dolgokra."
Ekkor mondta Jézus az ő tanítványainak: „Ha valaki
utánam akar jönni, tagadja meg magát és vegye fel az
ő keresztjét, és kövessen engem. Mert aki meg akarja
tartani az ő életét, elveszti azt; aki pedig elveszti az ő
életét énértem, megtalálja azt. Mert mit használ az
embernek, ha az egész világot megnyeri is, de az ő lel-
kében kárt vall? Avagy micsoda váltságot adhat az em-
ber az ő lelkéért?"*

Máté evangéliuma, 16:23—26

Roberto Calvi 1982-ben a Vatikán Bank vagyonát – a ka-
tolikus egyház más pénzügyi intézményeitől függetlenül
– 10 milliárd dollárt meghaladó összegre becsülte.[1] Kevesen vol-
tak, akik az „Isten bankáraként" emlegetett maffia-figuránál job-

ban beleláttak volna a XII. Pius és Bernardino Nogara által létrehozott pénzintézet bugyraiba. A Vatikán Bank vagyona felől ma már csak találgatásaink lehetnek. Egyes pénzügyi szakértők arra következtetnek, hogy a Vatikán pénzügyi érdekeltségei az 1980 és 1990 közötti gazdasági fellendülés alatt megháromszorozták vagy megnégyszerezték az értéküket. Ez persze merő találgatás csupán. Mindazok, akik a római katolikus egyház számláiból vagy eszközeiből próbálnak következtetéseket levonni a Vatikán Bank eszközeire, a fantázia világában mozognak. A Vatikán Bank ugyanis nem közöl adatokat más szerveknek, és külső irodák sem végeznek könyvvizsgálatot a pénzintézetben. Az egyház minden belső és külső pénzügyi nyilatkozata felmenti a Vatikán Bankot az elbírálások és rendelkezések hatálya alól. Aki e közleményeket nagyítólencse alá veszi, minduntalan olyan mentesítő kitételekbe ütközik, mint például „megőrizve az IOR [azaz a Vatikán Bank] sérthetetlenségét", „az IOR nem ideértendő", „az IOR jogi státuszának teljes tiszteletben tartása mellett".[2] A Vatikán Bank a Szentszék összes többi igazgatási szervétől és hivatalától teljesen független egységként működik.

Az Isten és Mammon közös vállalkozásából létrejött „Vatikán Rt." erkölcsi rothadás és szellemi megromlás forrása lett. Az új évezred kezdetén az egyház a lehető legvisszataszítóbb botrányokba keveredett, amikor az egyházi méltóságok között elharapódzó „pedofília-járvány" révén több száz szexuális visszaélésről szóló botrány robbant ki.

Az első fecske a Louisiana állambeli Lafayette egyik lelkésze, Gilbert Gauthe volt, aki 1985-ben tizenegy kisfiú molesztálását vallotta be, később pedig beismerte, hogy több tucat másikat is kihasznált.[3] Húsz év börtönbüntetésre ítélték, az áldozatokkal pedig az egyház peren kívüli megállapodásokat kötött. A pap letartóztatását és elítélését kísérő médiaérdeklődés áttörte a titkolózás gátjait, és mint kiderült, Gauthe atya esete közel sem volt egyedülálló. A következő két évben ugyanabban a louisianai egyházmegyében tizenkilenc további papot helyeztek szexuális zaklatás vádja alá, miközben a püspökök dollármilliókat osztottak szét, hogy a hírverés elcsendesedjen. Pénzzel viszont nem lehet tüzet oltani, a botrányok pedig bozóttűzként terjedtek tovább.

1985-ben, ugyanabban az évben, amikor Gauthe tisztelendő mögött bezárultak a fegyintézet kapui, Thomas Doyle washingtoni kánonjogász bizalmas jegyzéket küldött az Egyesült Államok püspökeinek, amelyben harminc eset alapján – amelyek összesen száz áldozatot érintettek – Doyle a rá következő tíz évre több mint egymilliárd dolláros veszteséget vetített előre az amerikai egyháznak.[4]

1989-ben Joseph Ferrario, Hawaii püspöke lett az első a katolikus hierarchia előkelőbb tagjai közül, akit gyermekek zaklatásával vádoltak meg. A bíróság ugyan elvetette az esetet, de nem bizonyíték hiányában, hanem formai hiba miatt: a felperesek túl sokat késtek a tárgyalóterembe való bevonulással. Ferrario püspök, aki mindvégig tagadta a vádakat, idő előtt, 1993-ban visszavonult.[5]

A helyzet egyre súlyosbodott. 1990-ben Bruce Ritter atya, az otthonról elcsatangolt tinédzserek számára megalapított New York-i Covenant House sokat ünnepelt vezetője mondott le, miután megvádolták, hogy megrontotta a gondjaira bízott egyik kisfiút. Ritter tisztelendő erélyesen tagadta az állításokat, de mindhiába: további fiatalok sora került elő, akik megerősítették a vádat. A felzúdulás lecsendesítése érdekében Rittert ferences rendfőnökei Indiába helyezték át.[6]

1992-re több mint négyszáz amerikai papot vádoltak meg gyermekek zaklatásával, az egyházmegyéknek pedig több mint 400 millió dollárjába kerültek a jóvátételt követelő áldozatokkal kötött megállapodások. A hírbe hozott papokat sem a reverendájuktól nem fosztották meg, sem a megfelelő intézetekbe, pszichiátriai kezelésekre szóló beutalót nem kaptak. Ehelyett más egyházmegyék parókiáin nyertek újbóli kinevezéseket. Ezzel a tüneti kezeléssel pedig csak annyit értek el, hogy a fertőzés az egyház testében átterjedt az egyik helyről a másikra, és kezdett feltartóztathatatlanná válni.

Egy dallasi esküdtszék 1997-ben, Rudy Kos atya tizenegy áldozatának meghallgatása után 120 millió dolláros pénzbeli jóvátételt ítélt meg. A büntetés összegét később 30 millió dollárra csökkentették, az egyházmegye viszont még így is arra kényszerült, hogy egyes ingatlanokat jelzáloggal terheljen meg, másokat pedig eladjon, hogy fedezhesse a kárpótlás összegét.

Két évvel később a floridai Palm Beach püspöke, J. Keith Symons volt az első egyesült államokbeli püspök, aki elismerte a gyermekmolesztálás vádját, és lemondott hivataláról. Symonst a püspökség élén Anthony O'Connell váltotta fel. Egy éven belül O'Connell szintén lemondani kényszerült, miután a *Saint Louis Post-Dispatch* nyilvánosságra hozta, hogy még 1975-ben Missouri államban zaklatta egy hittantanulóját. Egykori áldozatának a missouri egyházmegye 125 millió dollárral „tömte be a száját". Az egyház fertőzöttsége kezdett egyre ijesztőbb méreteket ölteni: arról a püspökről, akit azért neveztek ki, hogy helyrehozza az elődje szexuális bűnei miatt a Palm Beach-i egyházmegyét ért károkat, kiderült, hogy maga is torz hajlamokkal megvert, perverz személy.[7]

2002-ben a bostoni érseki egyházmegyében John Geoghan atyát 130 gyermek zaklatásáért tíz év börtönbüntetésre ítélték. Bernard Law bíboros a sajtó heves támadásainak kereszttüzébe került, amikor kitudódott, hogy soha még csak meg sem próbálta megfosztani Geoghant papi hivatásától, ehelyett parókiáról parókiára helyezte át, ahol védence újra és újra bűnbe esett.

Amikorra 2002-ben II. János Pál az egyesült államokbeli püspököket a Vatikánba hívatta, hogy megvitassa velük a botrányos helyzetet, már több mint 600 pap állt gyermekek elleni bűncselekmények vádja alatt. Széles körben bírálatot váltott ki, amikor a pápa elzárkózott attól, hogy a gyermekek zaklatásával bűnösnek talált papokat elbocsássa szent hivatásukból.[8] II. János Pál ekkori hallgatását többen XII. Piusnak a holokauszt idején tanúsított némaságához hasonlították. Egyházi tisztviselők nyilatkozatai szerint a Vatikán azért látta helyénvalónak távolságot tartani a botránytól, mert úgy ítélte meg, hogy a szexuális visszaélés „jellegzetesen amerikai probléma".

A „probléma" azonban nem korlátozódott az Egyesült Államokra: kiterjedésében a szó szoros értelmében katolikus, vagyis „egyetemes" volt, amennyiben a civilizált világ szinte minden egyházmegyéjében felütötte a fejét. II. János Pál szülőhazájában, 2002 januárjában Juliusz Paetz poznańi érseket vádolták meg azzal, hogy fiatal papnövendékeket zaklatott. A hatvanhét éves Paetz, akit a pápa jelölt ki a poznańi érsekség élére, tagadta a vádakat, de ezzel nem tartóztathatta fel az egyházmegyéjében történt más zaklatásokat hírül adó, egyre szaporodó beszámolók nyilvánosságra kerülését.[9]

Ausztriában a közvélemény nyomása nyugdíjba vonulásra kényszerítette Hans Hermann Groër bécsi érseket, akit azzal gyanúsítottak meg, hogy egy papneveldében fiatalembereket és kisfiúkat rontott meg. Groër bíboros visszautasította a vádakat, de hivatali utódja, Christoph Schönborn elismerte őket, és bocsánatot kért az egyház nevében.[10]

Írországban a római katolikus elöljárók több mint 110 millió dollárnak megfelelő kártérítés kifizetésében állapodtak meg, hogy kárpótolják az egyházi működtetésű iskolák és gyermekotthonok papjai és apácái által az elmúlt ötven év során elkövetett szexuális visszaélések több ezer áldozatát.

2002 szeptemberére több mint harminc francia papot ítéltek el gyerekek ellen elkövetett szexuális visszaélések miatt, akik közül tizenegyet börtönbe is zártak. Pierre Pican, Bayeux-Lisieux egyházmegye püspöke három hónap felfüggesztett börtönbüntetést kapott, amiért az állami hatóságoknak nem tett jelentést a pedofil papokról. Pican – amerikai kollégáihoz hasonlóan – egyszerűen csak más plébániákra helyezgette át az elkövetőket.[11]

Sok amerikai ügyvéd, aki elvállalta az ilyen ügyek védelmét, könnyű célpontot látott a hatalmas vagyonnal rendelkező Szentszékben. Úgy tekintettek a Vatikánra, mint valami fejőstehénre, amely bőséges dollármilliókat tejelhet az ügyfeleiknek. Feltevésüket igazolta, hogy az egyházmegyék elöljárói milyen készségesen nyúltak a zsebükbe, hogy időben megállítsák a kipattanni készülő ügyeket, és amennyire lehetséges, rejtve tartsák őket a szélesebb nyilvánosság elől. 2002-ig az Egyesült Államok katolikus egyháza már több mint egymilliárd dollárt fizetett ki, amióta az első nagyobb zaklatási eset 1985-ben, Louisianában bíróság elé került. A kifizetések Roderick MacLeish bostoni ügyvéd szerint – aki több száz ilyen esetben járt el –, „csak a jéghegy csúcsát képezik, és többmilliárdos tételre kell számítani, mire mindegyik ügy le fog csengeni".[12] MacLeish prognózisának pontosságát keveseknek lehet okuk kétségbe vonni. 2002 májusában a bostoni érsekség visszalépett egy pap nyolcvannyolc áldozatával megkötendő megállapodástól. Indoklásuk szerint a hatalmas összegű kifizetés lehetetlenné tenné, hogy a pénzbeli kárpótlásért még sorban álló seregnyi további felperes követeléseinek is eleget tegyenek. Egy Los Angeles-i ügyvédet, aki 2001-ben egy 5,2 millió dolláros megállapodást harcolt ki az egyháztól, az azt követő hat hét alatt több mint száz új ügyfél szerződtette le.[13]

A pereskedések veszélybe sodorták az amerikai katolikus egyház iskolahálózatát, főiskoláit, kórházait és jótékonysági intézményeit is. 2002-re az egyházmegyék szerte az országban „elvéreztek": a bostoni érseki egyházmegye ötmillió, a New York-i egyházmegye pedig húszmillió dolláros deficittel zárta az évet.

A Vatikán azonban ennek ellenére is elérhetetlen távolságban volt; bankszámlái hozzáférhetetlenek maradtak a plébánosaik által kihasznált ministránsfiúk és hozzátartozóik számára, és mint önálló államot, nem lehetett perbe fogni. Többmilliárdos tőkeeszközei mind a mai napig többmilliós bevételeket fialnak, még ha a hívők anyagi áldozathozatala a korábbihoz képest jelentősen meg is csappant.

Az Egyesült Államok 194 egyházmegyéjét irányító püspökök a pápától kapják a tekintélyüket. Hasonló kötelezettségek kötik őket az egyházfőhöz, mint amilyenek a középkori vazallusokat kötötték feudális uraikhoz. A pápának a kánonjog rendelkezése szerint megvan a joga arra, hogy megkövetelje a legtöbb országban intézményes formában már nem gyakorolt tizedfizetést, „amennyiben az egyház szolgálóinak más forrásokból nem lenne megfelelő és elegendő ellátásuk". Ahhoz is joga van, hogy bármelyik egyházmegye tulajdonait lefoglalja, ha szükségesnek látja. Az egyház minden vagyona tehát *de jure* a pápa egyszemélyi rendelkezésére áll.[14]

De facto azonban az egyházfő széles mozgásteret biztosít a püspököknek, hogy önállóan kormányozzák az egyházmegyéiket, és alig – vagy egyáltalán nem – avatkozik a helyi ügymenetbe, feltéve, ha megfelelően kiveszik a részüket a Szentszéknek kijáró támogatásból. Mivel a pénz számára is minden út Rómába vezet – és sohasem az ellenkező irányba, Rómából kifelé –, az Egyesült Államok 3000 plébániájának önállóan kell előteremtenie a fenntartásukhoz és az egyházi iskolák működtetéséhez szükséges összegeket. A plébániák képviselik a középkorias rendszer „jobbágyait": kötelező számukra bevételük tíz és húsz százalék közötti részét az egyházmegyéjüknek juttatni. Az egyházmegyék a püspök alatt működő papi bürokrácia támogatására, valamint katolikus kórházak, vendégházak, ingyenkonyhák, papneveldék, árvaházak és más szociális szolgáltatók fenntartására használják fel a pénzt. A parókiák bevételeit pénzgyűjtési kampányokkal, valamint hagyatékokból és befektetésekből származó bevételekkel és jótékonysági adományokkal lehet meglendíteni. Léteznek rendkívül gazdag, de meglehetősen szegény egyházmegyék is. Némelyik részletes pénzügyi kimutatásokat bocsát ki, mások nem hoznak nyilvánosságra gazdasági adatokat. Abban viszont mindnyájan egyeznek, hogy ötévente pénzügyi jelentést kell küldeniük az egyházfőnek.

A pedofilbotrányok végigsöpörtek a 194 amerikai egyházme-
gyén, és – különösen a szűkösebb büdzséből gazdálkodókban –
nagy pusztítást végeztek. 1999-re a Santa Rosa-i egyházmegye ar-
ra kényszerült, hogy lefaragja a pásztorlási programjait, leállítsa az
építkezési projektjeit, és hatmillió dolláros kölcsönért folyamod-
jon más egyházmegyékhez. „A pereskedés végeredményben oda
vezet, hogy azok fizetnek rá a visszaélésekre, akik nem is felelősek
értük – mondta a *New York Times*nak R. Scott Appleby, a Uni-
versity of Notre Dame-hoz tartozó Cushwa Center for the Study
of American Catholicism történettudományi intézet igazgatója. –
A programjainkból kell visszavennünk, aminek a szegények látják
a legnagyobb kárát."[15]

1995-ben a New Mexico állambeli Santa Fe érseki egyházme-
gyéje arra kényszerült, hogy eladjon egy dominikánus apácák ál-
tal működtetett menedékházat és más tulajdonait is, máskülön-
ben nem lett volna képes a – biztosítótársaságok által nem fede-
zett – peren kívüli megegyezések költségeit kifizetni. Becslések
szerint a végösszeg ebben az esetben meghaladta a 30 millió dol-
lárt. 1997-ben pedig a dallasi egyházmegye kényszerült rá, hogy
jelzáloggal terhelje meg a püspökség épületét, néhány üresen álló
telket, és egy általános iskolának otthont adó ingatlant, így tudta
ugyanis fizetni a maga szintén a 30 millió dollárra rúgó jóváté-
teli összegét. Bronson Havard dallasi egyházi tisztviselő szerint
nem volt más választásuk, eltekintve a csődeljárástól.[16] 2002-ben
Francis E. George bíboros, chicagói érsek úgy nyilatkozott: való-
színűleg kénytelen lesz eladni 15 millió dollárt érő nemesi kúriá-
ját, hogy a folyamatban lévő zaklatási ügyek kárvallottjait ki tud-
ja fizetni.

A biztosítótársaságok a biztosítási díjrészletek megemelésével
reagáltak a botrányokra, valamint töröltek egyes szolgáltatásokat,
például kizárták a szexuális molesztálást a biztosítási tételek közül.
„A pedofília nem biztosítási kategória" – tárta szét a kezét
Michael Sean Quinn, a texasi Austin egy ügyvédje, a University

of Texas jogtanára, aki zaklatási ügyekben egyházmegyéket képviselt.[17] 2002-re hat biztosítótársaság utasította el, hogy a kaliforniai Stocktonban kirobbant pedofília-ügyek után kártérítést nyújtson, azzal az indoklással, hogy a „szándékos cselekedetek" – amelyeket a biztosított személy annak tudatában követ el, hogy a tettei bírósági eljárást fognak előidézni – nem tartoznak a biztosítási kategóriák közé. A társaságok arra hivatkoztak, hogy az egyházi vezetők figyelmen kívül hagyták a korábbi, dokumentált eseteket, melyek figyelmeztettek, hogy az érintett papok egyértelműen veszélyt jelenthetnek a ministránsfiúk számára.

A botránysorozat az adományok jelentős megcsappanásához vezetett: nemcsak magánszemélyek és családok adakozási kedve illant el, hanem jelentősebb emberbaráti és vallásos alapítványok is bezárták a markukat. „Az egyháznak ki kellene nyitnia a szekrényajtókat, hogy kivegye a csontvázakat – mondta Erica P. John, a Miller söripari óriáscég örököse és egy magánalapítvány elnöke, amely évi ötmillió dollárt áldoz milwaukee-i katolikus célokra. – Az egyház nem egy titkos társaság. Mi Isten népe vagyunk, és átláthatóságot akarunk."[18] Azzal, hogy az egyházra az „Isten népe" kifejezést használta, John VI. Pál tanítására utalt, valamint arra a belső konfliktusra, amelyet a szocialisztikus eszméi és a Szentszék hatalmas vagyonának megőrzése között őrlődő egykori pápa átélhetett; arra a konfliktusra, amely később az Ambrosiano-ügybe és II. János Pál hosszú pápaságába torkollt.

A pedofilügyek Andrew Greeley tisztelendő, kiváló szociológus és író szerint „az amerikai vallástörténet talán legnagyobb botránya, és egyben valószínűleg a legsúlyosabb válság a reformáció óta, amivel a római katolicizmusnak szembe kellett néznie".[19] A krízishelyzet az adományok megfogyatkozásához, a szegények és szükségben lévők felé irányuló szolgáltatások megnyirbálásához, a katolikus missziók elhanyagolásához és egyes egyházmegyék csődjéhez vezetett. S mégis, a Vatikán a mégoly súlyos helyzetben is távolságtartó higgadtsággal jár el. A vagyona ugyanis bizton-

ságban van a pereskedésektől. Elsődlegesen nem vallási vagy kari-
tatív intézményként, hanem nagyvállalatként működik; emiatt
marad a Szentszék – ahogy számos kritikusa szemrehányást tett –
érzéketlen az áldozatok megalázott helyzetére és a hívők jajkiáltá-
saira. Miközben megnyerte magának a világot, a nagy igyekezet-
ben elveszítette a saját lelkét.

UTÓSZÓ
ÉS ÍGY TOVÁBB...

Jaj néktek, képmutató írástudók és farizeusok, mert hasonlóak vagytok a meszelt sírokhoz, amelyek kívülről szépeknek tetszenek, belül pedig holtaknak csontjaival és minden undoksággal vannak rakva. Éppen így ti is, kívülről igazaknak látszotok ugyan az emberek előtt, de belül rakva vagytok képmutatással és törvénytelenséggel.

Máté evangéliuma, 23:27—28

Már 1978-ban, abban az évben, amikor II. János Pál Szent Péter trónszékébe ült, a szicíliai maffia aktív tevékenységbe kezdett Lengyelországban. Ennek során a maffiózók „munkakapcsolatba" kerültek az orosz és a csecsen maffiával is, hogy közös összefogással terjesszék ki befolyási körüket. 2002-re Lengyelország, ahol a kábítószer-függőség és -terjesztés korábban jóformán nem is létezett, a drogkereskedelem fő elosztóállomása lett. Törökországi és bulgáriai tengeri kikötőkből – ahol a *baba* néven ismert török dílerek eladják a szicíliai maffia ügynökeinek – évente több mint tizenöt tonna heroin áramlik Lengyelországba. Márpedig ez nem azonos a gyengébb minőségű, „harmadosztályú" áruval, ami a Távol-Keletről származik, és csak elfüstölni lehet; ezt a kiváló, „négyes osztályú" heroint az Irán-Pakisztán-Afganisztán „arany félholdban" termelik és tisztítják, és megfelel a vénás használat céljára is.[1] A török és bolgár kikötőkből a heroint a Fekete-tengeren Ukrajnába szállítják, onnan pedig Lengyelországba csempészik. Az útvonal nem csak Lengyelország központi elhelyezkedése miatt ideális, hanem mert az ország keleti határának őrzésére nem fordítanak kellő figyelmet.

A más drogfajtákkal való üzérkedés is komoly karriert futott be Lengyelországban. Az Európában és Amerikában eladott amfetamin-származékok több mint 40 százaléka Lengyelországból érkezik. Ezenkívül (Licio Gelli és a P-2 összeköttetései révén) az ország a dél-amerikai kokainbárók számára a kokain-feldolgozás és -terjesztés egyik fő bázisa is lett.[2]

A drogkereskedelem fellendülésének a társadalomra gyakorolt közvetlen hatása is drámai: 1978-ban kevesebb mint ötezer heroin- vagy kokain-felhasználó volt Lengyelországban; húsz évvel később már 200 ezer volt nyilvántartásba véve, akik közül minden második kábítószerfüggő is volt.[3]

A kelet-európai ország a lőszer- és fegyverkereskedelem központjává, s így diktatúrák és terroristacsoportok fő beszerzési forrásává is vált. A Palesztin Felszabadítási Szervezet például csaknem teljes fegyverzetét Lengyelországból szerzi be. Varsó, Krakkó és más nagyvárosok titkos fegyverbazárjaiban az érdeklődő egész arzenált vásárolhat meg a legkülönbözőbb, korszerű típusokból: taposóaknákat, gránátokat, infravörös látcsöveket, 105 milliméteres ágyúkat, föld-levegő rakétákat, Cobra helikopterek gépágyúit, de még Leopard tankokat is.

A fehérrabszolga-kereskedelem egy másik olyan üzletág, amely a szicíliai maffia ügyködésének köszönhetően indult virágzásnak. Gyermekeket és nőket rabolnak el Lengyelországban, és szállítják Milánóba vagy más olaszországi célállomásokra, ahol vagyonos arab üzletemberek vásárolják meg őket.

Lengyelország mégis messzemenően az illegális hulladék elhelyezés területén kínálta fel a legnagyobb hasznot hajtó üzletágat a maffia számára. Itt minden olyan anyagot ki lehet önteni, le lehet rakodni vagy el lehet temetni, amit a világ egyetlen más részén sem szabadna: vörös zsákos orvosi hulladékot, vegyészeti kombinátok mérgező salakját, építkezések után visszamaradt veszélyes anyagokat és atomerőművekben keletkező melléktermékeket. Európában és az Egyesült Államokban a hulladékelszállítás lett az elmúlt évek egyik legjelentősebb maffiaérdekeltsége. A maffia – a New York-i Genovese, Gambino és Lucchese családoktól a szicíliai Inzerillo, Buscetta és Greco családokig – kifinomultabbá vált: a puskákról a hulladékra képezte át magát. 2002-ben az FBI becslései szerint a még a maffiánál is nagyobb múltra visszatekintő, nápolyi Camorra bűnszövetkezet 3,5 és 8,5 millió dollár közötti összeget harácsolt össze abból, hogy illegális módon toxikus hulladékot helyezett el Lengyelország területén.[4] Nem véletlen, hogy a maffiózók szerte a világon szemétlerakó helyeket és megfelelő kapcsolatokkal rendelkező üzletembereket keresnek fel.

1996 tavaszán Mitch Grochowski és én – akkor mindketten az észak-kelet pennsylvaniai, díjnyertes *Metro* hetilap riportereiként – Renato Marianival, az Empire Landfill, Amerika egyik legnagyobb szemétlerakó telepének tulajdonosával és cégvezetőjével találkoztunk. Marianit később elítélték, amiért a „szemétpénzből" az 1996-os elnökválasztási kampányra is juttatott. Találkozónk során Mariani az Empire lehetőségeit taglalta, és beszámolt vállalata terveiről, hogy Krakkó térségében szemétlerakót fog nyitni. Mariani még dicsekedett is azzal, hogy a szükséges lengyelországi kapcsolatokat egy kiváló üzletember révén tudta megteremteni, aki jól informált források szerint New York és New Jersey bűnszervezeteihez kötődik. Az üzletember, aki a központját Lengyelországban alakította ki, a Vatikánhoz delegált „nem hivatalos" nagykövetként is szolgált, és teljes körű, közvetlen bejárása volt a pápához.

Mariani közölte, hogy nem áll szándékában demokratikusan megválasztott lengyel államférfiakkal tárgyalni, sem a jobb-, sem a baloldalról. A kapcsolatai révén ugyanis meggyőződött afelől, hogy Lengyelországban csak a római katolikus egyház fejének közbenjárása révén érdemes bármiféle komolyabb tevékenységbe kezdeni. „Lengyelországban nem kapsz meg semmit, és egy szalmaszálat sem tehetsz keresztbe – állította Mariani –, ha nem a pápán keresztül intézed."

Ez a módja.

A szicíliai maffia és a „Vatikán Rt." kapcsolatai érintetlenül maradtak. II. János Pál pápasága sem XXIII. János és VI. Pál progresszív reformjait nem vitte tovább, sem a tradicionális katolikus istentisztelethez és tanításhoz nem hozott visszatérést, mindössze a „Vatikán Rt.-nek" mint pénzügyi és politikai szervnek a stabilizációjához vezetett. Az intézmény elsődleges célja nem szellemi-erkölcsi igazságok kutatása és hirdetése a bizonytalanság korában, hanem saját társasági érdekeinek érvényesítése és állandósítása intrikák, hazudozás, lopás, és – amikor a helyzet úgy kívánja – vérontás által.

II. János Pál természetesen nem a La Cosa Nostra tagdíjfizető aktivistája, sem a P-2 prominense. De ugyanakkor tény marad, hogy megengedte Gelli társaságának vatikáni pozícióik megtartását, és meg sem próbálta elvágni az egyházat a maffiához kötő szálakat, sőt a kötődést valójában megerősítette. Továbbá elutasította a Vatikán Bank ügyvitelének reformját is, sőt valamilyen titokzatos okból védelme alá vette Marcinkus érseket az igazságszolgáltatás elől, és még arra is kísérletet tett, hogy a kegyvesztetté vált vatikáni bankárt a bíborosi kollégiumba emelje.

Természetesen II. János Pál javára szól, hogy egy 1993-as szicíliai útja során egy szentbeszédében felemelte szavát a maffia ellen: „Ne ölj. Nincs az az ember, nincs az az emberi társulás, nincs az a maffia, amely megváltoztathatná vagy megtiporhatná az élethez való jogot. Ez a legszentebb jog Istenhez tartozik."[5] Az is igaz, hogy II. János Pál elítélte, amikor maffiózók meggyilkolták Giuseppe Puglisi atyát, a szervezett bűnözés elleni harc egyik vezéralakját.

És mégis, a szervezett bűncsaládok és a Vatikán között zajló folytonos illegális pénzügyi tranzakciók közepette a pápa szavai üresen konganak. 1999. október 3-án, három évvel azután, hogy II. János Pál szorgalmazni kezdte Don Puglisi boldoggá avatását, a szicíliai maffia huszonegy tagját tartóztatták le Palermóban, amiért a Vatikán Bank közreműködésével egy gondosan kidolgozott internetes pénzügyi csalást vittek véghez. Antonio Orlando *capo,* a művelet értelmi szerzője sikerrel szivattyúzott ki 264 milliárd lírát (mintegy 115 millió dollárt) különböző európai bankokból. A pénz először egy Emilia Romagna régióbeli központba, onnan pedig a Vatikán Bank titkosított számláira került át.[6] Orlando és társai közvetlenül a letartóztatásuk előtt hoztak mozgásba egy akciót, amelynek eredményeképpen kétezer milliárd lírát (körülbelül egymilliárd dollárt) akartak elhalászni a Banco di Siciliától. Giuseppe Limia, Olaszország maffiaellenes bizottságának elnöke szerint a letartóztatások arra mutatnak, hogy az internetet illegális célokra felhasználó bűnszervezetek rendkívül veszélyessé váltak.[7] Jóllehet az ügy számos bűnöző őrizetbe vételéhez vezetett, a Vatikánváros szuverenitása miatt az olasz nyomozók nem vizsgálhatták ki a Vatikán Bank bűnrészességét.

A konzervatív londoni lap, a *The Daily Telegraph* 2001. november 19-én megjelent egyik tudósítása újabb bizonyítékát adta, hogy a Vatikán II. János Pál uralkodása alatt visszatért a rendes ügymenethez. A cikk a Vatikán Bankot – Mauritius, Makaó,

Nauru és más, Isten háta mögötti adóparadicsomok bankjai mellett – a világ egyik legnagyobb olyan intézményeként határozta meg, ahol alvilági pénzeket mosnak tisztára.[8]

II. János Pál az egyháztörténelem egyik leghosszabb pápasága során mindvégig figyelemre méltóan érzéketlen maradt a széles körű kritikákra. Ahogy botrány botrányt követ, egyre több nyomozóriporter és hírmagyarázó szokik hozzá, hogy a pápa nem tartozik felelősséggel, és egyre többen mulasztják is el kérdőre vonni: miért engedi meg a kufároknak, hogy a szent templomban maradjanak? Ez a tendencia ékesen mutatkozik meg a lengyel pápának Carl Bernstein és Marco Politi által írt életrajzában. Már munkájuk címe – *Őszentsége II. János Pál és napjaink történelme* – kifejezi a szerzők szolgalelkű odaadását, amellyel könyvük felmagasztalt tárgya előtt hajlonganak. A két világszerte elismert újságíró, Bernstein és Politi a terjengős szövegben még csak kísérletet sem tesznek olyan rázósabb kérdésekben vájkálni, mint a pápa „elveszett évei"; Sindona, Calvi vagy Gelli egyházi kapcsolatai; nem tájékoztatnak az Ambrosiano-ügyről és a szicíliai kapcsolatokról; és nem említik Paul Marcinkus érseket és a Vatikán Bankot.

Az előző oldalak beszámolói bűnügyi nyilvántartásokban, rendőrségi aktákban és holokauszt-múzeumokban őrzött dokumentumokkal és fényképekkel alátámasztott hiteles adatokon alapulnak. Feljegyzett történelmünk részei. Kiváló történészek és újságírók dokumentálták őket, mint Richard Hammer, David Yallop, Claire Sterling, Nick Tosches és John Cornwell; riporterek és tudósítók adták hírül őket a világ különböző részein, még ha az ügyek általában nem is keltettek fel nagyobb médiaérdeklődést. Ezeket a történéseket nem lehet jelentéktelen és lényegtelen ügyekként kezelni, hiszen a 21. század fordulójára az élet minden – erkölcsi, szellemi, politikai és gazdasági – területére hatást gyakoroltak.

1977-ben, kevéssel a halála előtt VI. Pál azt mondta: „A sátán füstje beszivárgott a templomba. Körüllengi az oltárt."⁹ Mikor lépett be a sátán a római katolikus egyház szentélyébe? Mikor vettek diadalt a pokol kapui az egyház fölött? Egyesek szerint a lateráni egyezmény 1929. február 22-i aláírásakor. Mások egy jóval korábbi dátumra mutatnak, egy 312. évi tiszta, októberi reggelre, amikor Miltiades, Róma hajlott korú, megviselt püspöke térdet hajtott Konstantin római császár előtt, hogy egyháza elnyerje a mérhetetlen gazdagság és hatalom ígéretét.

I. FÜGGELÉK
A PÁPÁK LISTÁJA*

Szent Péter	33?–64?	Szent Aniketos	155?–166?
Szent Linus	67–76?	Szent Soteros	166?–175?
Szent Cletos		Szent Eleutheros	175?–189
(Anakletos)	76?–88?	I. Szent Viktor	189–199?
Szent Kelemen	88?–97?	Szent Zephyrinus	199–217
Szent Evaristos	97?–105?	(Natalis)	199?–?
I. Szent Sándor	105?–115?	I. Szent Calixtus	217–222
I. Szent Sixtus	115?–125?	(Hippolytus)	217–235
Szent Telesphoros	125–136?	I. Szent Orbán	222–230
Szent Hyginos	136–140?	Szent Pontianus	230–235
I. Szent Pius	140–155?	Szent Anteros	235–236

---

* A bizonytalan életrajzi adatokkal rendelkező pápák és az ellenpápák, valamint – az első ezredfordulótól – polgári neveik zárójelben szerepelnek. Az első két században trónra lépésüknek és pápaságuk megszűnésének éve történeti szempontból teljességgel a hagyományon alapul. A II. század végétől a XI. század közepéig az évszámok már többé-kevésbé megbízhatóak; a pápák alapvető életrajzi adataival kapcsolatos bizonytalanságok csak V. Mártonnal (1417–1431) szűnnek meg. *(A ford.)*

Szent Fabianus	236–250		II. Szent Félix	483–492
Szent Cornelius	251–253		I. Szent Gelasius	492–496
(Novatianus)	251–258		II. Szent Anastasius	496–498
I. Szent Lucius	253–254		Szent Symmachus	498–514
I. Szent István	254–257		(Laurentius)	498–505
II. Szent Sixtus	257–258		Szent Hormisdas	514–523
Szent Dionysios	259–268?		I. Szent János	523–526
I. Szent Félix	269–274?		III. Szent Félix	526–530
Szent Eutychianus	275–283?		II. Bonifác	530–532
Szent Cajus	283–296		(Dioskuros)	530
Szent Marcellinus	296–304		II. János	533–535
I. Szent Marcellus	304?–309?		I. Szent Agapetus	535–536
Szent Eusebios	309?–310?		Szent Silverius	536–537
Szent Melchiades			Vigilius	537–555
(Miltiades)	311–314		I. Pelagius	556–561
I. Szent Szilveszter	314–335		III. János	561–574
Szent Marcus	336		I. Benedek	575–579
I. Szent Gyula	337–352		II. Pelagius	579–590
Liberius	352–366		I. (Nagy) Szt. Gergely	590–604
(II. Félix)	355–366		Sabinianus	604–606
I. Szent Damasus	366–384		III. Bonifác	607
(Ursinus)	366–367		IV. Szent Bonifác	608–615
Szent Siricius	384–399		I. Szent Adeodatus	
I. Szent Anastasius	399–401		(Deusdedit)	615–618
I. Szent Ince	401–417		V. Bonifác	619–625
Szent Zosimos	417–418		I. Honorius	625–638
I. Szent Bonifác	418–422		Severinus	640
(Eulalius)	418–419		IV. János	640–642
I. Szent Coelestin	422–432		I. Theodoros	642–649
III. Szent Sixtus	432–440		I. Szent Márton	649–653
I. (Nagy) Szent Leó	440–461		I. Szent Jenő	654–657
Szent Hilarius	461–468		Szent Vitalianus	657–672
Szent Simplicius	468–483		II. Adeodatus	672–676

Donus	676–678	(Anastasius)	855
Szent Agatho	678–681	I. (Nagy) Szt. Miklós	858–867
II. Szent Leó	682–683	II. Hadrián	867–872
II. Szent Benedek	684–685	VIII. János	872–882
V. János	685–686	I. Marinus	882–884
Konon	686–687	III. Szent Hadrián	884–885
(Theodorus)	687	V. István	885–891
(Paschalis)	687	Formosus	891–896
I. Szent Sergius	687–701	VI. Bonifác	896
VI. János	701–705	VI. István	896–897
VII. János	705–707	Romanus	897
Sisinnius	708	II. Theodorus	897
Constantinus	708–715	IX. János	898–900
II. Szent Gergely	715–731	IV. Benedek	900–903
III. Szent Gergely	731–741	V. Leó	903
Szent Zakariás	741–752	Christophorus	903–904
(II. István)	752	III. Sergius	904–911
II. István	752–757	III. Anastasius	911–913
I. Szent Pál	757–767	Lando	913–914
III. István	768–772	X. János	914–928
(II. Constantinus)	767–769	VI. Leó	928
(Philippus)	768	VII. István	928–931
I. Hadrián	772–795	XI. János	931–935
III. Szent Leó	795–816	VII. Leó	936–939
IV. István	816–817	VIII. István	939–942
I. Szent Paschalis	817–824	II. Marinus	942–946
II. Jenő	824–827	II. Agapetus	946–955
Valentin	827	XII. János	955–963
IV. Gergely	827–844	VII. Leó	963–965
(VIII. János)	844	V. Benedek	964
II. Sergius	844–847	XIII. János	965–972
IV. Szent Leó	847–855	VI. Benedek	973–974
III. Benedek	855–858	VII. Bonifác	974

VII. Benedek   974–983

XIV. János   983–984

VII. Bonifác másodszor

984–985

XV. János   985–996

V. Gergely (Bruno,

karintiai herceg)   996–999

(XVI. János – Johannes

Philagathos)   997–998

II. Szilveszter (Gerbert

d'Aurillac)   999–1003

XVII. János (Secco)   1003

XVIII. János (Fasano)

1004–1009

IV. Sergius (Pietro Buccaporca)

1009–1012

VIII. Benedek (Giovanni,

Tusculum grófja)   1012–1024

(VI. Gergely)   1012

XIX. János (Tusculumi gróf)

1024–1032

IX. Benedek (Teofilatto,

Tusculum grófja)   1032–1044

III. Szilveszter (Giovanni)

1044–1045

IX. Benedek másodszor   1045

VI. Gergely (Giovanni

Graziano)   1045–1046

II. Kelemen (Suitger,

Morsleben és Homburg grófja)

1046–1047

IX. Benedek harmadszor

1047–1048

II. Damasus (Poppo

von Brixen)   1048

IX. Szent Leó (Bruno,

Egisheim és Dagsburg grófja)

1049–1054

II. Viktor (Gebhard, Dollnstein

és Hirschberg grófja) 1055–1057

IX. István (Friedrich

lotharingiai herceg) 1057–1058

X. Benedek (Giovanni,

Tusculum grófja)   1058–1059

II. Miklós (Gérard

de Chevron)   1059–1061

II. Sándor (Anselmo

da Baggio)   1061–1073

(II. Honorius – Pietro Cadalo)

1061–1064

VII. Szent Gergely

(Hildebrand)   1073–1085

(III. Kelemen – Wiberto

di Parma)   1080–1084?

III. Viktor (Desiderius

Epifani)   1086–1087

II. Orbán (Eudes

de Chatillon)   1088–1099

II. Paschalis (Raniero

di Bieda)   1099–1118

(Theoderich – Guibert)

1100–1102

(Albert)   1102

(IV. Szilveszter

– Maginulfo)   1105–1111

II. **Gelasius** (Giovanni di Gaeta)
1118–1119
(VIII. Gergely
– Mauritius Budinus de Braga)
1118–1121
II. **Calixtus** (Guido, Bourgogne
grófja) 1119–1124
II. **Honorius** (Lamberto
di Fiagnano) 1124–1130
(II. Coelestin
– Tebaldo Buccapecus) 1124
II. **Ince** (Gregorio Papareschi)
1130–1143
(II. Anacletus – Pietro Petri
Leonis) 1130–1138
(IV. Viktor – Gregorio) 1138
II. **Coelestin** (Guido di Città
di Castello) 1143–1144
II. **Lucius** (Gerardo
Caccianemici) 1144–1145
III. **Jenő** (Bernardo
dei Paganelli) 1145–1153
IV. **Anastasius** (Corrado
Fagnani) 1153–1154
IV. **Hadrian** (Nicolaus
Breakspeare) 1154–1159
III. **Sándor** (Rolando
Bandinelli) 1159–1181
(IV. Viktor – Ottaviano
de Monticello) 1159–1164
(III. Paschalis
– Guido da Crema) 1164–1168

(III. Calixtus – Johannes
de Struma) 1168–1178
(III. Ince – Lando) 1179–1180
III. **Lucius** (Ubaldo
Allucingoli) 1181–1185
III. **Orbán** (Uberto
Crivelli) 1185–1187
VIII. **Gergely** (Alberto
de Morra) 1187
III. **Kelemen** (Paolo Scolari)
1187–1191
III. **Coelestin** (Giacinto Bobone
Orsini) 1191–1198
III. **Ince** (Lotario,
Segni grófja) 1198–1216
III. **Honorius**
(Cencio Savelli) 1216–1227
IX. **Gergely** (Ugolino,
Segni grófja) 1227–1241
IV. **Coelestin** (Goffredo
Castiglioni) 1241
IV. **Ince** (Sinibaldo Fieschi,
Lavagna grófja) 1243–1254
IV. **Sándor** (Rinaldo,
Segni grófja) 1254–1261
IV. **Orbán**
(Jacques Pantaléon de Court)
1261–1264
IV. **Kelemen** (Guy le Gros
Foulques) 1265–1268
X. **Szent Gergely**
(Tebaldo Visconti) 1271–1276

V. Ince (Pierre
de Tarentaise)   1276
V. Hadrian (Ottobono
de Fieschi, Lavagna grófja) 1276
XXI. János (Pedro Juliani)
                        1276–1277
III. Miklós (Giovanni Gaetano
Orsini)   1277–1280
IV. Márton (Simon
de Brion)   1281–1285
IV. Honorius (Giacopo,
Savelli grófja)   1285–1287
IV. Miklós
(Girolamo Masci)   1288–1292
V. Szent Coelestin (Pietro
Angelari del Murrone)   1294
VIII. Bonifác (Benedetto
Caetani)   1294–1303
XI. Benedek (Niccolò
Boccasini)   1303–1304
V. Kelemen (Bertrand
de Got)   1305–1314
(Avignon)
XXII. János (Jacques Arnaud
d'Euse)   1316–1334
(V. Miklós – Pietro Rainallucci)
                        1328–1330
XII. Benedek
(Jacques Fournier)   1334–1342
VI. Kelemen (Pierre Roger
de Beaufort)   1342–1352
VI. Ince (Étienne Aubert)
                        1352–1362

V. Orbán (Guillaume
de Grimoard)   1362–1370
XI. Gergely (Pierre Roger
de Beaufort)   1370–1378
(Róma)
VI. Orbán (Bartolomeo
Prignano)   1378–1389
(VII. Kelemen – Robert
genfi gróf)   1378–1394
IX. Bonifác (Pietro
Tomacelli)   1389–1404
(XIII. Benedek – Pedro de Luna)
                        1394–1417
VII. Ince (Cosimo
Migliorati)   1404–1406
XII. Gergely (Angelo
Correr)   1406–1415
(Pisa)
(V. Sándor – Pietro Philargo)
                        1409–1410
(XXIII. János – Baldassare Cossa)
                        1410–1415
(Róma)
V. Márton (Oddone
Colonna)   1417–1431
(VIII. Kelemen – Gil Sánches
de Muños)   1423–1429
(XIV. Benedek)   1425–1430?
IV. Jenő
(Gabriele Condulmer)
                        1431–1447
(V. Félix – Amadeo,
Savoya hercege)   1439–1449

V. Miklós (Tommaso Parentucelli) 1447–1455

III. Calixtus (Alfonso de Borgia) 1455–1458

II. Pius (Enea Silvio Piccolomini) 1458–1464

II. Pál (Pietro Barbo) 1464–1471

IV. Sixtus (Francesco della Rovere) 1471–1484

VIII. Ince (Giambattista Cibo) 1484–1492

VI. Sándor (Rodrigo de Borgia) 1492–1503

III. Pius (Francesco Todeschini–Piccolomini) 1503

II. Gyula (Giuliano della Rovere) 1503–1513

X. Leó (Giovanni de' Medici) 1513–1521

VI. Hadrián (Adriaan Florent d'Edel) 1522–1523

VII. Kelemen (Giulio de' Medici) 1523–1534

III. Pál (Alessandro Farnese) 1534–1549

III. Gyula (Gian Maria Ciocchi del Monte) 1550–1555

II. Marcellus (Marcello Cervini) 1555

IV. Pál (Gian Pietro Carafa) 1555–1559

IV. Pius (Giovanni Angelo de' Medici) 1559–1565

V. Szent Pius (Antonio Michele Ghislieri) 1566–1572

XIII. Gergely (Ugo Boncompagni) 1572–1585

V. Sixtus (Felice Peretti) 1585–1590

VII. Orbán (Giambattista Castagna) 1590

XIV. Gergely (Niccolò Spondrati) 1590–1591

IX. Ince (Giovanni Antonio Facchinetti) 1591

VIII. Kelemen (Ippolito Aldobrandini) 1592–1605

XI. Leó (Alessandro Ottaviano de' Medici) 1605

V. Pál (Camillo Borghese) 1605–1621

XV. Gergely (Alessandro Ludovisi) 1621–1623

VII. Orbán (Maffeo Barberini) 1623–1644

X. Ince (Giambattista Pamphili) 1644–1655

VII. Sándor (Fabio Chigi) 1655–1667

IX. Kelemen (Giulio Rospigliosi) 1667–1669

X. Kelemen (Emilio Altieri) 1670–1676

XI. Ince (Benedetto Odescalchi) 1676–1689

VIII. Sándor (Pietro
Ottoboni)   1689–1691
XII. Ince (Antonio Pignatelli
herceg)   1691–1700
XI. Kelemen (Gian Francesco
Albani)   1700–1721
XIII. Ince (Michelangelo dei
Conti)   1721–1724
XIII. Benedek (Pietro Francesco
Orsini herceg)   1724–1730
XII. Kelemen (Lorenzo
Corsini)

          1730–1740
XIV. Benedek (Prospero
Lambertini)   1740–1758
XIII. Kelemen (Carlo
Rezzonico)   1758–1769
XIV. Kelemen (Giovanni
Vincenzo Lorenzo Ganganelli)
          1769–1774
VI. Pius (Giovanni Angelo
Braschi gróf)   1775–1799
VII. Pius (Barnaba Luigi
Chiaramonti gróf)   1800–1823
XII. Leó (Annibale della Genga
gróf)   1823–1829

VIII. Pius (Francesco Saverio
Castiglioni)   1829–1830
XVI. Gergely (Bartolomeo
Alberto Capellari)   1831–1846
IX. Pius (Giovanni Maria
Mastai–Ferretti gróf) 1846–1878
XIII. Leó (Gioacchino
Pecci gróf)   1878–1903
X. Szent Pius (Giuseppe
Sarto)   1903–1914
XV. Benedek (Giacomo della
Chiesa márki)   1914–1922
XI. Pius (Achille
Ratti)   1922–1939
XII. Pius (Eugenio
Pacelli)   1939–1958
XXIII. János (Angelo Giuseppe
Roncalli)   1958–1963
VI. Pál (Giovanni Battista
Montini)   1963–1978
I. János Pál (Albino
Luciani)   1978
II. János Pál (Karol
Wojtyła)   1978–

II. FÜGGELÉK

A LATERÁNI EGYEZMÉNY[*]

I. SZERZŐDÉS A SZENTSZÉK ÉS OLASZORSZÁG KÖZÖTT

A teljes Szentháromság nevében!

Minthogy

a Szentszék és Olaszország úgy találták jónak, hogy a közöttük fennálló meghasonlás minden okát a kölcsönös viszony oly végleges rendezésével küszöböljék ki, mely az igazságnak és mindkét

---

[*] Jelen függelékben csak az egyezmény első része szerepel (Szerződés a Szentszék és Olaszország között). Az alapszerződés két további részt is tartalmaz, ezek: a Pénzügyi megegyezés (melyben a pápaságot ért pénzügyi veszteségek kárpótlására az olasz állam vállalta, hogy a lateráni egyezmény ratifikálása után azonnal fizet 750 millió lírát, valamint 5%-os kamatozású olasz államkölcsönt ad egymilliárd líra értékpapírban) és a Konkordátum a Szentszék és Olaszország között (amely az olasz államban szabályozta az egyház helyzetét: többek között elismerte az egyházi házasság érvényességét, bevezette a középfokú hitoktatást, biztosította a katolikusok egyesülési jogát, megállapította az egyházi társulatok jogi személyiségét és vagyonszerző képességét). A szerződés itt közölt fordítása – a mai helyesírás által megkövetelt változtatásokkal – az alábbi kiadásban jelent meg: Polzovics Iván, *A lateráni szerződés* (Budapest: k. n., 1934), 64–75. o. *(A ford.)*

magas Fél méltóságának megfelel, és amely a Szentszéknek olyan
állandó, tényleges és jogi helyzetet biztosít, amely teljes függet-
lenséget nyújt neki magas hivatásának teljesítésére a világban, s
amely a Szentszéknek így lehetővé teszi végérvényes és visszavon-
hatatlan módon elintézettnek tekinteni a „római kérdést", mely
1870-ben Rómának az olasz királyságba való bekebelezésével a
Savoyai-ház dinasztiája alatt keletkezett;

minthogy továbbá a Szentszéknek teljes és látható független-
ségének biztosítására elvitathatatlan szuverenitást nemzetközi té-
ren is biztosítani kell, előállott a szüksége annak, hogy külön fel-
tételek mellett egy Vatikánváros létesíttessék, elismerve afölött a
Szentszék teljes tulajdonjogát, kizárólagos, abszolút hatalmát és
szuverén joghatóságát; ezért

Őszentsége, XI. Pius pápa és Őfelsége, III. Viktor Emánuel,
Olaszország királya elhatározták, hogy szerződést kötnek, e célból
két teljhatalmú meghatalmazottat nevezve ki, mégpedig Őszent-
sége részéről főtisztelendő Pietro Gasparri bíboros úr őeminenci-
áját, államtitkárt, Őfelsége részéről pedig lovag Benito Mussolini
miniszterelnök és kormányelnök úr őexcellenciáját; akik kicserél-
vén és megfelelőnek találván kölcsönös meghatalmazásaikat, a kö-
vetkező cikkelyekben állapodtak meg:

1. cikkely

Olaszország elismeri és megerősíti újra az 1848. március 4-i állam-
alkotmány 1. cikkelyében szentesített tételt, mely szerint a katoli-
kus, apostoli és római vallás az egyedüli államvallás.

2. cikkely

Olaszország elismeri a Szentszék szuverenitását nemzetközi téren,
mint természetéhez tartozó, hagyományának és hivatása követel-
ményének megfelelő tulajdonságát.

3. cikkely

Olaszország elismeri a Szentszék teljes tulajdonjogát, kizárólagosan abszolút hatalmát és szuverén joghatóságát a Vatikán felett, ahogy az jelenleg fennáll, minden tartozékával és javadalmával, megteremtvén ezáltal a Vatikánvárost *(Città del Vaticano)* különleges célokra s a jelen szerződés feltételei mellett. A nevezett város határait az a térkép tünteti fel, mely mint az I. melléklet jelen szerződésnek integráns része.

Magától értetődik, hogy Szent Péter tere, jóllehet a Vatikánvároshoz tartozik, továbbra is rendszerint nyitva marad a közönség számára s az olasz hatóságok rendőri hatalmának alávetve; ennek közegei kötelesek a bazilika lépcsőinek lábainál megállni, bár az továbbra is a nyilvános istentiszteleteknek lesz szentelve, s hacsak az illetékes hatóság beavatkozásra nem szólítja fel őket, a felmeneteltől és belépéstől a mondott bazilikában tartózkodni fognak.

Amikor a Szentszék, különleges ünnepségekre való tekintettel, jónak látja Szent Péter terét a nyilvános forgalomtól átmenetileg elzárni, úgy az olasz hatóságok vissza fognak vonulni a Berniniféle oszlopcsarnok külső vonalain s azok meghosszabbításán túlra, hacsak az illetékes hatóság maradásra nem szólítja őket.

4. cikkely

A Szentszék kizárólagos szuverenitása és joghatósága a Vatikánváros felett, amit Olaszország elismer, magával hozza, hogy abba az olasz kormány részéről semmiféle beavatkozás nem történhet s hogy abban semmiféle más hatóság nincs, mint a Szentszéké.

5. cikkely

Az előző cikkely rendelkezéseinek végrehajtásaként az olasz kormány kötelessége még a jelen szerződés életbelépése előtt a Vati-

kánváros területét minden tehertől és esetleges birtokosaitól föl-
szabadítani. A Szentszék viszont gondoskodik a bejáratok elzárá-
sától – a nyitott részek bekerítésével, kivéve a Szent Péter terét.

Kölcsönös a megállapodás, hogy az olasz kormány nem avat-
kozik a vatikáni területen fekvő ama ingatlanok ügyébe, amelyek
egyházi intézmények vagy jogalanyok tulajdonai, hanem a Szent-
szék ezekkel közvetlenül rendezi a jogviszonyait.

6. cikkely

Olaszország az érdekelt szervekkel kötendő alkalmas megegyezés
útján gondoskodni fog arról, hogy a Vatikánváros számára meg-
felelő és a tulajdonában álló vízellátás biztosíttassék.

Gondoskodni fog továbbá az államvasutakhoz való csatla-
kozásról azáltal, hogy a Vatikánvárosban vasúti állomást épít a
mellékelt térképen jelzett helyen, s a Vatikán kocsijainak az olasz
vasútakon való vontatása által.

Hasonlóképpen gondoskodni fog a Vatikán távíró-, távbe-
szélő-, szikratávíró-, rádió- és postaösszeköttetéséről, közvetlenül
is más államokkal.

Végül gondoskodni fog a többi nyilvános közlekedési eszkö-
zökkel való kapcsolatról is.

A fönt mondottakról az olasz állam költségén a jelen szerző-
dés életbelépése után egy éven belül fog gondoskodás történni.

A Szentszék saját költségén fog a Vatikán már meglévő, vagy
ezentúl megnyitandó bejáratainak megcsinálásáról gondoskodni.

A Szentszék és az olasz állam között megállapodás fog léte-
sülni a Vatikánváros szárazföldi és légi járműveinek olasz terüle-
ten való közlekedésére vonatkozólag.

7. cikkely

Az olasz kormány kötelezi magát, hogy a Vatikánváros környékének területén semmi olyan új építkezéseket nem fog engedélyezni, amelyek abba betekintést nyújtanának, s ugyanezen célból gondoskodni fog azon már meglévő épületek részleges lebontásáról, amelyek a Porta Cavalleggeritől a Via Aurelia és a Viale Vaticano hosszában húzódnak.

A nemzetközi jog szabályainak megfelelően bármily fajta repülőgépnek tilos a Vatikán területének átrepülése.

A Piazza Rusticuccin s az oszlopcsarnokkal határos zónán, ahová a 15. cikkelyben említett extraterritorialitás nem terjed ki, mindennemű ház- vagy útépítési változás, ami érdekelhetné a Vatikánt, csak kölcsönös megegyezéssel eszközölhető.

8. cikkely

Olaszország a pápa személyét szentnek és sérthetetlennek tekintvén, minden merényletet ellene, vagy az arra való felbujtást büntetendőnek jelenti ki, ugyanazokkal a büntetésekkel, amelyek a király személye elleni merényletre vagy arra szolgáló felbujtásra állnak.

A pápa személyének nyilvános megsértései vagy meggyalázásai, amelyek olasz területen beszéd, cselekedet vagy írás által történnek, mint a király személyének sértegetései vagy meggyalázásai büntetendők.

9. cikkely

A nemzetközi jog szabályainak megfelelően a Szentszék szuverenitása alatt állnak azok a személyek, akiknek állandó lakhelye a Vatikánváros. Ez az illetőség nem vész el átmeneti tartózkodással más helyen, ha egyébként nincs vele összekötve a vatikáni lakás elvesztése vagy más, a lakás elvesztését igazoló körülmény.

Ha az előző bekezdésben említett személyek megszűnnek a Szentszék szuverenitásának alattvalói lenni, Olaszország minden további nélkül olasz állampolgároknak fogja őket tekinteni, hacsak – eltekintve a fönt említett körülményektől – nem volnának más állam polgárai gyanánt kezelendők.

Az említett személyekre, ameddig a Szentszék szuverenitása alatt állnak, az olasz királyság területén az olasz törvényhozás elő-írásai érvényesek, olyan dolgokban is, melyekben a személyi jogot kell alkalmazni (hacsak a Szentszék által kibocsátott törvények nem rendezik), ha pedig olyan személyekről van szó, akik más ál-lam polgárainak tekintendők, azon állam törvényei irányadók, amelyekhez tartoznak.

10. cikkely

Az egyházi méltóságok és a pápai udvarhoz tartozó személyek, akik egy a magas szerződő Felek megegyezése alapján összeállí-tandó jegyzékben lesznek feltüntetve, még ha nem is volnának va-tikáni állampolgárok, Olaszországgal szemben mindig és minden esetben mentesek a katonai szolgálat, esküdtszéki szolgálat és minden személyi szolgáltatás alól.

E határozat érvényes a Szentszék által nélkülözhetetlennek ki-jelentett azon tisztviselőkre is, akik állandó és fix fizetéses alkal-mazottai a Szentszék hivatalainak, úgyszintén a következő 13., 14., 15. és 16. cikkelyekben megnevezett, a Vatikánvároson kívül eső kormányzóságoknak és hivataloknak. Ezeket a hivatalnokokat másik jegyzékben kell fölsorolni, amelyet még el kell készíteni és a Szentszék évenként helyesbíteni tartozik.

Azok az egyházi személyek, akik a Vatikánvároson kívül hiva-talból, a Szentszék rendeleteinek kiadásában vesznek részt, éppen ezért semmiféle akadályozásnak, kutatásnak vagy molesztálásnak nincsenek alávetve az olasz hatóságok részéről.

Minden idegen állampolgár, kinek Rómában egyházi állása van, élvezi azokat a személyes garanciákat, amelyek az olasz ál-lampolgárokat megilletik az ország törvényei alapján.

11. cikkely

A katolikus Egyház központi szervei (kivéve az olasz törvények határozatait a jogi személyek birtokszerzésére vonatkozólag) mentesek az olasz állam minden beavatkozásától és az ingatlanok állagának megváltoztatásától.

12. cikkely

Olaszország elismeri a Szentszék aktív és passzív követküldési jogát a nemzetközi jog általános szabályai szerint.

A külföldi kormányok követei a Szentszéknél továbbra is élvezik az országban mindama előjogokat és immunitásokat, amelyek a diplomáciai képviselőket a nemzetközi jog szerint megilletik s székházaik ezentúl is megmaradhatnak olasz területen, a nemzetközi jog szerint kijáró immunitással, még ha államaik nem is állnának diplomáciai érintkezésben Olaszországgal.

Magától értetődik, hogy Olaszország kötelezi magát, hogy minden államnak – a hadviselőket is beleértve – levelezését a Szentszékkel és viszont, továbbá az egész világ püspökeinek a Szentszékhez való szabad bejáratát minden esetben szabadon hagyja.

A magas szerződő Felek kötelezik magukat a normális diplomáciai viszony helyreállítására egymás között egy olasz követ meghatalmazása által a Szentszéknél s egy pápai nuncius által Olaszországnál, aki a bécsi kongresszus által 1815. június 9-én elismert szokásjog alapján a diplomáciai testület doyenje.

Az elismert szuverenitásból kifolyólag és a következő 19. cikkely rendelkezéseinek sérelme nélkül, a Szentszék diplomatái s a pápa nevében küldött kurírok olasz területen még háború esetén is ugyanabban az elbánásban részesülnek, mely a nemzetközi jog előírásai szerint más külföldi kormányok diplomatáit vagy kurírjait megilleti.

13. cikkely

Olaszország elismeri a Szentszék teljes tulajdonjogát San Giovanni in Laterano, Santa Maria Maggiore, San Paolo ősi bazilikáira, melléképületeikkel együtt.

Az olasz állam átruházza a Szentszékre az említett Szent Pálbazilikának s a hozzá tartozó kolostornak szabad vezetését és kezelését és kifizeti a Szentszéknek azokat a tőkéket, amelyek a közoktatásügyi minisztérium költségvetésében az említett bazilikára évente felvett összegeknek megfelelnek.

Éppúgy megállapodás, hogy a Szentszék szabad tulajdonosa a Santa Maria in Trastevere mellett fekvő, San Callistóhoz tartozó épületeknek.

14. cikkely

Olaszország a Szentszék teljes tulajdonául ismeri el a Castel Gandolfo-i pápai palotát minden javaival, járulékával és melléképületeivel egyetemben, amely már jelenleg is ugyanazon Szentszék birtokában van, továbbá kötelezi magát a Castel Gandolfo-i Villa Barberinit minden járulékával és melléképületeivel a Szentszék teljes tulajdonába átengedni, melynek átadása jelen szerződés életbelépése után hat hónapon belül válik esedékessé.

Azon ingatlanok kiegészítésére, melyek a Janikulus-domb északi oldalán a De Propaganda Fide kongregáció és más egyházi intézmények tulajdonai s a vatikáni palotákra néznek, kötelezi magát az olasz állam, hogy a Szentszéknek vagy az által jegyzett jogi személyeknek az ezen zónába eső, állam- vagy magántulajdonban álló ingatlanokat átengedi. A nevezett kongregáció és más intézmények ingatlanait, valamint az átengedendő ingatlanokat a csatolt rajz tünteti fel.

Végül átengedi Olaszország a Szentszéknek teljes és szabad tulajdonába a kolostorépületeket, amelyek a Santi XII Apostoli-bazilikájához és Sant'Andrea della Valle és San Carlo ai Catinari templomokhoz tartoznak, minden tartozékkal és függőséggel, melyeknek átadása, a lakóktól kiürítve, jelen szerződés életbelépése után egy éven belül esedékes.

15. cikkely

A 13. és 14. cikkely 1. és 2. bekezdésében jelzett ingatlanok, továbbá a Dataria, a Cancellaria, a Piazza Spagnán fekvő Propaganda Fide, a szent Officium melléképületeivel, a Palazzo dei Convertendi (jelenleg a keleti egyház kongregációjának székhelye) a Piazza Scossacavallin és a Vicariatus palotái és azok az épületek, amelyekben a Szentszék a jövőben más egyéb hivatalait jónak látja elhelyezni, jóllehet az olasz állam területéhez tartoznak, minden immunitásban részesülnek, melyet a nemzetközi jog a külföldi államok diplomáciai képviselőinek székházára vonatkozólag elismer.

Ugyanazon immunitás áll minden más templomra Rómán kívül is, azon időre, mely alatt bennük, a nyilvánosság kizárásával, a pápa jelenlétében ünnepségek tartatnak.

16. cikkely

A három előző cikkelyben jelzett ingatlanok, úgyszintén azok, melyeken a következő pápai intézetek állnak: a Gregoriana-egyetem, a biblikus intézet, a keleti intézet, a régészeti intézet, az orosz szeminárium, a lombard kollégium, Sant'Apollinare mindkét palotája, a San Giovanni e Paolo-i papi lelkigyakorlatos ház soha semmiféle megszorítás vagy közérdekből folyó kisajátítás alá nem esnek a Szentszékkel való előzetes megállapodáson kívül, és minden rendes és rendkívüli, állami vagy másfajta adótól mentesek.

Az ebben és a három előző cikkelyben felsorolt ingatlanokat a Szentszék tetszése szerint úgy alakíthatja, ahogy jónak látja anélkül, hogy az olasz állami, megyei vagy községi hatóságok felhatalmazására vagy jóváhagyására szükség volna, amelyek e tekintetben teljesen megbízhatnak azokban a nemes művészi hagyományokban, melyekkel az egyház dicsekedhetik.

17. cikkely

Bármily természetű illetmények, melyek a Szentszék vagy a katolikus Egyház más központi szervei és a közvetlenül a Szentszéktől vezetett intézmények részéről, Rómán kívül is, a méltóságoknak, hivatalnokoknak és alkalmazottaknak, még ha nem is állandó jellegűek, járnak, 1929. január 1-től kezdve olasz területen minden állami vagy másféle adótól mentesek.

18. cikkely

A Vatikánvárosban s a lateráni palotában lévő művészeti és tudományos kincsek az érdeklődők és látogatók számára hozzáférhetők maradnak, de a Szentszék teljes szabadságot tart fenn magának a látogatási idő rendezésére vonatkozólag.

19. cikkely

A Szentszék diplomatái és követei, a külföldi kormányok diplomatái és követei a Szentszéknél és azon egyházi méltóságok, akik a külföldről a Vatikánvárosba jönnek s a külföldi pápai képviseletek által láttamozott útlevéllel vannak ellátva, minden további formaiság nélkül olasz területen keresztül utazhatnak oda. Ugyanaz áll az említett személyekre, ha rendes pápai útlevéllel ellátva a Vatikánvárosból külföldre utaznak.

20. cikkely

Azon külföldről jövő áruk, melyek a Vatikánváros vagy azon kívül eső, de a Szentszék intézetei vagy hivatalai számára érkeznek az olasz határ bármelyik pontjától és az ország bármelyik kikötőjében olasz területen való átvitelre, minden állami és községi vámtól mentesen elfogadtatnak.

21. cikkely

Az összes bíborosokat a vér szerinti hercegeket megillető tisztelet illeti meg Olaszországban; a Rómában akár a Vatikánvároson kívül székelő bíborosok mindennemű jogkövetkezménnyel vatikáni állampolgárok.

A pápai szék üresedése alatt Olaszország különleges módon gondoskodik arról, hogy a bíborosok utazásának a Vatikánhoz olasz területen semmi akadálya ne legyen, úgyszintén arról, hogy személyes szabadságuk akadályozva vagy korlátozva semmiképpen ne legyen.

Olaszország gondoskodik továbbá arról, hogy a Vatikánvároshoz közel fekvő területein semmi olyan cselekedet ne történhessék, ami valamiképp a konklávé gyűléseit megzavarhatná.

A mondott rendelkezések érvényesek arra az esetre is, ha valamelyik konklávét a Vatikánvároson kívül tartanák, úgyszintén a pápa vagy legátusának elnöklete alatt tartandó zsinatokra és a részvételre meghívott püspökökre.

22. cikkely

A Szentszék megkeresésére és meghatalmazására, ami esetről esetre vagy pedig állandó jelleggel történhet meg, Olaszország gondoskodni fog saját területén a Vatikánvárosban elkövetett bűntények megtorlásáról, kivéve ha a bűnös olasz területre menekült, mely esetben ellene minden további nélkül az olasz törvények alapján fog eljárás lefolyni.

A Szentszék kiszolgáltatja az olasz államnak azokat, akik a Vatikánvárosba menekülnek s akiknek olasz területen elkövetett cselekedetei mindkét államnak törvényei szerint bűnténynek tekintendők.

Ugyanazon eljárás éri azokat, akik valamely bűnténnyel vádolva a 15. cikkelyben immúnisnak jelzett ingatlanokra menekültek, amennyiben az említett ingatlanok elöljárói jobbnak nem találnák az olasz hatóságokat a behatolásra és ott a letartóztatás foganatosítására felszólítani.

23. cikkely

A Vatikánváros törvényszékei által hozott ítéleteknek az országban való végrehajtására a nemzetközi jog szabályai alkalmazandók.

Viszont minden további nélkül teljes jogérvényességük van Olaszországban minden polgárjogi következményükkel az egyházi hatóságok által kibocsátott és hivatalosan a polgári hatóságokkal közölt ítéleteknek és rendelkezéseknek az egyházi vagy szerzetes személyekre vonatkozólag, lelki és fegyelmi ügyekben.

24. cikkely

A Szentszék az őt nemzetközi téren is megillető szuverenitásra vonatkozólag kijelenti, hogy a más államok között felmerülő világi viszályoktól s az emiatt egybehívott nemzetközi kongresszusoktól távol akar és fog maradni, hacsak a viszálykodó felek közösen békebíróságához nem folyamodnának; de minden esetben fenntartja magának erkölcsi és lelki hatalmának érvényesítését.

Ennek következtében a Vatikánvárost mindig és minden esetben semleges, sérthetetlen területnek kell tekinteni.

25. cikkely

Egy külön megegyezés, amely a jelen szerződéssel együtt aláírásra kerül s mint IV. melléklet annak integráns része, gondoskodik a Szentszéknek Olaszországgal szemben fennálló pénzügyi követeléseinek likviditásáról.

26. cikkely

A Szentszék hiszi, hogy a ma aláírt megegyezésekkel megfelelő mértékben biztosíttatik számára az, amire szüksége van, hogy a szükséges szabadsággal és függetlenséggel gyakorolhatja főpásztorságát a római püspökség s a katolikus Egyház felett Olaszországban s az egész világon; kijelenti, hogy a „római kérdés" végérvényesen és visszavonhatatlanul megszűnt és elintéztetett, és elismeri az olasz királyságot a Savoyai-ház dinasztiája alatt, Rómával, az olasz állam fővárosával.

Olaszország a maga részéről elismeri a vatikáni város államát a pápa szuverenitása alatt.

Az 1878. május 31-i 214. sz. törvény és minden más, jelen szerződéssel ellenkező rendelkezés megszűnt.

27. cikkely

Jelen szerződés, aláírása után négy hónapon belül, a pápának s az olasz királynak ratifikálásra bemutattatik s a ratifikációs okmányok kicserélése után lép életbe.

Róma, 1929. február 11.

Pietro Card. Gasparri
Benito Mussolini

III. Függelék

Konkordátum a Szentszék és a Német Birodalom között[*]

Ő szentsége, XI. Pius pápa és a Német Birodalom elnöke, áthatva azon közös kívánságuktól, hogy a Szentszék és a Német Birodalom fennálló baráti kapcsolatait megszilárdítsák és elősegítsék, s attól az egy akarattól vezérelve, hogy a katolikus egyház és az állam közötti viszonyt a Német Birodalom egész területén mindkét fél számára kielégítő módon és tartósan rendezzék, elhatározták, hogy ünnepélyes megegyezést kötnek, amely az egyes német tartományokkal kötött konkordátumokat kiegészíti,

---

[*] A konkordátum itt közölt fordítása megjelent: Almási János, Girus Károly, Kis Aladár (szerk.), *Új- és legújabbkori egyetemes történeti szöveggyűjtemény*, 2/1. kötet (Budapest: Tankönyvkiadó, 1976), 193–199. o. *(A ford.)*

és a többi tartomány számára is a vonatkozó kérdések egységes alapokon történő kezelését biztosítja.

E célból kinevezték megbízottaikat.

Őszentsége XI. Pius őeminenciáját, Eugenio Pacelli bíboros urat, államtitkárt,

a német birodalmi elnök pedig a Német Birodalom alkancellárját, Franz von Papen urat,

akik, miután meghatalmazásaikat kicserélték, és mindent helyes és illő formában találtak, a következő cikkelyekben állapodtak meg:

1. cikkely

A Német Birodalom biztosítja a katolikus vallás megvallásának és szabad gyakorlásának szabadságát.

A Német Birodalom elismeri a katolikus egyház jogát, hogy a mindenkire vonatkozó törvények határain belül ügyeit önállóan intézze, és önállósága keretén belül tagjaira kötelező törvényeket és rendeleteket bocsásson ki.

2. cikkely

A Bajorországgal (1924), Poroszországgal (1929) és Badennel (1932) kötött konkordátumok érvényben maradnak, s a katolikus egyháznak azokban elismert jogai és szabadságai az illetékes birodalmi területeken változatlanul megmaradnak. A többi tartományra vonatkozóan a jelen konkordátumban lefektetett megegyezések egészükben érvényesek. Ez utóbbiak egyébként a fent említett három tartományra is kötelezőek, amennyiben olyan kérdéseket érintenek, amelyeket a tartományi kormányzatok nem szabályoztak, illetve amennyiben ezek a korábban eszközölt szabályozást kiegészítik.

3. cikkely

A Szentszék és a Német Birodalom közötti jó viszony ápolása érdekében továbbra is apostoli nuncius állomásozik majd a Német Birodalom fővárosában és a Német Birodalom egy követe a Szentszéknél.

4. cikkely

A Szentszék a püspökökkel, a klérussal és a katolikus egyház tagjaival folytatott levelezése során Németországban teljes szabadságot élvez. Ugyanez vonatkozik a püspökökre és egyéb egyházmegyei hatóságokra, azoknak lelkipásztori tevékenységük kapcsán a hívőkkel folytatott érintkezésére.

Azokat az utasításokat, rendeleteket, pásztorleveleket és egyházmegyei lapokat, valamint a hívők lelki vezetéséhez szükséges rendelkezéseket, amelyeket az egyházi hatóságok illetékességük keretei között bocsátanak ki, szabadon lehet nyilvánosságra és az eddig szokásos formák között a hívők tudomására hozni.

5. cikkely

Lelkipásztori tevékenységük gyakorlása közben a lelkipásztorok az állami tisztviselőkhöz hasonlóan az állam védelmét élvezik. Az állam a papok személye vagy lelkipásztori minősége elleni sértés vagy hivatali tevékenységük megzavarása esetén az általános állami törvényhozás szabályai szerint jár el, és szükség esetén hatósági védelmet nyújt.

6. cikkely

Papok és szerzetesek a közhivatalok betöltésének kötelezettségétől és azoktól a kötelezettségektől, amelyek a kánoni jog előírása szerint a papi, illetve szerzetesi hivatással összeegyeztethetetlenek, mentesek. Különösképpen vonatkozik ez az esküdti hivatalra, az adóbizottsági tagságra és a bíróságokra.

7. cikkely

Pap csak akkor fogadhat el alkalmazást vagy hivatalt az államtól vagy az államtól függő testülettől, ha ehhez megszerezte az egyházmegyei elöljárójának *nihil obstat*ját. Ez a *nihil obstat* egyházi érdekekre való tekintettel bármikor visszavonható.

8. cikkely

A pap hivatali jövedelme ugyanúgy mentes a végrehajtási eljárástól, ahogyan a birodalmi vagy állami tisztviselők hivatali jövedelme is mentes.

9. cikkely

A bíróságok és más hivatali szervek a papokat nem zaklathatják olyan tények megtudása érdekében, mely tényeket ezek tudomására a lelkigondozás közben hoztak, s így a lelkipásztori titoktartás kötelezettsége alá esnek.

10. cikkely

A papi ruha vagy a szerzetesi öltözék viselete laikusok számára, vagy olyan papok és szerzetesek számára, akiktől annak használatát az illetékes egyházi hatóságok végérvényesen eltiltották, s erről az állami hatóságokat is értesítették, éppen úgy állami büntetés alá esik, mint a katonai egyenruha jogtalan viselése. (…)

14. cikkely

Az egyháznak jogában áll szabadon, az állam beavatkozása nélkül betöltenie minden egyházi hivatalt és beneficiumot, amennyiben az nem ütközik a 2. cikkelyben említett konkordátumok által tartalmazott megjegyzésekbe. A püspöki székek betöltését illetően a rottenburgi és mainzi megyéspüspökségek betöltésére, valamint a meisseni püspökség betöltésére a felső-rajnai Freiburg egyházmegyéjének metropolita székére vonatkozó rendelkezések nyernek alkalmazást. Ugyanez vonatkozik az először említett két megyéspüspökségre a kanonoki helyek betöltését és a kegyúri jog szabályozását illetően is.

Ezenkívül egyetértés alakult ki az alábbi pontokban:

1. Azoknak a katolikus papoknak, akik Németországban egyházi hivatalt akarnak betölteni vagy lelkigondozói vagy tanítói tevékenységet akarnak folytatni,

a) német állampolgároknak kell lenniük;

b) olyan érettségi bizonyítvánnyal kell rendelkezniük, amely magasabb német tanintézetben folytatandó tanulmányokra jogosítja fel őket;

c) német állami főiskolán, egyházi akadémiai tanintézetben vagy pápai főiskolán Rómában legalább három évi filozófiai-teológiai stúdiumot végeztek.

2. Az érsekek, a püspökök, a cum jure successionis coadjutorok és a praelatus nulliusok kinevezéséről szóló bullát azután állítják ki, miután a birodalmi helytartóval közölték az illetékes tartományban a kiválasztott nevét, és megállapítást nyert, hogy ellene általános természetű politikai meggondolások nem merültek fel.

15. cikkely

A szerzetesrendek és vallási közösségek alapításukat, letelepítésüket, számukat, tagjaik minőségét, a lelkigondozásban, az oktatásban, a betegápolásban, a karitatív munkában kifejtett tevékenységüket, ügyeik belső rendjét és tulajdonuk kezelését illetően nem esnek semmi különleges állami korlátozás alá.

Azoknak a rendfőnököknek, akiknek hivatala a Német Birodalom területén van, német állampolgársággal kell rendelkezniük. Azoknak a tartomány- és rendfőnököknek, akiknek hivatala a Német Birodalmon kívül fekszik, ha más állampolgárságúak is, Németországban fekvő rendházaikat illetően meg kell szerezniük a látogatási jogot.

A Szentszék gondoskodni fog arról, hogy a Németországban fekvő rendházak tartományi szervezése oly módon alakuljon, hogy német rendházaknak külföldi tartományfőnökök alá tartozására gyakorlatilag ne kerüljön sor. A birodalmi kormánnyal egyetértésben e tekintetben kivételek engedhetők meg, főleg azokban az esetekben, amikor a rendházak alacsony száma egy német tartomány kialakítását alkalmatlanná teszi, vagy egy történelmileg kialakult és gyakorlatilag bevált szervezet fenntartásáról van szó.

16. cikkely

Mielőtt a püspökök átvennék egyházmegyéjüket, az illetékes tartomány birodalmi helytartójának, illetve a birodalmi elnöknek a kezébe hűségesküt tesznek, amelynek szövege az alábbi:

„Esküszöm Istenre és a szent evangéliumra, és ígérem, hogy miként egy püspökhöz illik, a Német Birodalomhoz és … tartományhoz hű leszek. Esküszöm és fogadom, hogy az alkotmányos kormányt tisztelem és klérusommal tiszteletben tartatom. A német államiság érdekeit és javát szolgáló kötelességszerű gondom közepette a rám bízott egyházi hivatal gyakorlása közben megpróbálok minden ártalmat távol tartani, amely az államot fenyegeti."

17. cikkely

A katolikus egyház közjogi testületeinek, intézményeinek, alapítványainak és szövetségeinek tulajdonosi és egyéb jogait a tulajdonára vonatkozóan az általános állami törvénykezés szerint biztosítják.

Semmilyen természetű okból kifolyólag sem engedhető meg istentiszteleti épületek lebontása, hacsak nem történt előzetes megegyezés az illetékes egyházi hatóságokkal.

18. cikkely

Amennyiben a katolikus egyháznak törvény, szerződés vagy egyéb jogcímen nyújtott állami hozzájárulások megszűnnének, akkor a további döntés céljából felfektetett alapelvek kidolgozása előtt a Szentszék és a Birodalom között baráti egyetértésre kell jutni.

A különleges jogcímek közé tartozik a szokásjog is.

Megváltás esetén a megváltásra jogosultnak az eddig nyújtott állami támogatás megszűnése miatt állami támogatást kell adni.

19. cikkely

Az állami főiskolák katolikus teológiai fakultásai megmaradnak. Viszonyuk az egyházi jegyzőkönyvekben lefektetett rendelkezéseknek megfelelően alakul a vonatkozó egyházi előírások figyelembevétele mellett. A birodalmi kormány oda fog hatni, hogy a németországi katolikus fakultásokkal kapcsolatos valamennyi kérdés esetében a vonatkozó rendeletek egészének megfelelő egységes gyakorlat alakuljon ki.

20. cikkely

Az egyháznak jogában áll, amennyiben nincs más megegyezés, a klérus kiképzésére filozófiai és teológiai tanintézeteket felállítani, amelyek kizárólag az egyházi hatóságoktól függnek, amennyiben állami hozzájárulást nem kívántak.

21. cikkely

A katolikus hittan a népiskolákban, szakiskolákban, középiskolákban és felsőbb oktatási intézményekben rendes tantárgy, s a katolikus egyház alaptételeivel összhangban tanítják. A vallásoktatásban a hazafias, az állampolgári és szociális kötelességtudatnak a keresztény hit- és erkölcstörvényektől folyó nevelésére különös súlyt fektetnek, éppen úgy, mint az oktatás egészében. A hittankönyvek és a tananyag kiválasztása az egyházi főhatóságokkal egyetértésben történik. Az egyházi hatóságoknak alkalmuk lesz arra, hogy az iskolai hatóságokkal egyetértésben megvizsgálják, vajon a hallgatók vallásoktatása az egyház tanításaival és követelményeivel megegyezően folyik-e.

22. cikkely

A katolikus vallásoktatók alkalmazását illetően a püspök és a tartományi kormány között jön létre megegyezés. Azok a tanítók, akik tanításaik vagy erkölcsi magatartásuk miatt a püspök által további vallásoktatásra alkalmatlannak nyilváníttatnak, amíg ez az akadály fennáll, vallásoktatói munkára nem alkalmazhatók.

23. cikkely

Katolikus felekezeti iskolák fenntartása és újak felállítása lehetséges. Mindazon közösségekben, ahol a szülők vagy a neveltetésre jogosultak kívánják, katolikus népiskolákat kell felállítani, amennyiben a tanulók száma a helyi iskolaszervezési viszonyok kellő figyelembevétele mellett az állami előírások rendeleteinek megfelelnek.

24. cikkely

Valamennyi katolikus népiskolában csak olyan tanítókat lehet alkalmazni, akik katolikus vallásúak, és garanciát nyújtanak arra nézve, hogy a katolikus felekezeti iskola követelményeinek megfelelnek.

A tanítók és tanárok általános szakmai képzésének keretén belül intézkedéseket kell foganatosítani, amelyek lehetővé teszik a katolikus felekezeti iskolák követelményeinek megfelelő katolikus tanárok, illetve tanítók képzését.

25. cikkely

A szerzetesrendeknek és a vallási kongregációknak jogában áll az általános törvények és törvényes feltételek keretei közepette magániskolákat alapítani és fenntartani. A magániskolák állami iskolákkal egyenlő képesítést adnak, amennyiben az állami iskolákra vonatkozó tantervi előírásoknak eleget tesznek.

Rendek és vallási közösségek tagjainak a tanári hivatásra való bocsátását és a népiskolákban, a középiskolákban és a felsőfokú tanintézetekben való alkalmazását illetően az általános feltételek érvényesek.

26. cikkely

A házassági jog kérdéseinek későbbi és átfogó rendezését függőben hagyva egyetértés áll fenn abban a tekintetben, hogy a házasság templomi megáldása a civil házasságkötés előtt is megtörténhet, ha nem áll fenn valamelyik jegyes fél életveszélyes vagy az esküvő elhalasztását kényszerítő megbetegedése, illetve súlyos erkölcsi kényszerhelyzet, melynek fennállását az illetékes püspöki hatóságnak is meg kell erősítenie. A lelkész ilyen esetben köteles az állami anyakönyvi hivatalt haladéktalanul értesíteni.

27. cikkely

A német hadsereghez tartozó katolikus tisztek, tisztviselők és a legénység részére, valamint családjaik részére különleges lelkigondozás nyújtható.

A katonai lelkigondozás vezetése a tábori püspök feladata. Egyházi kinevezése a Szentszék által történik, miután az utóbbi kapcsolatra lépett a birodalmi kormánnyal, hogy vele egyetértésben jelölje ki a megfelelő személyt.

A tábori lelkészek egyházi kinevezése a tábori püspök által történik, azután, hogy a püspökség előzetesen érintkezésbe lépett az illetékes birodalmi hatóságokkal. A tábori püspök csak olyan papokat nevezhet ki, akiknek az illetékes megyéspüspök engedélyezte, hogy katonai lelkigondozói szolgálatba lépjenek, és erről igazolvánnyal látta el őket. A tábori lelkészek a rájuk bízott csapatok és katonai személyek viszonylatában plébánosi jogokkal rendelkeznek.

A hadseregen belüli katolikus lelkigondozás szervezetének részletesebb körülírását apostoli breve adja majd meg. A köztisztviselői jogok szabályozását a birodalmi kormányzat végzi.

28. cikkely

A kórházakban, fegyintézetekben és más középületekben az egyháznak szabad lesz az általános házirenden belül lelkigondozói látogatásokat tennie és istentiszteleteket végeznie. Amennyiben ilyen intézményben rendszeres lelkigondozást vezetnek be, s e célból papokat mint állami vagy egyéb köztisztviselőket kell munkába állítani, akkor ez az egyházi főhatóságokkal egyetértésben történik.

29. cikkely

A Német Birodalomban élő nem német kisebbségek katolikus tagjai anyanyelvüknek az istentisztelet, vallásoktatás és egyházi igazgatás terén történő használatában nem kerülnek hátrányosabb helyzetbe, mint amilyen jogi és tényleges helyzetben a német kisebbség és nyelv van az illetékes idegen államban.

30. cikkely

Vasárnapokon és kötelező ünnepnapokon a Német Birodalom püspöki, plébánia- és kolostori templomaiban a tulajdonképpeni istentisztelet után, az egyházi liturgia előírásainak megfelelően imát illesztenek be a Német Birodalom és nép jólétéért.

31. cikkely

Azok a katolikus szervezetek és szövetségek, amelyek kizárólag vallási, kulturális és karitatív célokat szolgálnak, és mint ilyenek az egyházi hatóságok alá tartoznak, berendezésüket és tevékenységüket illetően védelemben részesülnek.

Azok a katolikus szervezetek, amelyek a vallási, kulturális és karitatív célokon kívül más, s ezek sorában szociális és szakmai feladatokat is ellátnak, az állami szervezetekbe való bármiféle besorolás nélkül a 31. cikkely 1. bekezdésének kedvezményeit fogják élvezni, amennyiben biztosítékot nyújtanak arra nézve, hogy tevékenységüket politikai pártoktól függetlenül fejtik ki.

Azoknak a szervezeteknek és szövetségeknek a megállapítása, amelyek a jelen cikkely rendelkezései alá tartoznak, a birodalmi kormány és a német püspöki kar közötti megállapodás alapján történik.

Amennyiben a Birodalom és a tartományok sport- vagy más természetű ifjúsági szervezeteket tartanak fenn, gondot fordítanak majd arra, hogy e szervezetek tagjai vasár- és ünnepnapokon egyházi kötelességeik gyakorlásának eleget tehessenek, és semmi olyan dologra nem bírják rá őket, ami vallási és erkölcsi meggyőződésükkel és kötelességeikkel összeegyeztethetetlen volna.

32. cikkely

Tekintettel a Németországban fennálló különleges viszonyokra, valamint arra a körülményre, hogy a jelen konkordátum határozatai alapján a Birodalom és a tartományok törvényhozása a katolikus egyház jogait és szabadságát biztosítani fogja, a Szentszék rendeletet bocsát ki, amely megtiltja a papoknak és a szerzeteseknek, hogy politikai pártok tagjai legyenek vagy azokban tevékenységet fejtsenek ki.

33. cikkely

Amennyiben a jövőben a jelen konkordátum rendelkezéseinek értelmezése vagy alkalmazása körül valamiféle nézeteltérés merülne fel, úgy a Szentszék és a Német Birodalom közös egyetértéssel baráti megoldást ér el.

Azok az egyházi személyek és tárgyak, amelyek a fentebbi cikkelyekben nem nyertek említést, az egyház hatáskörén belül az érvényes kánoni jog szerint lesznek szabályozva.

34. cikkely

A jelen konkordátumot, melynek olasz és német szövege egyenértékű, ratifikálni kell, s a ratifikálási okmányokat a legrövidebb időn belül ki kell cserélni. A konkordátum az okmányok kicserélésének napján lép életbe.

Okmányjellege érdekében a meghatalmazottak a konkordátumot aláírták. Készült két eredetiben.

Vatikán, 1933. július 20.

Franz von Papen
Eugenio Pacelli kardinális

JEGYZETEK

1. FEJEZET

1 John O'Connor bíboros (akkor Scranton püspöke) visszaemlékezései a szerzővel folytatott beszélgetései alapján, 1983.

2 XI. Pius portréjához ld. John Cornwell, *Hitler's Pope: The Secret History of Pope Pius XII* (New York: Viking, 1999), 98. o.

3 Uo.

4 Uo., ld. még Richard P. McBrien, *Lives of the Popes* (San Francisco: Harper, 1997), 39. o.

5 Cornwell, *Hitler's Pope,* 360. o.

6 Malachi Martin, *Rich Church, Poor Church* (New York: G. P. Putnam's Sons, 1984), 23. o.

7 Will Durant, *The Age of Faith,* III. kötet, *The Story of Civilization* (New York: Simon and Schuster, 1950), 762. o.

8 Paul L.Williams, *Everything You Always Wanted to Know about the Catholic Church But Were Afraid to Ask for Fear of Excommunication* (New York: Doubleday, 1990), 39. o.

9 Martin, *Rich Church, Poor Church,* 114. o.

10 Uo., 115. o.

[11] IX. Piust idézi McBrien, *Lives of Popes,* 345. o.

[12] Uo.

[13] A *Syllabus Errorum* szövegét idézi Thomas Bokenkotter, *A Concise History of the Catholic Church* (Garden City, NY: Image Books, 1979) 324. o.

[14] A *Pastor Aeternus* szövegét idézi McBrien, *Lives of Popes,* 346. o.

[15] Az I. vatikáni zsinat dekrétumát a pápai csalatkozhatatlanság dogmájáról ld. uo.

[16] Uo.

[17] Martin, *Rich Church, Poor Church,* 22. o.

[18] A *Sacrorum Antistitum* szövegét idézi McBrien, *Lives of the Popes,* 354. o.

[19] Uo.

[20] Cornwell, *Hitler's Pope,* 59. o., ld. még McBrien, *Lives of the Popes,* 354. o.

[21] McBrien, *Lives of the Popes,* 357. o.

[22] Cornwell, *Hitler's Pope,* 112. o.

[23] Martin, *Rich Church, Poor Church,* 23. o.

[24] Uo.

[25] Mussolinit idézi Paul Johnson, *Modern Times: The World from the Twenties to the Nineties* (New York: Harper Perennial, 1991), 99. o.

[26] Uo., 98. o.

[27] Uo., 96. o.

[28] Mussolinit idézi John Cooney, *The American Pope: The Life and Times of Francis Cardinal Spellman* (New York: Times Books, 1984), 44. o.

[29] Bokenkotter, *Concise History,* 401. o.

[30] Mussolinit idézi Cooney, *The American Pope,* 44. o.

[31] Mussolinit idézi Johnson, *Modern Times,* 101. o.

[32] Cooney, *The American Pope,* 44. o.

[33] Mussolinit idézi Martin, *Rich Church, Poor Church,* 27. o.

[34] Uo., ld. még Cooney, *The American Pope,* 43. o.

35 Martin, *Rich Church, Poor Church,* 28. o.

36 Uo.

37 Uo.

38 Johnson, *Modern Times,* 96. o.

39 O'Connor személyes közlése a szerzővel.

40 Arnaldo Cortesi, „Pope Becomes Ruler of State Again", *New York Times,* 1929. február 12., 1. o.

41 Martin, *Rich Church, Poor Church,* 29. o.

42 Hitlert idézi Cornwell, *Hitler's Pope,* 115. o.

43 Martin, *Rich Church, Poor Church,* 31. o.

2. FEJEZET

1 Ron Chernow, *The House of Morgan* (New York: Simon and Schuster, 1990), 285. o.

2 Spellman bíborost idézi David Yallop, *In God's Name: An Investigation into the Murder of Pope John Paul I* (New York: Bantam Books, 1984), 98. o.

3 Malachi Martin, *Rich Church, Poor Church* (New York: G. P. Putnam's Sons, 1984), 25. o.

4 Yallop, *In God's Name,* 94. o.

5 John Cooney, *The American Pope: The Life and Times of Francis Cardinal Spellman* (New York: Times Books, 1984), 46. o.

6 Martin, *Rich Church, Poor Church,* 40. o.

7 Uo.

8 Uo., 39. o.

9 Uo.

10 Yallop, *In God's Name,* 95. o.

11 Martin, *Rich Church, Poor Church,* 41. o.

12 Uo.

3. FEJEZET

[1] John Cornwell, *Hitler's Pope: The Secret History of Pope Pius XII* (New York: Viking, 1999), 108–109. o.

[2] *Der Gerade Weg* 37:1 (1931. szeptember 11.)

[3] Az idézet magyar fordítása a következő angol kiadás alapján készült: Adolf Hitler, *Mein Kampf* (New York: Houghton Mifflin, 1999), 49. o.

[4] Cornwell, *Hitler's Pope,* 142. o.

[5] Uo., 139. o.

[6] Guenter Lewy, *The Catholic Church and Nazi Germany* (New York: Da Capo Press, 2000), 68. o.

[7] Cornwell, *Hitler's Pope,* 138. o.

[8] Uo., 139. o.

[9] David Yallop, *In God's Name: An Investigation into the Murder of Pope John Paul I* (New York: Bantam Books, 1984), 96. o.

[10] Avro Manhattan, *Catholic Imperialism and World Freedom* (London: Watts and Company, 1952), 252. o.

[11] Uo.

[12] Lewy, *Catholic Church,* 78. o.

[13] Uo.

[14] Manhattan, *Catholic Imperialism,* 252. o.

[15] A *Horst-Wessel-Lied* szövegének és angol fordításának forrása: [online] http://www.horstwesselsong.com.

[16] Cornwell, *Hitler's Pope,* 181. o.

[17] „The Reich List of Unwanted Persons" [online], http://thehistoryplace.com/worldwar2/holocaust.

[18] Cornwell, *Hitler's Pope,* 181. o.

[19] Uo., 184. o.

[20] Uo., 189. o.

[21] Jim Castelli, „The Lost Encyclical", *National Catholic Reporter,* 1972. december 15., 14–20. o.

22 Georges Passelecq – Bernard Suchecky, *The Hidden Encyclical of Pius XI* (New York: Harcourt Brace, 1977), 1–23. o.

23 Uo.

24 Avro Manhattan, *Murder in the Vatican* (Springfield, Mo.: Ozark Books, 1985), 84. o. Egy korábbi könyvem a Doubleday kiadónál való megjelentetésének előkészületei alatt abban a kiváltságban volt részem, hogy tanulmányozhattam Eugène Tisserant bíboros leveleit és naplójegyzeteit, amelyek legtöbbje a University of North Carolina (Wilmington, North Carolina) könyvtárának (Randall Library) Különleges Gyűjteményében található. Tisserand szavai alátámasztják a BBC hírmagyarázója, Manhattan beszámolóját.

25 Uo., 81. o.

26 Uo., 89. o.

27 Uo.

28 Tisserand naplójegyzetei, ld. még uo.

29 Manhattan, *Murder in the Vatican*, 89. o.

30 Uo.

31 Tisserand naplójegyzetei. A XI. Pius halálának rejtélyes körülményeire és az „elveszett enciklikára" vonatkozó közléseket Walter Abbot S. J. tudósítása is alátámasztotta, amely a *National Catholic Reporter* 1972. december 15-i számában jelent meg, ld. Castelli, „The Lost Encyclical".

32 Manhattan, *Murder in the Vatican*, 90. o.

33 Uo., 92. o.

4. FEJEZET

1 Thomas J. Reese, *Inside the Vatican* (Cambridge, Ma.: Harvard University Press, 1996), 205. o.

2 Uo.

[3] Jonathan Levy, „The Vatican Bank", in *Everything You Know Is Wrong* (New York: The Disinformation Company, 2002), 18–22. o.

[4] Paul L.Williams, *Everything You Always Wanted to Know about the Catholic Church But Were Afraid to Ask for Fear of Excommunication* (New York: Doubleday, 1990), 266. o.

[5] David Yallop, *In God's Name: An Investigation into the Murder of Pope John Paul I* (New York: Bantam Books, 1984), 299. o.

[6] Malachi Martin, *Rich Church, Poor Church* (New York: G. P. Putnam's Sons, 1984), 76–77. o.

[7] Vagnozzi bíborost idézi Yallop, *In God's Name,* 105. o.

[8] Gerardo Pallenburg visszaemlékezéseit idézi John Cornwell, *Hitler's Pope: The Secret History of Pope Pius XII* (New York: Viking, 1999), 1. o.

[9] Lees Milne visszaemlékezéseihez ld. uo.

[10] Uo.

[11] Avro Manhattan, *Catholic Imperialism and World Freedom* (London: Watts and Company, 1952), 41. o.

[12] Cornwell, *Hitler's Pope,* 350. o.

[13] Uo., 209.

[14] Martin, *Rich Church, Poor Church,* 41–42. o.

[15] Uo., 39. o.

[16] John Cooney, *The American Pope: The Life and Times of Francis Cardinal Spellman* (New York: Times Books, 1984), 46. o.

[17] Martin, *Rich Church, Poor Church,* 42. o.

[18] Uo., 45. o.

[19] Uo.

5. FEJEZET

[1] Avro Manhattan, *Catholic Imperialism and World Freedom* (London: Watts and Company, 1952), 445. o.

[2] Uo., 447–448. o.

2 Uo., 446.

3 John Cornwell, *Hitler's Pope: The Secret History of Pope Pius XII* (New York: Viking, 1999), 250. o.

4 David Crowe, *A History of Gypsies of Eastern Europe and Russia* (New York: St. Martin's Griffin, 1994), 105. o.

5 Milovan Zanićot idézi Avro Manhattan, *The Vatican Holocaust* (Springfield, Mo.: Ozark Books, 1988), 48. o.

6 Dr. Mile Budakot idézi Vladimir Dedijer, *Jasenovac – The Yugoslav Auschwitz and the Vatican* (Freiburg: Ahriman, 1988), 30. o. (Az eredeti kiadás: *Jasenovac – das jugoslawische Auschwitz und der Vatikan,* Freiburg: Ahriman, 1988.)

7 Cornwell, *Hitler's Pope,* 54. o.

8 Manhattan, *The Vatican Holocaust,* 54. o.

9 „Memorandum a szerb nép ellen a független horvát állam kormánya által a II. világháború idején elkövetett népirtás bűntetteiről", 1950. október, amelyet Adam Pribičević, a jugoszláviai Független Demokrata Párt elnöke, Dr. Vladimir Bilajco, a jugoszláviai Legfelsőbb Bíróság egykori elnöke, és Branko Miljuš volt jugoszláv miniszter nyújtott be az ENSZ Közgyűlése 5. ülésszaka elnökének.

10 Manhattan, *Catholic Imperialism,* 453–457. o.

11 Mark Aarons – John Loftus, *Unholy Trinity: The Vatican, the Nazis, and the Swiss Banks* (New York: St. Martin's, 1997), 70–87. o.

12 Cornwell, *Hitler's Pope,* 251–252. o.

13 Scott – John Lee Anderson, *The League* (New York: Dodd, Mead, and Company, 1986), 120. o.

14 Cornwell, *Hitler's Pope,* 254. o.

15 Uo.

16 Manhattan, *Catholic Imperialism,* 453. o.

17 Uo.

18 Uo., 455. o.

19 Uo., 454. o.

20 Uo., 456–457. o.

[21] Cornwell, *Hitler's Pope,* 256.

[22] Uo., 258. o.

[23] Manhattan, *The Vatican Holocaust,* 92. o.

[24] Manhattan, *Catholic Imperialism,* 463. o.

[25] Cornwell, *Hitler's Pope,* 256. o.

[26] Manhattan, *Catholic Imperialism,* 464. o.

[27] Aarons – Loftus, *Unholy Trinity,* 237–238. o.

[28] II. János Pált idézi Manhattan, *Catholic Imperialism.*

6. FEJEZET

[1] Avro Manhattan, *The Vatican Holocaust* (Springfield, Mo.: Ozark Books, 1988), 110. o.

[2] Mark Aarons – John Loftus, *Unholy Trinity: The Vatican, the Nazis, and the Swiss Banks* (New York: St. Martin's, 1997), 75–78. o.

[3] Az Egyesült Államok Hadserege Kémelhárító Alakulata, Római Alosztály, 1947. szeptember 12., 5650-A számú akta.

[4] John Cornwell, *Hitler's Pope: The Secret History of Pope Pius XII* (New York: Viking, 1999), 265. o.

[5] Susan Headden – Dana Hawkins – Jason Rest, „A Vow of Silence", *U. S. News and World Report,* 1998. március 30., 34. o.

[6] „The Fate of Wartime Ustashi Treasury", Az Amerikai Külügyminisztérium jelentése, 1998. március 30.; ld. még Aarons – Loftus, *Unholy Trinity,* 78–79. o.

[7] Manhattan, *The Vatican Holocaust,* 110. o.

[8] Emerson Bigelow (Stratégiai Szolgálati Egység, RG226) feljegyzése Harold Glasser, az Egyesült Államok Pénzügyminisztériuma Pénzügyi Kutatások Osztályának igazgatója részére.

[9] William Gowan ügynök feljegyzése, az Egyesült Államok Hadserege Kémelhárító Alakulata, Római Alosztály, 1947. szeptember 12.

10 Cornwell, *Hitler's Pope*, 267. o.

11 Manhattan, *The Vatican Holocaust,* 142. o.

12 David Yallop, *In God's Name: An Investigation into the Murder of Pope John Paul I* (New York: Bantam Books, 1984), 113. o., ld. még Cornwell, *Hitler's Pope,* 265. o.

13 Cornwell, *Hitler's Pope,* 267. o.

14 Aarons – Loftus, *Unholy Trinity,* 75–78. o.

15 Uo.

16 „The Fate of Wartime Ustashi Treasury", Az Amerikai Külügy-minisztérium jelentése, 1998. március 30.

17 Uo.

18 Manhattan, *The Vatican Holocaust,* 162. o.

19 Patrick Goodenough, „Vatican Faces Lawsuit for Alleged Nazi-Era War Crimes" [online], http://www.cnsnews.com [1999. november 23.]

7. FEJEZET

1 Malachi Martin, *Rich Church, Poor Church* (New York: G. P. Putnam's Sons, 1984), 47. o.

2 Uo.

3 Alcide de Gasperit idézi Paul Johnson, *Modern Times: The World from the Twenties to the Nineties* (New York: Harper Perennial, 1991), 578. o.

4 Uo., 579. o.

5 Martin, *Rich Church, Poor Church,* 48. o.

6 John Cornwell, *Hitler's Pope: The Secret History of Pope Pius XII* (New York: Viking, 1999), 329. o.

7 John Cooney, *The American Pope: The Life and Times of Francis Cardinal Spellman* (New York: Times Books, 1984), 157. o.

8 Uo.

9 Uo., 161. o.

[10] Gaspare Pisciotta, idézi Luigi di Fonzo, *St. Peter's Banker: Michele Sindona* (New York: Franklin Watts, 1983), 33. o.

[11] Uo.

[12] Siri érseket idézi Cornwell, *Hitler's Pope*, 330. o.

[13] Hatch, idézi Di Fonzo, *St. Peter's Banker*, 33. o.

[14] Cooney, *The American Pope*, 161. o.

[15] Spellman, *The American Pope*, 161. o.

[16] Martin, *Rich Church, Poor Church*, 50. o.

[17] Uo.

[18] Uo., 51. o.

[19] Uo., 52. o.

[20] Uo., 52–53. o.

[21] Uo.

[22] David Yallop, *In God's Name: An Investigation into the Murder of Pope John Paul I* (New York: Bantam Books, 1984), 31. o.

[23] Uo., 98. o.

[24] Uo.

[25] Cornwell, *Hitler's Pope*, 270–271. o.

[26] Uo., 271–272. o.

[27] Uo., 349. o.

[28] Uo., 350. o.

[29] Uo., 358. o.

8. FEJEZET

[1] Avro Manhattan, *Murder in the Vatican* (Springfield, Mo.: Ozark Books, 1985), 29. o.

[2] John Cooney, *The American Pope: The Life and Times of Francis Cardinal Spellman* (New York: Times Books, 1984), 260. o.

[3] Külügyminisztériumi titkosított jelentés, „XXIII. János", kibocsátás: 1958. november 20., feloldva: 1974. november 11.; ld. még: Manhattan, *Murder in the Vatican*, 29. o.

4 Külügyminisztériumi titkosított életrajz, „XXIII. János", kibocsátás: dátum nélkül, feloldva: 1974. február 15.; ld. még: Manhattan, *Murder in the Vatican,* 29–30. o.

5 Külügyminisztériumi titkosított életrajz, „XXIII. János", ld. még: Manhattan, *Murder in the Vatican,* 31. o.

6 Külügyminisztériumi titkosított életrajz, „XXIII. János", ld. még: Manhattan, *Murder in the Vatican,* 32. o.

7 John Cooney, *The American Pope,* 259. o.

8 Külügyminisztériumi titkosított jelentés, „XXIII. János". A különös esemény hírei több újságíróhoz is kiszivárogtak, köztük Louis Remyhez, aki a *Sous La Bannière*-ben (6:1986 július–augusztus) „Lehetne a pápa Siri bíboros?" címmel írt cikket a történtekről.

9 A közvetítő szavai megjelentek a *London Tablet*ben, 1958. november 1., 387. o.

10 *Houston Post,* 1958. október 27., 1. és 7. o.

11 Külügyminisztériumi titkosított kartoték, „Siri bíboros", kibocsátás: 1961. április 10., feloldva: 1994. február 28.; ld. még: Remy, „Lehetne a pápa Siri bíboros?"

12 Manhattan, *Murder in the Vatican,* 37. o.; Richard P. McBrien, *Lives of the Popes* (San Francisco: Harper, 1997), 371–372. o.

13 Spellman bíborost idézi John Cooney, *The American Pope,* 261. o.

14 Manhattan, *Murder in the Vatican,* 37–38. o.

15 A *Mater et Magistra* angol fordítását közli: *Renewing the Earth: Catholic Documents of Peace, Justice, and Liberation,* szerk. David O'Brien–Thomas Shannon (Garden City, NY: Image Books, 1977), 50–116. o.

16 A *Pacem in Terris* angol fordítását közli: uo., 125–170. o.

17 XXIII. János, idézi: Manhattan, *Murder in the Vatican,* 41. o.

18 XXIII. János, idézi: McBrien, *Lives of the Popes,* 373. o.

19 Manhattan, *Murder in the Vatican,* 44. o.

20 Harry Herder, *Italy: A Short History* (Cambridge: Cambridge University Press, 2000), 259–260. o.

9. FEJEZET

[1] Központi Hírszerző Ügynökség (CIA), „Giovanni Montini", szigorúan bizalmas kartoték, kibocsátás: 1953. július 20., feloldva: 1975. február 28.; Védelmi Minisztérium, „Giovanni Montini" (VI. Pál), szigorúan bizalmas, kibocsátás: dátum nélkül, feloldva: dátum nélkül; ld. még Avro Manhattan, *Murder in the Vatican* (Springfield, Mo.: Ozark Books, 1985), 47–49. o.

[2] Központi Hírszerző Ügynökség (CIA), „Giovanni Montini".

[3] Manhattan, *Murder in the Vatican,* 50. o.

[4] John Cooney, *The American Pope: The Life and Times of Francis Cardinal Spellman* (New York: Times Books, 1984), 280–281. o.; ld. még: Védelmi Minisztérium, „Giovanni Montini". Az egyik CIA-ügynök Spellman bíboros személyében azonosította a „bepoloskázott" prelátust.

[5] A *Populorum progressio* angol fordítását közli: *Renewing the Earth: Catholic Documents of Peace, Justice, and Liberation,* szerk. David O'Brien–Thomas Shannon (Garden City, NY: Image Books, 1977), 330. o.

[6] Uo., 332. o.

[7] Peter De Rosa, *Vicars of Christ* (New York: Crown Publishers, 1988), 293. o. (Magyar kiadás: *Krisztus helytartói,* Budapest: Panem, 1988.)

[8] Uo.

[9] A *Humanae vitae* szövegét idézi uo., 304. o.

[10] Uo., 307. o.

[11] Uo.

[12] Uo.

[13] Luigi di Fonzo, *St. Peter's Banker: Michele Sindona* (New York: Franklin Watts, 1983), 9. o.

[14] Interjú Victor Marchetti egykori CIA-ügynökkel, *Panorama* (Milánó), 1972 június; VI. Pál a United Pressnek adott 1972. július 12-i közleményében cáfolta; ld. még: Di Fonzo, *St. Peter's Banker,* 35. o.

[15] Di Fonzo, *St. Peter's Banker,* 11. o.

[16] Uo.

[17] Uo., 12. o.

10. FEJEZET

[1] Szövetségi Nyomozóhivatal (FBI), 39-2141. jelű akta, „Salvatore Luciano, *alias* Charles 'Lucky' Luciano", bizalmas, feloldva: 2001. november 11.

[2] Luigi di Fonzo, *St. Peter's Banker: Michele Sindona* (New York: Franklin Watts, 1983), 25. o.

[3] Szövetségi Nyomozóhivatal (FBI), 58-7146. jelű akta, „Vito Genovese", bizalmas, feloldva: 2001. január 12.

[4] Di Fonzo, *St. Peter's Banker,* 6. o.

[5] Uo.

[6] Uo.

[7] Uo.

[8] Uo., 86. o.; ld. még: Nick Tosches, *Power on Earth: Michele Sindona's Explosive Story* (New York: Arbor House, 1986), 89–90. o.; és Malachi Martin, *Rich Church, Poor Church* (New York: G. P. Putnam's Sons, 1984), 60. o.

[9] Claire Sterling, *Octopus: The Long Reach of the International Sicilian Mafia* (New York: Simon and Schuster, 1990), 82–96. o.

[10] David Yallop, *In God's Name: An Investigation into the Murder of Pope John Paul I* (New York: Bantam Books, 1984), 107–108. o.

[11] Carlo Bordino, idézi: uo., 111. o.

[12] Uo.

[13] Uo.

[14] Uo.

[15] Sterling, *Octopus,* 191. o.

[16] Giulio Andreotti, idézi: uo.

11. FEJEZET

[1] David Yallop, *In God's Name: An Investigation into the Murder of Pope John Paul I* (New York: Bantam Books, 1984), 113. o.

[2] Reuters Hírügynökség, „Police Find Pot of Gold", Róma, 1999. szeptember 13.

[3] Yallop, *In God's Name,* 114. o.

[4] Központi Hírszerző Ügynökség (CIA), „Giovanni Montini", feljegyzés, kibocsátás: 1982. október 5., feloldva: dátum nélkül; ld.: „Operation Stay Behind (Gladio)", szigorúan bizalmas napirendi tárgypontok, kibocsátás: 1953. július 20., feloldva: 1975. február 28.; ill. „Operation Stay Behind", szigorúan bizalmas feljegyzés, kibocsátás: 1967. április 25.; ld. még: David Guyatt, „Operation Gladio" [online], http://www.copi.com/articles/guyatt/gladio.html.

[5] Yallop, *In God's Name,* 115. o.

[6] Luigi di Fonzo, *St. Peter's Banker: Michele Sindona* (New York: Franklin Watts, 1983), 73. o.; ld. még Yallop, *In God's Name,* 116. o.

[7] Di Fonzo, *St. Peter's Banker,* 68. o.

[8] Yallop, *In God's Name,* 117. o.

[9] Uo.

[10] Uo.

[11] Uo., 121. o.; ld. még: Philip Willan, *Puppetmaster: The Political Use of Terrorism in Italy* (London: Constable and Company, 1991), 38–45. o.

[12] Di Fonzo, *St. Peter's Banker,* 259. o.

[13] Yallop, *In God's Name,* 119. o.

[14] Associated Press, International News, „Italian Justice Minister Quits in Scandal over Masonic Lodge", 1981. május 23.

[15] Di Fonzo, *St. Peter's Banker,* 73–74. o.

[16] Marcinkus érseket idézi: Yallop, *In God's Name,* 105. o. Yallop feljegyzi Marcinkus érsek P-2 páholytagságát is, ld. 176–177. o.

12. FEJEZET

1 David Yallop, *In God's Name: An Investigation into the Murder of Pope John Paul I* (New York: Bantam Books, 1984), 125. o.

2 Luigi di Fonzo, *St. Peter's Banker: Michele Sindona* (New York: Franklin Watts, 1983), 86–87. o.

3 Yallop, *In God's Name,* 125. o.

4 Uo., 126. o.

5 Di Fonzo, *St. Peter's Banker,* 87. o.; ld. még: Malachi Martin, *Rich Church, Poor Church* (New York: G. P. Putnam's Sons, 1984), 65. o.

6 Di Fonzo, *St. Peter's Banker,* 87. o.

7 Nick Tosches, *Power on Earth: Michele Sindona's Explosive Story* (New York: Arbor House, 1986), 113–114. o.

8 Di Fonzo, *St. Peter's Banker,* 10. o.

9 Uo., 261. o.

10 Uo.

11 Uo., 109–110. o.

12 Yallop, *In God's Name,* 126. o.

13 Rupert Cornwell, *God's Banker: An Account of the Life and Death of Roberto Calvi* (London: Victor Gollancz Ltd., 1984), 60–61. o.; ld. még: Yallop, *In God's Name,* 127. o.

14 Di Fonzo, *St. Peter's Banker,* 88. o.

15 Yallop, *In God's Name,* 127. o.

16 Uo., 174–175. o.

17 Di Fonzo, *St. Peter's Banker,* 88. o.

18 Yallop, *In God's Name,* 128. o.

19 Carlo Bordoni, idézi: uo.

20 Uo., 129. o.

21 Külügyminisztériumi bizalmas jelentés, „Sindona", kibocsátás: 1974. június 25., feloldva: 1998. október 7.; Pénzügyminisztériumi bizalmas jelentés, kibocsátás: 1979. július 25., feloldva: 1993. július 23.; ld. még: Tosches, *Power on Earth,* 138. o.

13. FEJEZET

[1] Szövetségi Nyomozóhivatal (FBI), 39-2141. jelű akta, „Vito Genovese", bizalmas, feloldva: 2001. január 12.; ld. még: Richard Hammer, *The Vatican Connection* (New York: Charter Books, 1982), 40–41. o.

[2] Hammer, *Vatican Connection,* 41. o.

[3] Uo., 212. o.

[4] Uo., 216. o.

[5] Uo., 217–218. o.

[6] Az erről szóló értesülést Sindonától cellatársa – a büntetés-végrehajtás bizalmas informátora – szerezte meg a New York állambeli Otisville szövetségi fegyintézetében.

[7] Uo.

[8] Hammer, *Vatican Connection,* 224–225. o.

[9] Uo.

[10] Uo., 227. o.

[11] Uo., 225. o.

[12] Uo., 229–232. o.

[13] David Yallop, *In God's Name: An Investigation into the Murder of Pope John Paul I* (New York: Bantam Books, 1984), 42. o.

[14] Uo.

[15] A Marcinkus érsekkel készült interjút közli: Yallop, *In God's Name,* 45–46. o.

[16] Uo., 46–47. o.

[17] Hammer, *Vatican Connection,* 300–302. o.

[18] William Aronwald megállapítását idézi: Yallop, *In God's Name,* 49. o.

14. FEJEZET

1 David Yallop, *In God's Name: An Investigation into the Murder of Pope John Paul I* (New York: Bantam Books, 1984), 137. o.

2 Uo., 139. o.

3 Malachi Martin, *Rich Church, Poor Church* (New York: G. P. Putnam's Sons, 1984), 67. o.

4 Richard Hammer, *The Vatican Connection* (New York: Charter Books, 1982), 266. o.

5 Uo., 266–267. o.

6 Claire Sterling, *Octopus: The Long Reach of the International Sicilian Mafia* (New York: Simon and Schuster, 1990), 192. o.

7 Uo., 193. o.

8 Luigi di Fonzo, *St. Peter's Banker: Michele Sindona* (New York: Franklin Watts, 1983), 152. o.

9 Yallop, *In God's Name,* 147. o.

10 Uo., 148. o.

11 Nino Gambino, idézi: Sterling, *Octopus,* 191. o.

12 Hammer, *Vatican Connection,* 267. o.

13 Di Fonzo, *St. Peter's Banker,* 224–225. o.

14 Uo., 238. o.

15 Sterling, *Octopus,* 191. o.

16 Yallop, *In God's Name,* 149. o.

17 Uo.

18 Di Fonzo, *St. Peter's Banker,* 213. o.

19 Malachi Martin, *The Decline and Fall of the Roman Church* (New York: G. P. Putnam's Sons, 1981), 278. o.

20 Yallop, *In God's Name,* 142. o.

21 Uo.

15. FEJEZET

[1] John Cooney, *The American Pope: The Life and Times of Francis Cardinal Spellman* (New York: Times Books, 1984), 281. o.; ld. még: Szövetségi Nyomozóhivatal (FBI)-kartoték és Központi Hírszerző Ügynökség (CIA) bizalmas jelentés, „Francis Cardinal Spellman", kibocsátás: 1963. június 6., feloldva: 1980. február 5.; CIA, titkosított jelentés, kibocsátás: 1964. november 6., feloldva: 1976. július 8.; Védelmi Minisztérium, szigorúan bizalmas jelentés, kibocsátás: 1966. szeptember 6., feloldva: 1978. szeptember 7.

[2] Spellman John O'Connor bíborosnak tett megjegyzése, O'Connor személyes közlése a szerzővel (1983).

[3] Paolo Panerai, „Őszentsége, helyénvaló ez így?", az *Il Mondo* nyílt levele, 1978. augusztus 31.

[4] I. János Pált idézi David Yallop, *In God's Name: An Investigation into the Murder of Pope John Paul I* (New York: Bantam Books, 1984), 88. o.

[5] Uo., 154. o.

[6] Rupert Cornwell, *God's Banker: An Account of the Life and Death of Roberto Calvi* (London: Victor Gollancz Ltd., 1984), 96–97. o.

[7] Yallop, *In God's Name*, 176–177. o.

[8] Uo.

[9] Nick Tosches, *Power on Earth: Michele Sindona's Explosive Story* (New York: Arbor House, 1986), 195. o.;

[10] Avro Manhattan, *Murder in the Vatican* (Springfield, Mo.: Ozark Books, 1985), 134. o.

[11] I. János Pált idézi Yallop, *In God's Name*, 201. o.

[12] Uo., 209. o.

[13] Uo., 211. o.; ld. még Védelmi Minisztérium, bizalmas feljegyzés, kibocsátás: 1978. december 11., feloldva: 1998. augusztus 17.; CIA, hivatalos használatban álló kartoték, kibocsátás: 1979. január 7., feloldva: 1988. február 8.

[14] Yallop, *In God's Name*, 212–213. o.

[15] Uo.

[16] Manhattan, *Murder in the Vatican,* 155. o.

[17] Yallop, *In God's Name,* 219. o.

[18] Manhattan, *Murder in the Vatican,* 156. o.

[19] Yallop, *In God's Name,* 220. o.

[20] Dr. Buzzonetti nyilatkozata a pápa halálát hírül adó hivatalos vatikáni sajtóközleményben jelent meg.

[21] Yallop, *In God's Name,* 222. o.

[22] Uo.

[23] Manhattan, *Murder in the Vatican,* 158. o.

[24] Uo., 221. o.

[25] Uo.

[26] Carlo Po, „Mi szólhat a boncolás ellen?", *Corriere della Sera,* 1978. október 1.

[27] Dr. Carlo Frizzerio velencei orvos levelét leközli: Yallop, *In God's Name,* 248. o.

[28] Yallop, *In God's Name,* 248. o.

[29] Uo., 244. o.

[30] Manhattan, *Murder in the Vatican,* 171. o.

[31] Yallop, *In God's Name,* 239. o.

16. FEJEZET

[1] Avro Manhattan, *Murder in the Vatican* (Springfield, Mo.: Ozark Books, 1985), 215–216. o.

[2] Licio Gellit idézi David Yallop, *In God's Name: An Investigation into the Murder of Pope John Paul I* (New York: Bantam Books, 1984), 319–320. o.

[3] Carl Bernstein – Marco Politi, *His Holiness: John Paul I and the History of Our Time* (New York: Penguin Books, 1996), 35–40. o.

[4] Manhattan, *Murder in the Vatican,* 216. o.

[5] Uo.

6 Rupert Cornwell, *God's Banker: An Account of the Life and Death of Roberto Calvi* (London: Victor Gollancz Ltd., 1984), 208–209. o.

7 Malachi Martin, *Rich Church, Poor Church* (New York: G. P. Putnam's Sons, 1984), 68–69. o.; ld. még Paul L.Williams, *Everything You Always Wanted to Know about the Catholic Church But Were Afraid to Ask for Fear of Excommunication* (New York: Doubleday, 1990), 263–264. o.

8 Yallop, *In God's Name*, 287. o.

9 Uo.

10 Uo., 289. o.

11 Cornwell, *God's Banker*, 126. o.

12 Yallop, *In God's Name*, 311. o.

13 A védnökségi levelet leközli Cornwell, *God's Banker*, 250. o.

14 Yallop, *In God's Name*, 294. o.

15 Nick Tosches, *Power on Earth: Michele Sindona's Explosive Story* (New York: Arbor House, 1986), 247–248. o.

16 A milánói részvényesek II. János Pálhoz írt levelét idézi Yallop, *In God's Name*, 296–297. o.

17 Cornwell, *God's Banker*, 175. o.

18 Calvinak a Vatikánhoz írt kérvényét idézi Yallop, *In God's Name*, 299. o.

19 Calvi fiának, Ninónak mondott szavait idézi Manhattan, *Murder in the Vatican*, 256. o.

20 Cornwell, *God's Banker*, 198. o.

21 „New Tests Say Calvi Was Murdered", BBC News, 2002. április 19.

17. FEJEZET

1 Nick Tosches, *Power on Earth: Michele Sindona's Explosive Story* (New York: Arbor House, 1986), 246. o.

2 Beniamino Andreatta, idézi uo.

3 Malachi Martin, *Rich Church, Poor Church* (New York: G. P. Putnam's Sons, 1984), 71. o.

4 David Yallop, *In God's Name: An Investigation into the Murder of Pope John Paul I* (New York: Bantam Books, 1984), 305. o.

5 Laura Colby, „Vatican Bank Played a Central Role in Fall of Banco Ambrosiano", Wall Street Journal, 1987. április 27., 1. o.

6 Malachi Martin, *Rich Church, Poor Church*, 75. o.; ld. még Paul L.Williams, *Everything You Always Wanted to Know about the Catholic Church But Were Afraid to Ask for Fear of Excommunication* (New York: Doubleday, 1990), 265. o.

7 Wilton Wynn, *Keeper of the Keys: John XXIII, Paul VI, and John Paul II – Three Who Changed the Church* (New York: Random House, 1988), 172. o.

8 Avro Manhattan, *Murder in the Vatican* (Springfield, Mo.: Ozark Books, 1985), 267–269. o.

9 Skolnick Report, 2002. január 28.; ld. még fehér házi bizalmas feljegyzés, „Marcinkus", kibocsátás: 1979. július 25., feloldva: 1993. július 23.

10 Yallop, *In God's Name,* 312. o.

11 Calvi és Carboni magnószalagon rögzített beszélgetését idézi uo., 312. o.; ld. még Központi Hírszerző Ügynökség (CIA), hivatalos használatú kartoték, „Vatican Bank, Calvi", kibocsátás: 1986. október 1., feloldva: dátum nélkül.

12 Fred F. Fielding Sindonának küldött válaszát idézi Tosches, *Power on Earth,* 254. o.

13 Tosches, *Power on Earth,* 255. o.

14 Sindona utolsó szavait idézi uo., 277. o.

15 Associated Press, International News, „Justice Minister Quits in Scandal over Masonic Lodge", 1981. május 23.

16 BBC News World Service, „Report on Calvi Autopsy Returns Spotlight to Vatican Bank Scandal", 1998. október 16.

17 Uo.

18. FEJEZET

[1] Richard Behar, „Washing Money in the Holy See", Fortune, 1999. augusztus 16.

[2] Uo.

[3] Részletek a Mississippi Department of Insurance-nek és más biztosítótársaságoknak a Vatikán ellen beadott perkeresetéből, amelyet az Egyesült Államok Dél-Mississippi Kerületi Bíróságán (Jackson Division) nyújtottak be.

[4] Frankel levelét idézi Behar, „Washing Money in the Holy See".

[5] Frank Morris, „Missouri Regulators Sue Vatican", *Kansas City Star,* 2002. május 11., 1. o.

[6] Emilio Colagiovanni *monsignore* levelét idézi Behar, „Washing Money in the Holy See".

[7] Uo.

[8] Uo.

[9] Uo.

[10] Uo.

[11] „Frankel Played Benefactor to a Gaggle of Women", *Court TV,* 1999. július 13.

[12] Uo.

[13] Uo.

[14] Rachel Bell, „Martin Frankel: Sex, Greed, and $200 Million Fraud", in *The Crime Library* (New York: Dark House, 2002), 180. o.

[15] Uo., 185. o.

[16] Frankelt idézte: „Rogue U.S. Financier Pleads Guilty to Tax Evasion", *Court TV,* 2000. június 16.

[17] Behar, „Washing Money in the Holy See".

19. FEJEZET

[1] Richard Behar, „Washing Money in the Holy See", Fortune, 1999. augusztus 16.

[2] Uo.

[3] Jason Berry, *Lead Us Not into Temptation: Catholic Priests and Sexual Abuse of Children* (Chicago: University of Illinois Press, 2000), 34–66. o.

[4] CBS News, „Catholic Sex Scandal", 2002. április 23.

[5] Uo.

[6] Berry, *Lead Us Not into Temptation*, 45. o.

[7] CBS News, „Catholic Sex Scandal".

[8] Andrew Greeley atya előszava, Berry, *Lead Us Not into Temptation*, vii–xii. o.

[9] „As Scandal Keeps Growing, Church and its Faithful Reel", *World Wide News*, 2002. április.

[10] Uo.

[11] Uo.

[12] Roderick MacLeish Jr., idézi William C. Symonds, „The Economic Strain on the Church", *Business Week*, 2002. április 15.

[13] „As Scandal Keeps Growing".

[14] Paul L.Williams, *Everything You Always Wanted to Know about the Catholic Church But Were Afraid to Ask for Fear of Excommunication* (New York: Doubleday, 1990), 30–31. o.

[15] R. Scott Appleby, idézi Sam Dillion – Leslie Wayne, „As Lawsuits Spread, Church Faces Questions On Finances", *New York Times*, 2002. június 13., A36. o.

[16] Uo.

[17] Michael Sean Quinn, idézi uo.

[18] Erica P. John, idézi uo., A1. o.

[19] Greeley előszava, Berry, *Lead Us Not into Temptation*, xi. o.

Utószó

[1] Paul L. Williams, *Al-Qaeda: Brotherhood of Terror* (New York: Alpha, 2002), 164–166. o.

[2] Robert Young Pelton, *The World's Most Dangerous Places* (New York: HarperResource, 2000), 147. o.

[3] „International Crime Assessment", az Egyesült Államok elnöke részére, a Nemzetközi Bűnüldözési Stratégia részeként az FBI, CIA, a gyógyszeralkalmazást felügyelő Drug Enforcement Administration, a U.S. Customs Service és a U.S. Secret Service által elkészített jelentés, 1998. május.

[4] Uo.

[5] „Pope John Paul II Attacks Evils of Violence during a Trip to Sicily", Catholic News Service, 1993. október 28.

[6] „Vatican Bank Involved in Mafia's Online Washing Money", Xinhua News Agency, 1999. október.

[7] Uo.

[8] Michael Becket, „Gangster's Paradise", *Daily Telegraph*, 2001. november 19., 31. o.

[9] VI. Pált idézi Malachi Martin, *The Decline and Fall of the Roman Church* (New York: G. P. Putnam's Sons, 1981), 278. o.